미국
대통령

미국 대통령

Presidents of the United States

생애 · 인류애 · 리더십

신 진 지음

드와이트 D.
아이젠하워

도널드
트럼프

프랭클린 D.
루스벨트

에이브러햄
링컨

조지
워싱턴

바른북스

서문

우리는 역사를 이야기할 때, 종종 시대를 이끈 영웅이나 거대한 사건을 중심에 둡니다. 그러나 역사는 한 켜 한 켜 세월과 더불어 삶의 궤적들이 쌓이면서 이루어집니다. 물줄기가 조용히 흘러가다가 한순간 격류에 이르듯이 응축된 에너지가 순간 분출하기도 합니다. 평탄한 세월도 있는 반면 때로는 단 한 사람의 결정이 수많은 삶의 방향을 바꾸고, 한 국가의 진로를 꺾으며, 세계사의 물줄기를 돌려놓습니다.

미국 역대 대통령 45인의 생애는 그런 결정의 순간들, 인간적 갈등, 시대적 사명의 무게를 응축한 장대한 서사이자, 국가의 성장과 갈등이 고스란히 투영된 살아 있는 역사입니다.

미국은 원주민의 땅에 이식된 유럽 열강의 식민지로 시작해, 잔혹한 침탈과 독립 투쟁을 거쳐 탄생했습니다. 내부적으로는 시민권을 둘러싼 치열한 갈등과 분열의 고통을 겪었고, 외부적으로는 두 차례의 세계대전 속에서 인간성과 자유를 지키려는 세계 질서의 중심축으로 자리매김했습니다. 20세기의 미국은 인류 역사상 보기 드문, 힘과 품격을 동시에 갖춘 초강대국 중 하나였습니다.

이 나라의 핵심에는 '사람들이 만든 나라'라는 이상이 있습니다. 혈통이 아닌 헌법, 왕권이 아닌 시민의 의지로 세워진 이 국가는 대통령이라는 자리를 통해 시대의 정신을 담아내고, 또 그 정신을 이끌어 왔습니다.

조지 워싱턴이 권력을 내려놓았을 때, 링컨이 분열된 연방을 피로 묶어냈을 때, 루스벨트가 절망 위에 희망을 심었을 때, 그리고 케네디, 레이건, 오바마, 트럼프가 각자의 방식으로 미국의 꿈을 재정의했을 때—그들은 단지 국가의 수장이 아니라, 시대의 상징이었습니다.

이 책은 대통령들을 위인이나 우상으로 다루지 않습니다. 그들은 때로 비범했지만, 더 자주 불완전한 인간이었습니다. 어떤 이는 신념을 지켜냈고, 어떤 이는 정치의 벽에 부딪혀 꺾였으며, 또 어떤 이는 시대의 이상을 현실로 구현하는 데 성공했습니다.

권력의 정점에서 마주한 도전과 딜레마, 선택과 책임, 승리와 상처의 이야기 속에서 우리는 진정한 리더십의 본질과 그 한계를 동시에 배우게 됩니다. 이들의 일대기는 민주주의의 실험기록이며, 정치의 교과서이자, 세계 질서 형성과 재편의 증인이었습니다. 무엇보다도, 그들은 우리에게 다음과 같은 질문을 제기하는 거울이기도 합니다.

"우리는 어떤 리더를 선택해야 하는가, 정치인은 어떤 리더가 되어야 하는가."

이 책을 펼친 독자 여러분이, 각 대통령의 삶 속에서 시대의 그림자와 빛을 함께 발견하길 바랍니다. 이 시대를 살아가는 우리는 어떤 사람을 지도자로 선택해야 하는가? 나는 어떤 지도자가 되어 국민의 선택을 받고 나라의 운명을 개척해 나갈 것인가? 타산지석으로 역사 속의 미국 사람들과 역대 미국 대통령, 그들의 선택을 오늘의 눈으로 되새기고, 내일의 결정에 통찰을 더하는 여정이 되기를 진심으로 바랍니다.

2025년 11월

신 진

목차

1대 조지 워싱턴(George Washington)
1732~1799
건국의 아버지, 국부

조지 워싱턴의 초상화, 1803년

조지 워싱턴(1732~1799)은 미국 독립전쟁의 총사령관이자 초대 대통령(1789~1797)으로, 미국 건국의 아버지들 가운데 가장 중심적인 인물이다. 그는 1775년 제2차 대륙회의에서 대륙군 총사령관으로 임명되어 독립전쟁을 승리로 이끌었으며, 1783년 전쟁이 끝난 뒤에는 자발적으로 사령관직을 내려놓아 세계적인 존경을 받았다. 이후 1787년 헌법 제정 회의에서 의장으로 활동하였고, 1789년 새로 수립된 연방정부에서 만장일치로 초대 대통령에 선출되었다.

그는 프랑스 혁명기에 중립을 선언하고, 제이 조약을 통해 대외 관계를 정비하였다. 아울러 "대통령님(Mr. President)"이라는 호칭의 사용, 두 차례 임기를 마친 뒤의 평화로운 권력 이양, 중임 제한의 전통 확립 등 대통령제의 여러 규범을 수립하였다. 1796년 발표한 고별 연설은 지역주의와 정당 정치, 외국의 간섭이 공화국에 미칠 위험을 경고한, 미국 공화주의 정신을 담은 대표적 문헌이다.

워싱턴은 측량관, 프랑스-인디언 전쟁 참전 장교, 버지니아 하원의원 등 다양한 경력을 거쳤고, 독립 이후에는 미국의 국가 정체성과 정부 구조를 설계하는 데 중추적인 역할을 했다. 사후에는 '국부(Father of the Nation)'로 불리며, 미국 육군 최고 계급인 '전군 대장(General of the Armies)'으로 추서되었다. 그의

▮ 워싱턴이 어린 시절의 대부분을 보냈던 버지니아주 스태퍼드 카운티의 라파해녹강에 위치한 페리 농장

이름은 수도 워싱턴 D.C., 화폐, 기념일, 각종 기념물 등에 남아 있으며, 오늘날에도 미국 역사상 가장 존경받는 대통령 중 한 명으로 기억되고 있다.

1. 버지니아의 젠트리 가문

조지 워싱턴은 1732년 2월 22일, 버지니아 식민지의 웨스트모어랜드 카운티에서 태어났다. 그는 식민지 지주 계층인 젠트리(Gentry) 출신으로, 아버지 오거스틴 워싱턴(1694~1743)은 플랜테이션을 소유하고 측량사로 성공했다. 어머니 메리 볼(1708~1789)은 1731년경 상처한 아버지와 재혼하여 슬하에 6명의 자녀를 두었으며, 그중 장남이 조지 워싱턴이다. 하지만 아버지가 1743년에 사망하면서 워싱턴은 정규 교육을 중단해야 했다.

그의 이복형 로런스 워싱턴(1718~1752)은 조지에게 강한 영향을 미쳤는데, 군사적 기풍과 사회적 네트워크 형성에 중요한 역할을 했다.

17세의 워싱턴은 버지니아 식민정부로부터 공식 측량사 자격을 얻어 컬페

퍼 카운티에서 활동했다. 이 시기 그는 버지니아 서부와 오하이오 계곡을 광범위하게 탐사하며 식민지 확장 과정에 기여했고, 토지 투자자로서도 눈에 띄는 성공을 거두었다.

이후 그는 프랑스-인디언 전쟁(1754~1763)에서 민병대 장교로 복무하면서 공적 경력을 시작했다. 프랑스-인디언 전쟁은 북아메리카에서 벌어진 영국과 프랑스 간 식민지 패권 다툼으로 북미 대륙의 오하이오 계곡을 둘러싼 영토 분쟁에서 시작되었으며, 프랑스는 아메리카 원주민 다수와 동맹을 맺었고, 영국은 식민지 민병대와 함께 싸웠다. 1754년, 당시 22세였던 그는 오하이오 계곡을 정찰하다 프랑스군과 충돌했다. 워싱턴은 소규모 부대를 이끌고 프랑스군을 기습했다. 그러나 얼마 지나지 않아 그는 포트 네세서티 전투에서 프랑스군에게 패배하고 항복하는 굴욕을 겪었다.

1755년 브래독 장군의 원정에서 후퇴하는 부대를 안전하게 이끈 용맹으로 식민지 사회의 존경을 받게 되었다. 워싱턴은 이후 버지니아 민병대의 총사령관으로 승진했다.

2. 미국 독립전쟁의 지도자

1775년, 렉싱턴과 콩코드에서 총성이 울린 후 제2차 대륙회의가 열렸고, 워싱턴은 만장일치로 대륙군 총사령관에 임명되었다. 그의 군사적 경륜과 인품은 남북 식민지를 통합할 수 있는 절묘한 선택이었다. 그는 곧 보스턴을 봉쇄하며 군을 재편했고, 1776년 트렌턴과 프린스턴에서의 기습 공격은 미군의 사기를 끌어 올리는 데 큰 기여를 했다.

전쟁이 장기화되면서 군 내부에서는 보급 부족과 탈영, 반란의 위협이 끊이지 않았고, 외부적으로는 전열을 정비한 영국군의 공세가 계속되었다. 특히

▌ 대륙군 사령관을 맡기 위해 보스턴에 도착한 워싱턴, 1775년 7월 3일

1777년 필라델피아 함락과 1778년 밸리포지의 겨울은 워싱턴에게 리더십의 시험대였다. 그는 프로이센 장교 출신의 바론 폰 슈토이벤을 초빙하여 훈련 체계를 정비하고 군의 전문화를 도모했으며, 부하들과 고통을 함께 나누는 모습으로 신뢰를 유지했다.

1778년 프랑스가 미국의 동맹국으로 참전하면서, 1781년 워싱턴은 프랑스 육 · 해군과 협력해 요크타운 전투에서 영국군의 찰스 콘월리스 경을 항복시켰다. 이는 독립전쟁의 사실상 종결점이 되었고, 1783년 파리조약에서 영국은 미국의 독립을 공식적으로 인정했다. 같은 해 12월, 워싱턴은 뉴욕에서 공식적으로 사령관직을 사임했다. 그의 자발적인 퇴진은 세계사적으로도 전례 없는 행동으로, 권력을 잡은 군인이 이를 평화롭게 내려놓는 행위는 이후 미국 공화주의의 핵심 정신이 되었다.

3. 초대 대통령으로서의 통치

독립 후 미국은 연합규약하에 중앙정부 체제를 유지했으나, 국내외 문제를 해결하기엔 역부족이었다. 1787년, 워싱턴은 헌법 제정회의의 의장으로 다시 공적 무대에 등장했다. 그는 안정된 질서를 수립하기 위한 중재자 역할을 수행했으며, 이로써 새로운 연방 헌법이 제정되었다. 1789년, 그는 만장일치로 초대 대통령에 선출되었다.

워싱턴은 초대 대통령으로서 수많은 전례를 세웠다. 그는 각료제를 창설하고, 토머스 제퍼슨을 국무장관에, 알렉산더 해밀턴을 재무장관에 기용하는 등 우수한 인물들을 중용하여 행정부 운영 체계를 확립했다. 경제 분야에서는 해밀턴의 국채 통합과 중앙은행 설립을 지지하며 미국 재정 기반을 안정시켰다. 1791년, 해밀턴이 전쟁 부채 상환을 위해 증류주에 세금을 부과하자, 특히 펜실베이니아 서부의 농민들이 격렬히 반발했다. 이들은 세무서를 공격하고 법 집행을 방해했으며, 이는 반정부 폭동으로 확산되었다. 1794년, 조지 워싱턴 대통령은 약 1만 3,000명의 병력을 동원해 진압에 나섰고, 큰 충돌 없이 질서를 회복하였고 그는 대부분의 반란자들을 사면했다. 이 위스키 반란의 진압을 통해 연방정부의 권위도 확립했다.

외교적으로는 프랑스 혁명과 영국-프랑스 전쟁이라는 국제적 혼란 속에서 중립을 선언하며, 미국의 신생국가로서 자주성을 지키며 생존을 도모했다. 1794년 체결하고 1795년 발효한 제이 조약(Jay Treaty)은 미국과 영국 간의 외교적 긴장을 완화하고, 미영 간 무역 질서를 재정립하기 위해 체결된 조약이다. 미국 독립전쟁 이후에도 영국은 여전히 북서부 변경 지역의 요새에서 철수하지 않고 있었고, 미국 상선은 강력한 영국 해군의 수색과 나포에 시달리고 있었다. 워싱턴은 연방대법원장인 존 제이(John Jay)를 특사로 임명해 영국과 협상에 나섰다. 조약의 주요 내용은 영국이 미 서부 요새에서 철수하고, 미

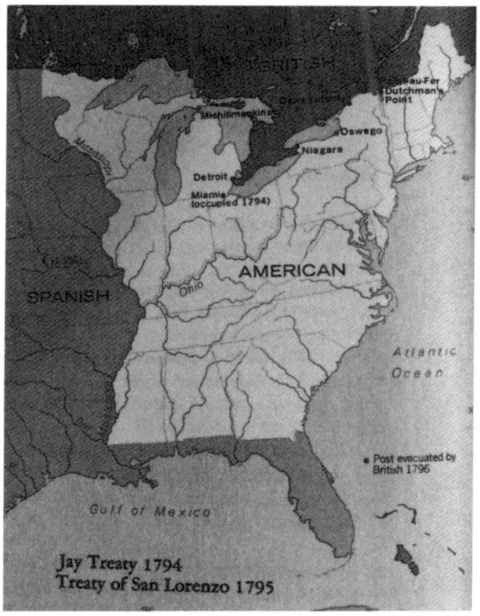

▌ 미국과 영국 간의 1794년 제이 조약 지도

국과 영국 간 무역을 재개하며, 미국이 영국의 전쟁 포로에 대한 배상 문제 등을 해결한다는 것이었다. 그러나 영국이 미국 상선에 대한 수색 권한을 완전히 포기하지 않았고, 미국의 중립권이 명확히 보장되지는 않았다. 특히 제퍼슨 중심의 공화파는 이를 연방주의자의 친영국 외교로 간주하며 강하게 반대했는데 결국 1795년 상원에서 간신히 비준되었다.

임기 말인 1796년, 그는 스스로 3연임을 거부하고 은퇴를 선언했으며, 고별 연설에서 정당 정치의 폐해와 외국 개입의 위험성을 경고하며 공화정의 근본 원칙을 설파했다.

4. 결혼생활과 인간적인 면모

1759년, 워싱턴은 과부인 마사 댄드리지 커티스(1731~1801)와 결혼했다. 마사는 전남편과의 사이에서 두 자녀를 두었고, 워싱턴은 이들을 친자식처럼 양육했다. 부부는 마운트 버논의 저택에서 평온하게 살았으며, 마사는 남편이 군복무와 대통령직을 수행하는 동안에도 헌신적으로 그를 뒷받침했다. 특히 마사는 1778년 2월경인 겨울에 밸리포지의 대륙군 진영을 찾아 4개월간 남편과 병사들을 돌보며 '공화국의 어머니'라는 별명을 얻었다.

워싱턴은 친자녀가 없었지만 가족에 대한 책임감이 강했고, 조카들과 손주들에게도 교육과 지원을 아끼지 않았다. 플랜테이션 소유주로서 그는 노예를 소유하고 있었으며, 당시 기준으로는 '온건한 주인'이었었으나, 말년에는 노예제도의 도덕적 문제에 자각을 갖게 되었고, 유언장에 자신의 사후에 노예를 해방하라고 명시했다. 이는 당시 남부 엘리트 계층에서는 드문 결단이었다.

5. 역사적 유산과 불멸의 평가

1799년 12월 14일, 조지 워싱턴은 급성 후두염으로 마운트 버논에서 사망했다. 그의 죽음은 미국 전역에 깊은 충격을 주었고, 전국 각지에서 조의를 표하는 예식이 열렸다. 그는 평생에 걸쳐 군인, 정치인, 국민적 상징으로 살아왔으며, 그의 삶은 공화국의 이상과 시민적 미덕을 구현한 전범으로 평가된다.

이후 워싱턴은 미국에서 가장 많은 지명, 기념물, 공휴일, 학교 이름에 헌정된 인물로 자리매김했다. 수도 워싱턴 D.C., 워싱턴주, 워싱턴 기념탑, 1달러 지폐와 쿼터 동전, 대통령의 날(2월 세 번째 월요일)은 모두 그를 기리는 증거다. 1976년, 미국 건국 200주년을 맞아 그는 역사상 미군 최고 계급인 '미국 전군 대장(General of the Armies of the United States)'으로 추서되었다.

역사학자들과 대중 여론 모두 워싱턴을 항상 미국 대통령 중 최상위권으로 꼽는다. 그는 민주주의의 제도적 기반을 세우고, 권력의 절제를 실천한 지도자로서, 이후 링컨과 함께 미국이 자랑하는 가장 이상적인 대통령의 전형으로 남아 있다.

워싱턴은 인류 사회에 대통령제 민주주의 국가의 모델을 선사한 성실, 절제, 헌신의 최고지도자이다.

그는 세계의 중심 국가 미국의 기반을 충실하게 만들었다.

대통령 일화 1: 조지 워싱턴

체리나무 이야기

조지 워싱턴이 여섯 살 무렵, 아버지로부터 조그만 도끼를 선물로 받았다. 신이 난 조지는 집 주변을 돌아다니며 이것저것을 베어보았다. 그러던 중 아버지가 아끼던 체리나무를 발견한 조지는 그 나무를 베어버렸다.

다음 날 아침, 아버지 어거스틴 워싱턴은 자신이 소중히 여기던 체리나무가 잘려 있는 것을 발견하고 크게 화를 냈다. "누가 내 체리나무를 베었느냐!"라며 집안 사람들을 모두 불러 모았다.

그때 어린 조지가 떨리는 목소리로 앞으로 나섰다. "아버지, 제가 도끼로 체리나무를 잘랐습니다." 아버지는 아들의 정직함에 감동받아 화를 거두고 오히려 조지를 안아주며 칭찬했다. "네가 정직하게 말해줘서 고맙다. 천 그루의 나무보다도 너의 정직함이 더 소중하다."

이 일화는 훗날 미국 초대 대통령이 된 조지 워싱턴의 정직하고 진실한 성품을 보여주는 대표적인 이야기로 전해지고 있다. 그리고 '그 아버지에 그 아들'이라고 하듯이 아버지의 넉넉하고 올바른 자식 사랑도 감동을 준다. 비록 역사적 사실성에 대해서는 의견이 분분하지만, 워싱턴의 인품을 상징하는 교훈적인 이야기로 많은 사람들에게 사랑받고 있다.

2대 존 애덤스(John Adams)
1735~1826
법과 질서의 수호자

존 애덤스의 초상화,
1800~1815년경

존 애덤스(1735~1826)는 미국의 건국의 아버지로, 초대 부통령(1789~1797)과 제2대 대통령(1797~1801)을 역임했다. 독립전쟁 전에는 영국군을 변호하며 법치와 무죄 추정의 원칙을 수호했고, 대륙회의에서는 독립선언문의 채택을 강력히 지지했다. 이후 유럽 외교 무대에서 미국의 평화조약과 재정 확보에 기여했고, 1780년에는 매사추세츠 헌법을 작성했다.

대통령 재임 중에는 프랑스 혁명 전쟁 속 미국의 중립을 고수하려 했으나, 이로 인해 당내 해밀턴파와 제퍼슨주의자 양쪽의 비판을 받았다. '외국인 및 선동법'을 통해 국내 안보를 강화했으나 논란을 낳았고, 프랑스와의 해전 준비를 주도했다. 백악관에 입주한 첫 대통령이기도 하다.

1800년 재선에 실패한 후 매사추세츠로 은퇴했다. 부인 애비게일과 함께 '애덤스 정치 가문'을 형성했고, 아들 존 퀸시 애덤스는 제6대 대통령이 되었다. 그는 독립선언 50주년인 1826년 7월 4일, 제퍼슨과 같은 날 세상을 떠났다. 애덤스 부자는 초기 대통령 12명 중 노예를 소유하지 않은 두 사람이다.

1. 식민지 시대의 법률가와 독립운동가

존 애덤스는 1735년 매사추세츠 브레인트리(Braintree)의 가족 농장에서 태어났으며, 아버지 디컨 존 애덤스(1691~1961)는 회중교회 집사이면서 농부, 제화업자, 민병대 중위였고 어머니 수잔나 보일스턴(1708~1797)은 의사 가문 출신이었다. 그는 2명의 남동생이 있었고, 아버지와의 깊은 유대감을 자랑스럽게 여겼다. 애덤스는 6세에 기초 교육을 시작해 라틴어와 수사학 등을 배웠으며, 학창 시절엔 학교를 싫어하고 농부가 되길 원했지만, 아버지의 권유와 선생님의 영향으로 학업에 정진했다. 그는 이후 어머니의 교육적 관심을 인생의 큰 축복으로 회상했다. 하버드대학교를 졸업한 뒤 교사로 잠시 일한 그는 변호사가 되어 보스턴에서 활동했다. 그는 법치주의에 대한 강한 신념을 지녔고, 특히 '무죄 추정의 원칙'을 중시했는데 이런 철학은 1770년 보스턴 대학살 사건 당시 영국군 병사들의 변호를 맡으며 드러났다. 당시 반영국 감정이 격렬했음에도 불구하고 그는 공정한 재판을 받을 권리를 주장하며 병사들을 변호해 무죄 판결을 이끌어 냈다.

그는 1774년 대륙회의에 매사추세츠 대표로 참가하여 독립을 지지하는 급진파로 활약했고, 1776년에는 토머스 제퍼슨, 벤저민 프랭클린 등과 함께 미국 독립선언문의 초안을 작성하고 이를 강력히 옹호하였다. 대중 연설보다는 논리적 사고와 글쓰기, 외교적 협상에 강점을 가진 그는 정치적 정당성과 법적 기반을 구축하는 데 집중했다.

2. 유럽 외교관과 헌법 설계자

존 애덤스는 미국 독립전쟁이 장기화되던 시기에 유럽 외교 무대에서 중요한 역할을 수행했다. 1778년 처음 프랑스로 파견되어 벤저민 프랭클린, 아서 리와 함께 프랑스와의 동맹 협상에 참여했다. 그러나 프랭클린 중심의 프랑스 외교에서 역할이 제한되자, 그는 네덜란드로 이동하였다.

1780년부터 1782년까지 그는 네덜란드에서 미국을 공식적인 주권 국가로 인정받는 데 성공했다. 네덜란드는 유럽 국가 중 미국을 독립국으로 승인한 첫 국가이다. 동시에 그는 대규모 자금을 대출받아 미국의 군비를 충당했다.

1783년에는 프랑스 파리에서 열린 파리조약 협상에 참여했다. 이 조약은 미국과 영국 간의 전쟁을 종식시키는 협정으로, 애덤스는 벤저민 프랭클린, 존 제이와 함께 협상 대표로 활동하며 미국의 독립을 공식적으로 인정받고, 미시시피강 동쪽 지역에 대한 영유권, 어업권 보장, 전쟁 중 상호 간의 몰수된 재산 문제 등의 조건을 유리하게 이끌었다. 그는 협상 과정에서 프랑스에 대한 과도한 의존을 경계하며 미국의 주권을 강조했다.

한편 애덤스는 1780년, 그는 매사추세츠주의 새 헌법을 기초하며, 미국 내 최초로 삼권분립 체제와 국민의 기본권 보장을 명확히 규정한 문서를 만들었다. 이 헌법은 그의 공화주의 정치철학을 담은 저서 『정부에 대한 생각(Thoughts on Government)』의 원리를 바탕으로 구성되었으며, 오늘날까지도 「매사추세츠주 헌법」은 세계에서 가장 오래된 성문 헌법으로 남아 있다. 이 헌법은 이후 1787년 미국 연방 헌법 작성에도 직접적인 영향을 주었고, 입헌주의와 공화정 질서의 핵심 원칙들을 제시한다.

3. 초대 부통령과 제2대 대통령

조지 워싱턴이 초대 대통령으로 선출되면서 애덤스는 미국 초대 부통령(1789~1797)이 되었다. 그러나 당시 부통령직은 거의 권한이 없었고, 상원의장 역할 외에는 제한적이었기에 그는 종종 소외감을 느꼈다. 그럼에도 그는 입법 과정을 주의 깊게 지켜보며 공화정 체제의 안정을 도모하는 조력자 역할을 충실히 수행했다.

1796년, 그는 연방당 소속으로 제2대 대통령에 선출되었다. 존 애덤스는 미국의 제2대 대통령으로서 재임기간 동안 외교적 위기와 정치적 갈등 속에서도 원칙과 신중함을 바탕으로 국정을 이끌었다. 그의 임기는 프랑스와의 외교 갈등으로 대표되는 'XYZ 사건'으로 시작되었으며, 그는 전쟁을 피하면서도 국익을 지키기 위해 비공식 해전(Quasi-War)을 전개하고, 결국 1800년 나폴레옹 정부와의 평화 협상을 성사시켰다. 이는 미국이 유럽의 대립 속에서 중립성과 외교적 독립을 유지한 중요한 사례였다.

그는 국가 안보 강화를 위해 해군부를 신설하고 해군력과 육군을 재정비하여 방위 체계를 마련했으며, 이로써 미국은 본격적인 군사 조직을 갖추기 시작했다. 또한, 수도 이전에 따라 백악관에 최초로 입주한 대통령이 되었고, 새 수도 워싱턴 D.C.의 기능적 정착을 상징적으로 이끌었다.

존 애덤스는 1798년 「외국인 및 선동법(Alien and Sedition Acts)」을 제정하였는데 이 법은 프랑스와의 전쟁 위기 속에서 연방당 정부가 외국인에 대한 통제 강화와 정부 비판 억제를 목적으로 통과시킨 네 개의 법률 중 하나이다. 이 법은 대통령에게 적대적인 외국인을 추방하거나 구금할 수 있는 권한을 부여했고, 귀화 요건을 5년에서 14년으로 연장하여 이민자의 시민권 취득을 어렵게 만들었으며, 정부나 대통령을 비판하는 언론과 발언을 범죄로 간주함으로써 표현의 자유를 침해했다.

이 법은 토머스 제퍼슨을 중심으로 한 민주공화당의 강한 반발을 초래했다. 연방당 내에서도 알렉산더 해밀턴과의 갈등으로 인해 정치적 고립이 심화되었고, 결국 1800년 대선에서 재선에 실패했다. 이후 표현의 자유와 외국인 권리에 대한 미국 내 논쟁의 시발점이 되었다. 1800년 이후 법들은 대부분 폐지되거나 기한 만료로 사라졌다.

후일의 도널드 트럼프도 외국인을 국가 안보의 잠재적 위협으로 보고 강경한 통제 정책을 펼쳤다는 데 공통점이 있다. 애덤스는 외국인 및 선동법을 통해 이민자 통제와 정치적 비판 억제를 시도했고, 트럼프는 여행 금지령과 국경 장벽 등으로 불법 이민과 테러 위협 차단에 집중했다. 두 대통령 모두 외국인에 대한 보안 중심 접근을 택했다는 점에서 유사하다.

그는 토머스 제퍼슨에게 평화적으로 정권을 이양함으로써 미국 민주주의의 중요한 전통을 수립했다. 또, 재임 말기 존 마셜을 대법원장으로 임명한 것은 미국 사법 체제의 기틀을 다지는 계기가 되었다.

애비게일과 존 애덤스의 초상화, 벤저민 블리스 작, 1766년경

4. 애덤스 정치 가문

존 애덤스의 부인 애비게일 애덤스(1744~1818)는 단순한 내조자를 넘어선 동반자이자 조언자였다. 두 사람은 1764년 결혼했으며, 애비게일은 지성과 교양, 독립적인 사고를 지닌 여성으로, 남편의 정치활동에 적극적으로 관여했다. 부부는 수많은 서신을 주고받으며 정치와 철학, 사회문제에 대한 생각을 나누었고, 이 편지들은 오늘날에도 미국 정치사에서 귀중한 1차 사료로 남아 있다. 애비게일은 특히 여성의 권리에 대한 문제의식을 가지고 있었으며, 1776년에는 남편에게 "여성을 기억하라(Remember the Ladies)."는 유명한 문장을 담은 편지를 보내기도 했다.

존 애덤스는 가족과 교육을 중시하는 가정환경을 조성했고, 자녀들에게 공공 봉사와 지적 성취를 강조했다. 이 가치를 가장 뚜렷하게 계승한 인물이 바로 그의 장남 존 퀸시 애덤스(1767~1848)였다. 그는 아버지를 따라 외교관, 상원의원, 국무장관으로 봉직했고, 결국 미국 제6대 대통령직에 오르며 첫 부자 대통령 시대를 열었다. 존 퀸시 역시 지성과 도덕성을 중시한 공직자로 활동했으며, 대통령 퇴임 후에도 노예제 폐지 운동과 하원 활동을 통해 공공 정의를 실현하는 데 앞장섰다.

애덤스 가문은 미국 역사에서 드물게 지성과 공공 책임을 핵심으로 삼은 정치 가문으로 자리 잡았다. 존 애덤스와 애비게일 애덤스의 삶은 단지 정치적 업적뿐만 아니라, 가정과 신념, 공공 윤리에 대한 실천이라는 점에서 미국 건국사에 큰 역할을 하였다.

5. 은퇴 후의 삶과 역사적 평가

퇴임 후 애덤스는 정계에서 은퇴하여 매사추세츠 퀸시의 자택으로 돌아갔다. 그는 오랜 시간 소원했던 제퍼슨과 1812년부터 서신을 다시 주고받기 시작했고, 두 사람은 철학적 차이를 인정하면서 깊은 우정을 나눴다. 이들은 1826년 7월 4일, 미국 독립선언 50주년에 같은 날 사망하는 역사적 기록을 남겼다.

존 애덤스는 초대 대통령들 중 노예를 소유하지 않은 도덕적 신념의 소유자로 기억되며, 그의 정치철학은 공화정의 원칙과 입헌주의에 대한 신념으로 요약된다. 그는 오늘날 국가의 독립과 자주성, 그리고 민주정의 실현을 위한 초기 제도 설계의 기여자로 평가된다. 역사가들은 그를 원칙에 충실한 공화주의자, 그리고 헌신적이지만 종종 고립된 지도자였고, 미국 정치의 기초를 다진 중요한 인물로 본다.

존 애덤스는 원칙과 법치를 중시하며 신생 공화국의 외교적 독립과 제도적 기초를 다진 모범적인 건국의 주역이다.

한편, 외국인 · 선동법은 약자인 외국인과 언론을 부당하게 억압하였다.

대통령 일화 2: 존 애덤스

법치의 신념과 보스턴 대학살 변호

1770년, 매사추세츠 보스턴에서 발생한 보스턴 대학살(Boston Massacre) 사건은 영국군 병사들이 민간인 시위대를 향해 발포해 5명의 시민이 사망한 충격적인 사건이었다. 사건 직후, 분노한 식민지 여론은 영국군 병사들을 즉각 처벌하라고 요구했으며, 대다수 변호사들은 그들의 변호를 꺼렸다.

이때 존 애덤스(John Adams)는 큰 정치적 위험을 무릅쓰고 병사들의 법적 방어를 자청했다. 그는 법치주의의 원칙에 따라, '모든 사람은 공정한 재판을 받을 권리가 있다'는 신념하에 정서적으로 불리한 사건에도 불구하고 공정한 판결을 위해 싸웠다. 그는 재판에서 군인들이 자위적 대응을 했다고 주장하며 군중의 도발과 위협을 상세히 분석했고, 배심원단은 그의 논리에 설득되어 8명 중 6명을 무죄, 2명은 과실치사로 감경 판결을 내렸다.

이 사건으로 애덤스는 큰 비판을 받았지만, 그는 훗날 "나는 인기보다는 정의를 택했다."고 회고했다. 이 일화는 그가 법치와 양심, 원칙을 우선시한 인물임을 보여주는 대표적 사례로, 이후 독립운동 지도자로서의 명성을 쌓는 계기가 되었다.

요즈음의 판사, 검사, 변호사 등 법조인들이 귀감으로 삼아야 할 일이다.

3대 토머스 제퍼슨(Thomas Jefferson)
1743~1826
자유를 신봉한 철학자

토마스 제퍼슨, 1800년경

토머스 제퍼슨(1743~1826)은 미국의 제3대 대통령(1801~1809)으로, 정치가, 외교관, 변호사, 건축가, 철학자이며 '건국의 아버지' 중 한 사람이다. 그는 독립선언문의 주요 작성자였으며, 미국 혁명과 새로운 공화국 건설에 핵심적 역할을 했다.

대통령이 되기 전, 워싱턴 정부의 초대 국무장관(1790~1793), 애덤스 정부의 부통령(1797~1801)을 역임했다. 그는 민주주의, 공화주의, 개인의 자유와 권리의 열렬한 옹호자로, 사상 · 표현 · 종교의 자유를 주창했고 미국 독립과 민주제 확립에 기여했다.

정치적으로는 제임스 매디슨과 함께 민주공화당을 창당하여 연방당에 맞섰고, 1800년 대선에서 정치적 라이벌이던 존 애덤스를 꺾고 대통령에 당선되었고 1804년에는 재선에 성공했다.

대통령 재임 중 루이지애나 매입으로 미국 영토를 두 배로 확장하고, 루이스와 클라크 탐험을 지원했으며, 바르바리 해적, 영국과의 무역 마찰에 대응해 금수법을 시행했다. 그러나 이 조치는 국내에 논란을 불러왔다.

제퍼슨이 공부했던 윌리엄앤드메리대학교의 렌 빌딩

1. 계몽주의 정신의 형성

토머스 제퍼슨은 1743년 4월 13일, 버지니아 식민지의 셰드웰(Shadwell) 지역에서 태어났다. 그는 식민지 엘리트 계층에 속하는 피터 제퍼슨(1708?~1757)과 제인 랜돌프(1720?~1776) 사이에서 태어난 10명의 자녀 중 셋째였고, 가문은 유서 깊은 잉글랜드 귀족 혈통을 자랑하는 명문가였다. 아버지 피터는 1757년에 사망했고, 그의 재산은 그의 아들들인 토머스와 랜돌프(Randolph)에게 상속되었다. 토머스는 몬티첼로를 포함하여 약 5,000에이커(2,000ha, 7.8평방마일)를 상속받았다.

제퍼슨은 어려서부터 문학, 철학, 자연과학 등 여러 분야에 뛰어난 지적 관심을 보였으며, 특히 음악과 고전어에 심취했다. 16세의 나이에 윌리엄 앤 메리 칼리지에 입학한 그는, 그곳에서 계몽주의적 사고와 윤리, 합리주의를 흡수하며 사상적 기초를 다졌다. 특히 그의 스승인 조지 위스(George Wythe)는 법학뿐 아니라 고전 철학과 자연법에 대한 이해를 길러준 인물로, 제퍼슨의 인

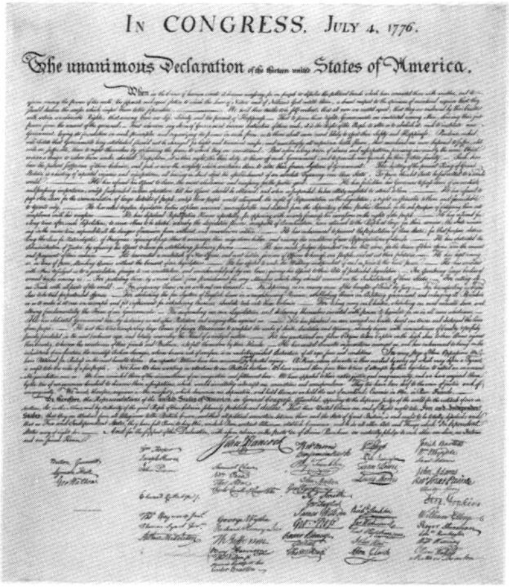

IN CONGRESS. JULY 4, 1776.

The unanimous Declaration of the thirteen united States of America.

▌ 제퍼슨이 1776년 6월에 작성한 독립 선언서

생에 큰 영향을 끼쳤다. 학업을 마친 후 그는 변호사로 활동하였고 식민지 법과 자유에 대한 관심을 바탕으로 정치에 참여했다. 그는 계몽주의와 공화주의 철학을 접목시켜 미국 정치사상에 큰 족적을 남기게 된다.

2. 독립선언문과 미국 건국기의 리더십

1775년 렉싱턴에서 미국 독립전쟁이 발발하자, 제퍼슨은 제2차 대륙회의의 대표로 선출되었다. 그는 비교적 젊은 나이였음에도 뛰어난 필력과 사상적 깊이로 주목받았으며, 독립선언문 작성 위원회에 배정되었다. 위원회는 존 애덤스, 벤저민 프랭클린, 로저 셔먼, 로버트 리빙스턴, 그리고 제퍼슨으로 구성되었는데, 애덤스와 프랭클린은 제퍼슨에게 초안 작성을 맡겼다.

1776년 6월부터 초안 작업에 착수한 제퍼슨은 루소와 로크의 자연권 이론, 몽테스키외의 권력 분립 사상, 그리고 스코틀랜드 계몽주의의 윤리관을 반영하여 인류 보편의 권리와 식민지의 독립 정당성을 명문화했다. 특히 "모든 인

▌ 제퍼슨이 1769~1775년 재직했던 버지니아주 윌리엄스버그의 버제스 회의실

간은 평등하게 창조되었다(All men are created equal)."로 시작하는 유명한 문구는 미국의 이상주의적 건국 정신을 상징하는 구절이 되었다. 그는 독립선언문을 통해 미국이 자유롭고 자치적인 공화국이 되어야 한다는 논리적 토대를 마련했고, 이는 이후 전 세계 민주주의 운동에 영향을 주었다.

3. 주 법제 개혁과 외교 경력

독립 이후 제퍼슨은 버지니아 주로 돌아와 주의회 의원으로서 급진적이고 진보적인 법제 개혁을 추진하였다. 그가 주도한 개혁 중에는 토지 상속의 불평등을 시정하는 자유 상속법, 귀족 칭호의 폐지, 그리고 가장 유명한 「버지니아 종교 자유법」(1786)이 있었다. 이 법은 특정 종교를 국가가 지원하거나 탄압하는 것을 금지하며 정교분리 원칙을 법제화한 것으로, 인류사에 길이 남을 업적이다.

1784년부터 그는 프랑스 주재 외교관으로 임명되었고, 1785년부터는 공식

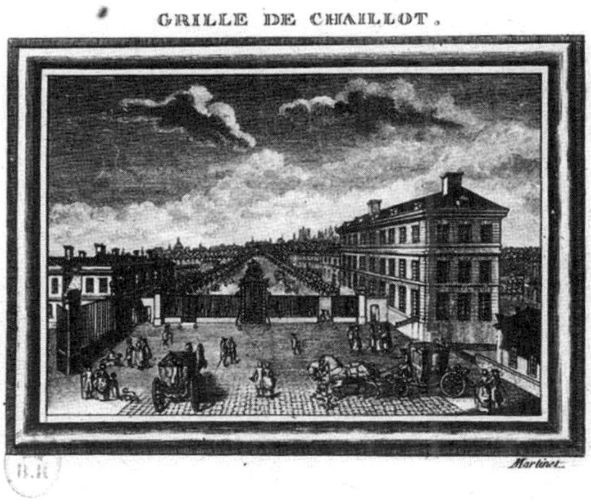

▌ 샤요궁의 그릴 드 샤요를 통해 보이는 파리 판화. 제퍼슨의 집이 왼쪽에 있다

적으로 미국 공사로 활동했다. 프랑스 혁명이 임박한 시점의 파리에 머무르며 그는 루이 16세 치하의 구체제를 목격했고, 혁명 사상가들과 교류했다. 특히 라파예트 후작, 콩도르세, 돌로레스 등과의 관계는 그에게 유럽 자유주의 운동과 공화주의 철학에 대한 실천적 통찰을 제공했다. 이 시기의 경험은 제퍼슨으로 하여금 미국의 민주주의가 유럽과 다른 방식으로 발전해야 한다는 확신을 갖게 했으며, 귀국 후 연방주의자들과 대립하는 계기가 된다.

4. 공화주의 이상과 현실의 충돌

1796년 대선에서 제퍼슨은 연방당의 존 애덤스에게 패했지만, 당시 헌법에 따라 2위를 차지한 그가 부통령이 되었다. 그는 이 시기 연방주의자들의 권력 장악과 해밀턴 중심의 중앙은행 정책에 강한 반감을 가지며, 주 권리 강화와 농업 중심 사회를 주장하는 민주공화당의 지도자로 활동하였다. 그는 켄터키 · 버지니아 결의문을 통해 연방정부의 법률이 주 헌법을 침해할 경우 주가

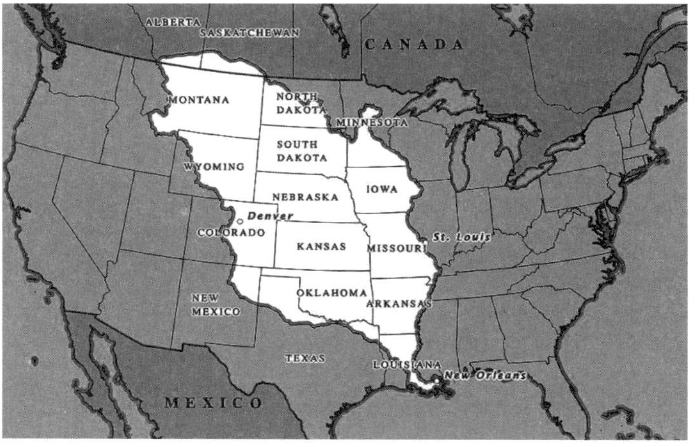

1803년 루이지애나(백색 부분) 매입은 총 82만 7,987평방마일(214만㎢)에 달해 미국 국토를 두 배로 확장했다

거부권을 행사할 수 있다고 주장했으며, 이는 이후 주권 논쟁과 남북전쟁까지 이어지는 대립의 출발점이 된다.

1800년 대선에서는 제퍼슨이 애런 버와 같은 수의 표를 얻었으나, 하원의 결선 투표를 통해 제퍼슨이 대통령으로 선출되었다. 이른바 '1800년의 혁명'이라 불리는 이 평화로운 정권 교체는 미국 민주주의의 안정성을 입증하는 상징이 되었다.

그는 재임 중 1803년 루이지애나 매입을 통해 미시시피강 서쪽의 광대한 영토를 프랑스로부터 매입함으로써 미국의 국토를 배 이상으로 확장시켰고, 루이스와 클라크 탐험대를 파견해 서부 개척의 길을 열었다.

1800년대 초반, 유럽은 나폴레옹 전쟁으로 인해 영국과 프랑스 간의 격렬한 해상 전쟁에 빠져 있었다. 이 두 나라는 서로의 해상 무역을 봉쇄하려 했고, 미국의 상선은 양측 모두에게 침해를 당하고 있었다. 그러나 미국 선박으로 외국 항구와의 모든 무역을 금지하는 1807년의 무역 금수조치(Embargo Act of 1807)는 제퍼슨의 이상주의적 신념에서 비롯된 것으로 미국의 수출 주도 경제에 큰 타격을 주었고, 특히 뉴잉글랜드 지역의 상인과 조선업자들 사이에서 극심한 반발을 야기했다. 이 조치는 그가 구상한 평화적 외교 전략이 현실 경제에서 어떤 부작용을 가져오는지를 보여주는 사례이다.

5. 사생활과 노예제의 모순

1772년 제퍼슨은 미망인이자 음악 애호가였던 마사 웨일스 스켈턴(1748~1782)과 결혼했다. 둘은 지적 관심과 감수성, 음악적 취향까지 공유한 이상적인 부부였으며, 제퍼슨은 결혼 후 더욱 내성적이고 가정 중심적인 성향을 보이게 되었다. 제퍼슨 부부는 여섯 자녀를 두었는데 그중 딸 하나만 25세가 넘도록 살았다. 출산으로 쇠약해진 마사 제퍼슨은 막내딸을 낳은 지 몇 달 만에 세상을 떠났다. 그녀의 사망은 제퍼슨에게 깊은 슬픔을 안겼고, 그는 그녀의 묘소를 직접 설계하였고 평생 재혼하지 않았다.

한편, 제퍼슨은 공적으로는 노예제에 대해 부정적 입장을 취했으나, 사적으로는 약 600명 이상의 노예를 소유하며 생전에 단지 몇 명만을 해방시켰다. 마사가 사망한 후 이루어진 샐리 헤밍스(Sally Hemings)와의 관계는 가장 논란이 되는 부분이다. 헤밍스는 제퍼슨의 부인 마사 제퍼슨의 이복자매인 흑인 노예였으며, 제퍼슨은 그녀와의 관계에서 여러 자녀를 두었다는 것이 자녀 중 한 사람의 저술로 드러났고 현대의 DNA 연구로 사실로 확인되었다. 그의 혼혈 자손들 상당수가 백인 정체성을 갖고 살아가는 것으로 알려졌다.

6. 몬티첼로의 삶과 역사적 평가

1809년 대통령직에서 물러난 제퍼슨은 버지니아 몬티첼로(Monticello)의 자택으로 돌아와 학문과 농업, 건축에 몰두했다. 그는 여전히 수많은 인사들과 서신을 주고받으며 공공 문제에 대해 적극적으로 의견을 피력했다. 그가 가장 역점을 둔 사업은 1819년 설립한 버지니아대학교였다. 그는 대학의 설계, 교육 철학, 교재 선정까지 모두 관여하며 "국가의 미래는 교육에 달려 있다."는 철학을 실천했다. 이는 제퍼슨이 단순한 정치인이 아닌, 사회 개혁가이자 사상가로서 남긴 중요한 유산이었다.

1826년 7월 4일, 미국 독립 50주년이 되는 날, 그는 라이벌이자 친구였던 존 애덤스와 같은 날 세상을 떠났다. 그는 생전에 자신의 묘비에 세 가지 업적, 즉 '독립선언문 작성자', '버지니아 종교 자유법 입안자', '버지니아대학교 창립자'로만 기록되기를 바랐고, 실제로 그 뜻은 지켜졌다.

제퍼슨은 미국 민주주의의 설계자이자 철학자로 평가받지만, 동시에 인종과 계층에 따른 이중적 태도, 노예제 유지라는 도덕적 모순을 안고 있는 인물로도 기억된다. 그는 미국이 "모든 인간의 자유를 실현하는 공화국"이 되기를 바랐으나, 그 자신이 그 이상에 도달하지 못한 인간적 한계를 지녔다. 그럼에도 그의 사상과 제도적 유산은 이후 세대의 시민권 운동과 자유주의 발전에 깊은 영향을 미쳤으며, 미국의 정치적 · 지적 DNA 속에 여전히 살아 숨 쉬고 있다.

토머스 제퍼슨은 독립선언문을 통해 미국의 자유와 평등 이념을 정립한 건국의 아버지였다.

그러나 이상주의적 철학과 노예제 유지 등 현실은 모순을 피하지 못했다.

4대 제임스 매디슨(James Madison Jr.)
1751~1836
헌법의 아버지

제임스 매디슨 대통령의 초상화, 1816년.

제임스 매디슨(1751~1836)은 미국의 정치가이자 외교관이며, 제4대 대통령(1809~1817)을 지낸 미국 건국의 아버지 중 한 사람이다. 그는 미국 헌법과 권리장전의 초안을 설계하고 이를 홍보한 중심인물로, '헌법의 아버지'르 불린다.

버지니아의 유력한 노예 소유 가문에서 태어난 그는 독립전쟁기와 이후에 버지니아 주의회와 대륙회의에서 활동했다. 헌법 제정회의를 주도했고, '버지니아 플랜'을 통해 강력한 중앙정부의 구상을 제시했다. 제이와 함께 「연방주의자 논문」을 집필하며 헌법 비준 운동을 이끌었다.

1790년대 초, 매디슨은 해밀턴의 중앙집권적 정책에 반대하여 제퍼슨과 함께 민주공화당을 창당했다. 제퍼슨 행정부에서는 국무장관으로 루이지애나 매입을 조율했다.

1808년 대통령에 당선된 그는 영국과의 해상권 갈등, 원주민 충돌 문제 등으로 1812년 영국에 선전포고했다. 전쟁 후 그는 연방정부의 강화에 나서 보호관세 도입과 미국 제2은행 설립을 추진했다. 그의 임기 동안 약 2,600만 에이커의 원주민 토지가 미국에 편입되었다.

은퇴 후 매디슨은 몬트필리어에서 생을 마쳤으며, 평생 노예를 소유했다. 이는 그의 자유주의 이념과의 모순으로 지적된다.

1. 유복한 계몽주의 청년

제임스 매디슨은 1751년 3월 16일, 버지니아 식민지의 오렌지 카운티에서 제임스 매디슨 시니어(1723~1801)와 넬리 콘웨이 매디슨(1731~1829)의 장남으로 태어났다. 그의 가문은 영국계 이민자 후손으로, 당시 버지니아 지역에서 가장 부유하고 존경받는 플랜테이션 농장주 중 하나였다. 이 가문은 수백 명의 노예를 거느리고 있었으며, 매디슨은 이 같은 경제적 기반 위에서 안정된 교육과 성장 환경을 누렸다.

그는 어릴 적부터 병약했으며, 특히 간질로 추정되는 신경성 질환을 앓아 부모는 그를 무리하게 활동시키지 않았다. 그러나 지적 호기심은 남달랐으며, 라틴어, 그리스어, 논리학, 윤리학, 역사, 수사학 등을 공부했다. 매디슨은 18세인 1769년에 프린스턴대학교(당시 뉴저지 칼리지)에 상급반으로 편입하여 2년 만에 정규 과정을 마쳤고, 존 로크, 몽테스키외, 흄 등 계몽주의 사상가들의 영향을 깊이 받았다. 그는 졸업 후 건강 문제에도 불구하고 1년 더 머물며 고급 라틴어, 히브리어, 철학 등을 자발적으로 추가 학습 했다.

매디슨은 개인의 자유, 권리, 정치적 계약론에 큰 관심을 갖게 되었다. 졸업 후 버지니아로 돌아온 그는 공직보다는 학문적 탐구에 몰두했으나, 식민지와 영국 간의 긴장이 고조되면서 공공 문제에 대한 관심이 정치 참여로 이어졌다.

2. 미국 헌법의 아버지

매디슨은 1776년 버지니아 헌법 제정회의에 참여하였다. 그는 토머스 제퍼슨과 함께 버지니아 종교 자유 선언문 초안 작성에 참여하기도 했으며, 종교의 자유와 표현의 자유를 강력히 지지하는 인물로 부각되었다.

▌ 손으로 쓴 미국 헌법 원본의 첫 페이지

1780년에는 대륙회의(Congress of the Confederation) 의원으로 선출되어 필라델피아로 갔으며, 이 시기 그는 미국 연합규약의 취약성을 절실하게 체감하였다. 각 주의 자율성이 지나치게 커서 연방정부는 거의 아무런 실질 권한이 없었고, 재정난과 외교 실패가 속출했다. 매디슨은 이를 시정하고자 강력하고 효과적인 중앙정부 구성을 주장했고, 이후 1787년 헌법 제정회의에서 삼권분립, 상하 양원제, 인구 기반의 대표제 도입 등 오늘날 미국 헌법의 핵심을 이루는 '버지니아 플랜'을 주도하게 된다.

그는 헌법 제정 이후에도 각 주의 비준을 설득하기 위해 알렉산더 해밀턴, 존 제이와 함께 「연방주의자 논문」(The Federalist Papers)를 공동 집필하였는데, 그중 절반 이상은 매디슨이 작성했다. 그는 공화주의 원칙에 기반한 견제와 균형의 체계를 설계함으로써 미국 민주주의의 이념적 토대를 마련했고, '헌법의 아버지(Father of the Constitution)'라고 불리게 되었다.

미국의 USS 컨스티튜션이 영국의 HMS 게리에르를 격파했다

3. 정당 정치의 창시자

매디슨은 헌법 제정 이후에도 정계에서 활발히 활동했으며, 1789년 제1대 연방 하원의원으로 선출되어 권리장전(Bill of Rights) 제정의 핵심 역할을 맡았다. 이 헌법 수정안 10개 조항은 시민의 권리를 명시하며 헌법의 정당성을 강화하였다.

1790년대에는 토머스 제퍼슨과 함께 해밀턴 등 연방주의자들의 중앙집권적 경향에 반대하며 민주공화당을 창당하였다. 그는 언론의 자유, 농업 중심의 분권적 국가, 프랑스 혁명에 대한 동정 등을 주장하며 남부와 서부의 지지를 이끌었다.

1801년 제퍼슨 대통령이 취임하자 매디슨은 국무장관에 임명되었고, 1803년 역사적인 루이지애나 매입을 추진하면서 미국의 영토를 두 배로 늘리는 데 큰 역할을 했다. 이후 1809년 미국 제4대 대통령으로 선출된 그는 두 차례 임기를 지냈다.

취임 후, 그는 영국과 프랑스 간 전쟁으로 인한 미국 무역선 공격과 해상권 침해에 대하여 외교적 해결을 모색했으나 실패했고, 결국 1812년 영국에 선전포고했다. 이른바 '1812년 전쟁'은 워싱턴 D.C.가 점령당하고 백악관이 불타는 위기를 초래했지만, 뉴올리언스 전투의 승리 등으로 미국 내 애국심을 고취시키며 전쟁 후 국가 정체성을 강화하는 계기가 되었다.

전쟁 이후 매디슨은 미국의 경제적 자립을 위해 1816년 보호관세법을 제정하고, 미국 제2국립은행을 설립했다. 이는 전쟁 중 드러난 금융 시스템의 취약성을 보완하고 국내 제조업을 보호하려는 조치였다. 동시에 그는 국방력 강화를 위해 군 재조직과 육군 규모 확대에도 힘썼다.

또한 그의 재임기간 동안 여러 조약과 군대를 이용해 원주민 부족으로부터 약 2,600만 에이커(10.5만㎢)의 토지를 양도받으며 미국의 서부 확장 정책을 본격화했다.

이처럼 매디슨은 초기의 신중한 외교와 소극적 행정부 운영에서 점차 강력한 연방정부와 경제 보호주의로 방향을 전환하였다.

4. 퍼스트레이디 돌리 매디슨

매디슨은 1794년, 43세의 나이에 26세의 과부 돌리 페인 토드(1768~1849)와 결혼하였다. 돌리는 필라델피아의 퀘이커교 집안 출신으로 세련되고 활발한 사교계 인물로 이름을 날리고 있었고, 당시 매디슨은 그녀를 보자마자 반하게 되었다. 매디슨은 조용하고 내성적인 반면, 돌리는 외향적이고 대담했으며, 사람들 사이의 관계를 중재하는 데 뛰어났다.

퍼스트레이디로서 돌리는 백악관의 공식 행사를 정립하고, 사교계의 중심인물로 자리 잡아 워싱턴 D.C.의 정치 문화 형성에 크게 기여했다. 그녀는 외교

▌ 돌리 매디슨, 길버트 스튜어트 작, 1804년경

사절이나 정적들조차 매료시킬 정도의 매너와 인간적인 따뜻함을 지녔으며, 남편의 정치적 입지를 대중적으로 확장시키는 데 큰 도움을 주었다.

특히 1814년 영국군이 워싱턴 D.C.를 점령해 백악관이 불탔을 때, 돌리가 조지 워싱턴 초상화와 국가 문서를 급히 수습해 탈출한 일화는 미국인의 애국심을 상징하는 전설적 사건이 되었다. 이후 그녀는 "공화국의 여왕(Queen of the Republic)"이라는 별명으로 불리며 존경받았다. 두 사람 사이에 자녀는 없었지만, 돌리의 전남편과의 사이에서 낳은 아들 페인 토드는 방탕한 생활로 많은 문제를 일으켰다.

5. 헌법정신의 영원한 수호자

1817년 대통령 중임을 마친 매디슨은 고향 버지니아로 돌아가 몽펠리에(Montpelier) 농장에서 조용한 은퇴 생활을 했다. 그는 다시는 공직에 나서지 않았지만, 학문과 시민 교육에 헌신하였다. 그는 제퍼슨이 설립한 버지니아대학교 이사회에 참여하였고, 각종 정치적 논쟁에 대해 조언을 아끼지 않았다.

특히 1820~1830년대에는 주의 권리와 연방 권한을 둘러싼 논쟁에서 연방 통합의 가치를 강조하며 분리주의에 반대했다. 노예제 문제에 대해서는 개인적으로 노예제의 도덕적 모순을 인식했지만, 실제로는 제도 폐지에 적극적으로 나서지는 않았으며, 자신의 농장에서 수십 명의 노예를 유지했다는 점에서 비판의 여지도 남겼다.

1836년 6월 28일, 제임스 매디슨은 85세의 나이로 세상을 떠났다. 그는 미국 대통령 중 마지막까지 생존한 헌법 제정 회의 참가자였으며, 동시에 공화정의 이념과 헌법적 질서의 가장 철저한 설계자이자 수호자였다.

6. 명암의 뛰어난 공화국 건축가

제임스 매디슨은 미국 건국의 핵심 인물로, 헌법의 설계자이자 공화정의 원칙을 실천한 제도 건축가였다. 그는 삼권분립과 견제와 균형, 권리장전 도입 등을 주도하며 시민 자유와 권력 제한을 헌법에 명문화했고, 「연방주의자 논문」 제51편에서 "권력이 권력을 통제하게 해야 한다."는 명언을 남겼다.

대통령으로서 그는 1812년 전쟁의 초기에 수도 함락과 백악관 소실이라는 치욕을 겪었지만, 전쟁은 애국심 앙양과 경제적 자립의 계기가 되었다. 전후에는 보호관세와 은행 설립을 통해 연방정부의 기능을 강화했고, 국내 산업의 성장 기반을 마련했다.

매디슨은 제퍼슨과 함께 민주공화당을 창당해 정당이 헌정 질서의 일부로 기능할 수 있음을 보여주었다. 그러나 도덕적으로는 노예제를 소유했고, 해방에도 소극적이었던 점은 그의 이상주의와 현실 사이의 간극으로 비판된다.

그가 남긴 기록들은 오늘날에도 미국 정치철학의 핵심 자료로 활용되며, 그의 이름은 프린스턴대학교의 '매디슨 프로젝트'를 비롯한 여러 기념 사업을 통해 기억되고 있다.

제임스 매디슨은 미국 헌법의 설계자이자 공화주의 원칙을 제도화한 위대한 사상가였다.
그러나 1812년 전쟁의 혼란과 노예제에 대한 소극적 태도는 비판 대상이 되었다.

5대 제임스 먼로(James Monroe)
1758~1831
아메리카주의 외교의 시조

제임스 먼로 대통령의 초상화, 사무엘 모스 작, 1819년경

제임스 먼로(1758~1831)는 미국의 제5대 대통령(1817~1825)으로, 마지막 건국의 아버지이자 버지니아 왕조의 마지막 대통령이다. 그의 재임기는 정치적 분열이 줄어든 '좋은 감정의 시대'로 불리며, 미국의 제1당 체제를 마감하는 전환점이 되었다.

그는 독립전쟁에 참전했고, 이후 상원의원, 외교관, 주지사, 국무장관, 전쟁장관 등 다양한 공직을 역임했다. 루이지애나 매입, 1812년 전쟁 수습, 플로리다 획득 등의 업적을 남겼으며, 특히 1823년 '먼로 독트린'을 발표해 유럽의 아메리카 개입을 견제하는 미국 외교의 기틀을 마련했다.

1820년 대선에서는 사실상 무투표로 재선되었고, 은퇴 후에는 가난에 시달리다 1831년 7월 4일에 사망했다. 그의 이름은 라이베리아 수도 몬로비아에 남아 있으며, 역사가들은 그를 안정과 확장의 대통령으로 평가한다.

1. 식민지 시대의 유년기와 미국 독립전쟁

제임스 먼로는 1758년 4월 28일, 버지니아 식민지 웨스트모어랜드 카

먼로 대통령의 부인 엘리자베스 코트라이트

운티에서 아버지 스펜스 먼로(1727~1774)와 어머니 엘리자베스 존스 먼로(1730~1772)의 5남매 중 둘째 아들로 태어났다. 그의 아버지는 중산층 지주로 목장을 운영하였다. 먼로 가문은 스코틀랜드계 후손으로, 조상들은 17세기에 버지니아로 이주했다.

먼로는 지역 초등학교에서 기본 교육을 받은 후 1774년 윌리엄앤드메리대학교에 입학했다. 그는 대학교 재학 중이던 1776년, 형의 죽음을 계기로 학업을 중단하고 미국 독립전쟁에 참전했다. 그는 버지니아 제3연대 중위로 임관해 뉴욕과 뉴저지 전역에 참전했으며, 트렌턴 전투에서 중상을 입을 정도로 적극적으로 전투에 참여했다. 이후 부대 지휘를 시도했지만 재정적 한계로 중대를 모집하지 못해, 대신 스털링 경의 참모로 복무하며 라파예트와 교류했다. 1778년 소령으로 진급했으나, 다시 군대 조직의 어려움으로 사임하였다.

전쟁이 끝난 뒤 그는 법률가가 되기 위해 버지니아 총독이던 토머스 제퍼슨의 추천으로 법학을 공부했고, 1783년에는 연방 의회의 전신인 대륙회의에 버지니아 대표로 참가하면서 정치에 입문했다.

2. 초기 정치 경력과 외교 경험

제임스 먼로는 1786년 뉴욕에서 엘리자베스 코트라이트(1768~1730)와 결혼했다. 그녀는 뉴욕의 부유한 상인 로렌스 코트라이트의 딸로, 당시 17세였으며, 세련되고 교육받은 상류층 여성이었다. 먼로와의 결혼은 당시 정계와 상류 사회 모두에서 관심을 받았으며, 두 사람은 평생 깊은 유대를 유지했다.

결혼 후 부부는 버지니아로 이주하여 안정된 가정을 꾸렸고, 슬하에 딸 둘과 아들 하나를 두었다. 이 중 장녀 엘리자 먼로 헤이(Eliza Monroe Hay)는 먼로 대통령 재임 시 퍼스트레이디의 역할을 대신할 정도로 활동적이었다.

엘리자베스 먼로는 조용하고 고상한 영부인으로 알려졌는데, 그녀는 사교활동에 적극적이지 않았고, 건강 문제로 외부 활동이 제한되었다. 루이 16세 시절 부인으로, 프랑스 문화를 경험한 그녀는 프랑스식 예절과 품위를 중시했으며, 이는 당시 미국식 사교 문화와 다소 충돌하기도 했으나 그녀는 백악관의 격식을 높였다.

1789년 연방 헌법이 발효된 이후 먼로는 상원의원에 선출되었으며, 토머스 제퍼슨, 제임스 매디슨과 함께 민주공화당의 중진으로 떠올랐다. 1794년, 조지 워싱턴 대통령은 그를 프랑스 주재 공사로 임명하였다. 이 시기 먼로는 프랑스 혁명에 동조하는 입장을 보였고, 미국과 프랑스 간 우호를 강조했으나, 이로 인해 워싱턴 행정부의 중립주의 정책과 충돌하여 1796년 외교 실패 책임으로 소환되었다.

하지만 먼로는 이 실패를 발판 삼아 귀국 후 '프랑스 임무 보고서'를 집필하며 정치적으로 명예를 회복했고, 1799년부터 1802년까지 버지니아 주지사로 재직하며 행정 능력을 과시했다.

제임스 먼로 대통령과 그의 내각

3. 루이지애나 매입과 제국의 확장

1803년, 제퍼슨 대통령은 먼로를 다시 유럽으로 보내 프랑스와의 협상에 참여하도록 했다. 이 시기 먼로는 로버트 리빙스턴과 함께 루이지애나 매입(Louisiana Purchase) 협상을 성사시켜, 미국은 미시시피강 서쪽의 광대한 영토를 프랑스로부터 1,500만 달러에 구입했다. 이 거래는 미국 영토 확장의 초석이 되었고, 먼로의 외교적 경력을 빛나게 만들었다.

이후에도 그는 영국 및 스페인과의 외교에서 중용되었으며, 1806년에는 영국과의 해상권 관련 협상인 먼로-핀크니 조약을 주도했으나, 미국에 불리한 내용으로 매디슨 대통령이 비준을 거부했다.

전쟁의 긴장이 고조되는 가운데, 먼로는 1811년 다시 버지니아 주지사로 선출되었다가 제임스 매디슨 대통령에 의해 국무장관으로 임명되었다. 1812년 전쟁 중 그는 일시적으로 국방장관도 겸임하면서 국방 및 외교 양측에서 핵심적인 지도자 역할을 수행했다. 그는 전시 행정과 군 개혁을 주도하며 연방정부의 조직력 강화를 꾀했다.

4. 좋은 감정의 시대, 먼로 독트린

1816년 제임스 먼로는 민주공화당 후보로 대통령에 출마해 연방당의 쇠퇴 속에서 큰 지지로 당선되었다. 그는 1820년 재선 때는 단 한 표를 제외한 모든 선거인단의 지지를 받아 사실상 무경쟁 당선되었다. 그의 재임기는 '좋은 감정의 시대(Era of Good Feelings)'라 불릴 정도로 정치적 평온과 경제 성장의 시기로 기록되었다. 그의 재임기(1817~1825)에는 정당 간 대립이 줄고 정치적 통합과 국민적 낙관주의가 두드러졌다. 이 시기에는 연방당이 쇠퇴하고 민주공화당이 사실상 유일 정당이 되면서 당파 갈등 없이 국가가 비교적 안정된 분위기를 유지했다. 먼로는 중립적이고 통합적인 리더십으로 국민의 폭넓은 지지를 받았으며, 1820년 대선에서는 거의 만장일치로 재선되었다. 그러나 겉으로는 평온했지만, 1819년 경제공황과 미주리 타협(1820) 등 노예제와 지역 갈등이 점차 드러나기 시작한 시기로 표면적 평화와 내면의 긴장이 공존한 과도기였다.

먼로 대통령은 서부 개척을 지원하고 내륙 교통 기반 시설 건설을 장려했으며, 북미 영토 확장을 위해 플로리다를 스페인으로부터 매입한 1819년 애덤스-오니스 조약을 체결하였다. 하지만 1819년 미국 최초의 대규모 경제 위기인 '1819년 공황(Panic of 1819)'이 발생하며 경제적 어려움이 드러나기도 했다.

1820년에 미주리 타협(Missouri Compromise)을 승인하며 노예제 확대 문제로 인한 남북 간 갈등을 일시적으로 봉합했으나, 이는 결국 향후 남북전쟁의 전조가 되기도 했다.

한편, 그의 가장 중요한 외교 업적은 1823년 연두교서에서 발표한 '먼로 독트린(Monroe Doctrine)'이었다. 이 선언은 아메리카 대륙에 대한 유럽 세력의 개입을 거부하고, 신생 독립국들의 자주성을 보장하겠다는 강력한 미국 중심 외교 선언이었다. 비록 당대의 군사력으로 직접 강제할 수는 없었지만, 먼로 독트린은 이후 미국 외교의 근본 원칙으로 자리 잡았다.

5. 퇴임 이후의 삶과 평가

1825년 대통령직을 마친 먼로는 버지니아로 돌아갔으나, 정치활동 중 쌓인 빚으로 재정적 어려움을 겪었다. 그의 아내 엘리자베스는 건강 악화로 인해 1830년 사망했고, 그 충격으로 먼로는 정신적으로도 크게 위축되었다. 이듬해 그는 뉴욕에 사는 딸 엘리자 부부의 집으로 옮겨 살다가 1831년 7월 4일, 미국 독립 55주년 기념일에 73세의 나이로 세상을 떠났다.

이는 토머스 제퍼슨(1826년), 존 애덤스(1826년)에 이어 세 번째로 독립기념일에 사망한 미국 대통령으로, 미국인들은 이를 건국 세대의 상징적 퇴장으로 받아들였다. 그는 뉴욕에 묻혔다가, 1858년 고향 리치먼드의 할리우드 묘지로 옮겨졌다.

제임스 먼로는 미국 건국 세대의 마지막 대통령이자, 실용적이며 안정적인 리더십의 상징이다. 그는 대규모 전쟁이나 분열 없이 국가의 안정을 유지했으며, 서반구의 독립과 미국 외교의 독자성을 천명한 먼로 독트린은 그의 가장 위대한 업적이다.

정치적으로는 타협과 실용주의를 추구했고, 당파적 균열을 일시적으로 봉합함으로써 미국의 정치 구조가 다음 단계로 넘어가는 기반을 마련했다. 오늘날에도 먼로는 강력한 대통령은 아니었지만, 균형과 절제를 중시하며 국가 통합과 외교의 수호자로 존경받는 인물로 기억된다.

제임스 먼로는 정치적 통합과 외교적 자주성 확립을 이끈 대통령으로, "좋은 감정의 시대"를 대표한다.

그는 먼로 독트린을 통해 미국 외교의 독립 원칙을 세웠다.

대통령 일화 3: 제임스 먼로

먼로 독트린

1823년 겨울, 백악관의 집무실에서 제임스 먼로 대통령은 깊은 고민에 잠겨 있었다. 라틴아메리카 여러 나라들이 스페인으로부터 독립했지만, 유럽의 강대국들—특히 프랑스와 러시아—이 이들 지역에 다시 영향력을 행사하려는 조짐을 보이고 있었다. 유럽의 왕정들이 결성한 '신성 동맹'은 남미의 독립운동을 반동적으로 억누르려 하고 있었고, 미국은 이에 어떤 입장을 취할지 결정해야 했다.

먼로는 국무장관인 존 퀸시 애덤스와 여러 차례 논의했다. 애덤스는 영국과 공동성명을 내자는 제안을 반대하며, 미국이 독자적인 입장을 분명히 밝혀야 한다고 강조했다. "우리는 유럽과 동맹을 맺어야 할 나라가 아니라, 우리 스스로 말할 수 있는 나라입니다." 애덤스의 이 한마디는 먼로에게 깊은 인상을 남겼다.

그해 12월 2일, 먼로는 의회에 제출하는 연두교서에서 다음과 같이 선언했다. "아메리카 대륙은 앞으로 어떤 유럽 국가의 식민지로도 간주되지 않으며, 유럽의 간섭은 더 이상 용납될 수 없다." 그는 동시에 미국은 유럽의 내부 문제에 개입하지 않겠다는 입장도 밝혔다.

이 선언은 훗날 '먼로 독트린'이라 불리며 미국 외교의 핵심 원칙이 되었다. 아직 군사적 힘은 부족했지만, 이 조용한 선언은 미국이 독립국으로서 세계에 자리를 잡기 시작한 중요한 순간이었다.

6대 존 퀸시 애덤스(John Quincy Adams) 1767~1848 외교의 대가

존 퀸시 애덤스의 초상화, 1843~1848년경

존 퀸시 애덤스(1767~1848)는 저명한 외교관, 정치인, 변호사로 미국 제6대 대통령(1825~1829)이었다. 제2대 대통령 존 애덤스의 장남으로 태어나 유럽에서 어린 시절을 보내며 다양한 언어와 외교 경험을 쌓았고, 하버드대학교 졸업 후 외교관과 상원의원을 거쳐 국무장관으로 활약했다.

그는 국무장관 재임(1817~1825) 중 애덤스-오니스 조약으로 플로리다를 획득하고, 먼로 독트린의 핵심 설계자로 활약했다. 1824년 대선에서는 하원 투표를 통해 대통령에 당선되었지만, '부정한 거래' 의혹과 의회의 반대 속에 대부분의 정책이 무산되었고, 1828년 재선에 실패했다.

퇴임 후 1831년부터 하원의원으로 복귀해 사망할 때까지 봉사했으며, 노예제 반대와 표현의 자유 수호, 아미스타드 사건 변호 등 인권과 정의를 위한 활동으로 큰 존경을 받았다. 그는 미국 외교사와 의회 역사에서 탁월한 원칙주의자로 기억된다.

루이자 캐서린 존슨 애덤스, 길버트 스튜어트 작,
1821~1826년경

1. 독립전쟁의 아이

1767년 7월 11일, 매사추세츠 브레인트리(Braintree, Massachusetts)에서 태어난 존 퀸시 애덤스는 2대 대통령이 된 존 애덤스(1735~1826)와 애비게일 애덤스(1744~1818) 부부의 장남이었다. 그의 가족은 미국 건국의 이상을 구현한 대표적인 지식인 가문으로, 어린 존 퀸시는 가정에서부터 독립과 공화주의의 이상을 교육받으며 성장했다. 어린 시절 그는 아버지의 외교 사절 활동을 따라 유럽 여러 도시를 전전하며 일찌감치 국제적 감각과 학문적 소양을 키웠다.

1778년부터 그는 파리, 암스테르담, 상트페테르부르크 등지에서 외교 현장을 직접 경험했다. 이 시기 그는 프랑스어, 네덜란드어, 라틴어, 독일어 등 여러 언어를 습득했고, 네덜란드의 명문 라이덴대학교(Leiden University)에서 인문학과 외국어를 공부했다. 이와 같은 유년기의 유럽 경험은 훗날 그의 외교 철학과 전략에 깊은 영향을 미치게 된다. 그의 지식은 곧바로 외교관으로서의 역할로 이어졌으며, 그는 십 대 시절부터 외교 문서 번역, 회담 보조 등을 수행하였다.

1787년, 하버드대학교를 우등으로 졸업한 그는 보스턴에서 변호사로 개업하였지만, 법정보다는 외교 무대가 그의 진정한 소명이었다. 1794년, 조지 워싱턴 대통령은 27세인 그를 네덜란드 공사로 임명하며 외교 무대에 다시 올려세웠다. 이어 아버지 존 애덤스 대통령 치하에서는 프로이센(지금의 독일) 공사로 임명되어, 그곳에서 통상 조약을 성공적으로 체결했다. 그의 협상은 명료하고 신중했으며, 미국의 이익을 확보하는 동시에 장기적인 양국 관계를 고려하는 통찰력이 돋보였다.

존 퀸시 애덤스는 1797년, 런던에서 외교관으로 근무하던 시절, 미국 메릴랜드 출신의 아버지와 영국인 어머니 사이에서 태어난 루이사 캐서린 존슨(1775~1852)을 만나 결혼했다. 루이사는 미국 역사상 해외에서 태어난 유일한 퍼스트레이디로, 세련되고 지적이며 외교 감각이 뛰어난 인물이었다. 그녀는 여러 언어에 능통했고, 남편의 외교 및 정치 경력 내내 중요한 조언자 역할을 했다.

애덤스는 엄격하고 내성적인 성격이었고, 정치적 스트레스와 자녀들의 잇따른 죽음은 두 사람 모두에게 큰 상처를 남겼다. 존 퀸시 애덤스는 3남 1녀를 두었지만, 3명은 요절하거나 비극적인 삶을 살았다. 딸 루이사는 영아기에 사망했고, 첫째 아들 조지 워싱턴 애덤스는 알코올 중독과 정신적 불안에 시달리다 1829년 바다에 빠져 사망했다. 둘째 아들 존도 병으로 요절했으며, 셋째 아들 찰스 프랜시스 애덤스 한 사람만 성공적인 정치인이자 외교관으로 성장해 남북전쟁 시기 영국 주재 미국 공사를 지냈다.

그럼에도 불구하고 루이사는 백악관 시절에도 사교적 능력을 발휘해 외교적 관계를 돕는 등 중요한 역할을 했고, 애덤스는 생애 말기까지 그녀를 깊이 존중하며 지지했다. 루이사는 남편이 사망한 후에도 그의 유산을 지키는 데 헌신하며, 자서전을 집필하였다.

29세인 존 퀸시 애덤스의 초상화, 존 싱글턴 코플리 작

2. 독립적인 양심적 정치인

1803년 그는 매사추세츠주에서 연방 상원의원으로 선출되었다. 하지만 그는 당파적 명령보다 헌법과 양심에 따라 행동하는 정치인이었고, 이는 곧 갈등의 씨앗이 되었다. 대표적으로 그는 토머스 제퍼슨 대통령의 루이지애나 매입을 지지했는데, 이는 연방당의 공식 입장에 반하는 행보였다. 그는 미국의 영토 확장이 국가의 장기적 이익에 부합한다는 판단하에 소신 있는 결정을 내렸다.

그러나 이 독립적 행동은 곧 당 내부에서의 고립으로 이어졌고, 결국 그는 1808년 상원의원직에서 사임하게 된다. 하지만 그는 정치적 후퇴를 택하기보다는 외교관으로서 자신의 역량을 다시금 발휘할 길을 모색했고, 제임스 매디슨 대통령은 그의 외교 능력을 높이 사 러시아 주재 미국 공사로 그를 임명했다. 그는 곧 상트페테르부르크에서 러시아 황실과 우호 관계를 구축하며 미국 외교의 폭을 넓혀갔다.

1815년 런던에서 존 퀸시 애덤스가
발행한 미국 여권

3. 먼로 독트린의 설계자

존 퀸시 애덤스는 1812년 전쟁 발발 전부터 미국이 영국과의 전쟁에서 승산이 없다고 우려해 왔으나, 영국의 미국 선박 공격과 징발이 지속되자 전쟁은 불가피하다고 판단했다. 전쟁이 시작된 후 러시아의 차르 알렉산더가 중재를 시도했으나 영국이 이를 거부하면서, 미국은 애덤스를 포함한 대표단을 유럽에 파견해 평화 협상을 준비했다.

1814년, 벨기에 겐트에서 협상이 시작되었고 애덤스는 대표단장으로서 영국 측과 교섭에 나섰다. 영국은 오대호 인근에 인디언 완충 국가 설치를 요구했으나, 미국 측은 이를 단호히 거부했고, 플래츠버그 전투(Battle of Plattsburgh)의 미국 승리 이후 협상력이 커졌다. 결국 양측은 1814년 12월 24일 겐트 조약(Ghent Treaty)을 체결했고, 영토 변경 없이 현상 유지를 조건으로 전쟁을 종결지었다. 조약 체결 후 애덤스는 파리로 이동해 나폴레옹이 복귀한 '백 일 천하'를 직접 목격했고, 이어 매디슨 대통령에 의해 영국 주재 미국 공사로 임명되었다. 그는 공사로서 무역 협정 체결과 미국 선원 · 포로 구제 활동에 힘썼다. 1817년 제임스 먼로 대통령은 그를 국무장관으로 임명했고, 그는 미국 외교의 중흥기를 이끌었다. 1819년, 그는 플로리다를 미국 영토로 편입시킨 애덤스-오니스 조약(Adams-Onís Treaty)을 통해 스페인과의 협상에서 미국의 우위를 확보했으며, 1823년 먼로 독트린의 실질적 설계자로서 유럽의 신대륙 개입을 강하게 경고하였다. 그는 이념과 원칙을 기반으로 국제질서를 재구성하고자 했으며, 서반구의 독립국가들을 인정하고 이들과의 외교 관계를 강화했다. 또한 영국과의 북서부 국경선 확정 등 실질적 외교 성과를 이끌어 내며 미국의 위상을 높였다.

그는 단순한 실무형 국무장관이 아니라, 철학적 기반 위에서 미국 외교의 틀을 구조화한 전략가이자 사상가였다.

4. 이상주의자 대통령

1824년 대선에서 4인의 후보가 출마하여 치열한 경쟁이 전개되었다. 그는 선거인단 투표에서 2위를 차지했지만, 과반 득표자가 없어 선거는 하원으로 넘어갔다. 하원의장이던 헨리 클레이는 애덤스를 지지했고, 그는 대통령으로 선출되었다. 이후 애덤스는 클레이를 국무장관으로 임명했고, 이 과정은 정치적으로 '부정한 거래(Corrupt Bargain)'라는 비난에 직면했다.

존 퀸시 애덤스는 정치적 난관 속에서도 미국의 장기적 발전을 위한 국가 주도 계획을 제시했다. 그는 연방정부가 국가 기반 시설을 적극 확충해야 한다는 신념을 바탕으로, 도로 · 운하 · 교량 등 내륙 교통망을 구축하고, 이를 통해 국가 경제의 통합을 촉진하려 했다. 대표적인 예로는 체서피크-오하이오 운하, 국도 확장 등의 사업이 있으며, 이들은 향후 미국의 서부 확장과 산업 성장에 기반을 제공하게 된다. 또한 그는 지식과 과학의 진흥을 강조하여 국립대학과 해군사관학교의 설립, 천문대 설치, 과학 탐사 등 국가적 수준의 교육 · 연구 기관 설립을 추진했다. 대외적으로는 라틴아메리카 신생 공화국들과의 외교 관계 강화를 꾀하며, 미국이 서반구의 민주주의를 선도하는 국가로 자리매김하려고 노력했다. 이는 국무장관 시절 그가 설계한 먼로 독트린의 연장선상에 있었다.

하지만 이러한 이상주의적 정책들은 당시의 정치 환경, 대중정서와 충돌했다. 그는 하원 선출 대통령이라는 약점을 안고 출발했고, 헨리 클레이를 국무장관에 임명한 것이 정치적 정당성에 상처를 입혔다. 또한 앤드루 잭슨과 그 지지자들이 이끄는 신흥 정당 세력은 애덤스의 엘리트주의적 성향을 공격하며 모든 입법에 반대했고, 의회는 그의 대부분의 주요 정책을 좌초시켰다.

그 결과, 존 퀸시 애덤스 대통령은 이념적으로는 선구적이었으나, 그의 실질적인 입법 성과는 미미했다. 미국 사회는 대중정치로 급속히 이동하고 있었고, 애덤스의 엘리트주의적 정책은 대중의 지지를 받기 어려웠다. 결국 그는 1828년 대선에서 앤드루 잭슨에게 참패하였다. 하지만 그의 비전은 19세기 초 중상주의 경제계획인 헨리 클레이의 '아메리칸 시스템(American System)'으로 계승되었다.

5. 민주주의의 수호자

정치적 패배에도 불구하고 애덤스는 공직을 떠나지 않았다. 1831년 그는 하원의원으로 당선되어 죽기 전까지 17년간 활약했다. 전직 대통령이 다시 하원으로 복귀하는 일은 전례 없는 일이었으며, 이는 그의 봉사 정신과 신념을 여실히 보여주는 대목이다.

이 시기 그는 노예제 반대 운동의 중심인물이 되었으며, 특히 '침묵 규칙(Gag Rule)'이라 불리는 노예제 관련 청원의 논의를 차단하는 규칙에 맞서 싸웠다. 그는 표현의 자유와 헌법적 권리를 수호하는 투쟁을 이어갔고, 1844년 이 조항을 폐지시키는 데 성공했다. 그는 또한 1841년 아미스타드호 사건에서 아프리카계 반란자들의 대법원 변호를 맡아 그들의 석방을 이끌어 내며 국제적인 찬사를 받았다.

그는 하원의 연단에서 자주 발언하며 자신의 소신을 굽히지 않았고, 이는 그에게 '노년의 웅변가 (Old Man Eloquent)'라는 별명을 안겨주었다. 1848년 2월, 그는 하원 회의 중 쓰러졌고, 이틀 뒤 국회의사당에서 생을 마감했다.

그의 무덤은 고향 퀸시에 위치한 유나이티드 퍼스트 패리시 교회 지하 납골당에 있으며, 아버지 존 애덤스, 어머니 애비게일 애덤스와 나란히 잠들어 있다.

존 퀸시 애덤스는 생전에 수많은 정치적 좌절을 겪었지만, 시간이 흐를수록 그의 진가가 재평가되고 있다. 그는 국무장관으로서 미국 외교 정책의 기틀을 마련했으며, 특히 그는 애덤스-오니스 조약을 통해 플로리다를 미국에 편입시키고, 먼로 독트린을 구상함으로써 미국의 외교 원칙을 정립하고 국제무대에서 그 위상을 확고히 했다. 대통령으로서는 정치적 기반이 약했고, 정파 간의 대립 속에서 정책을 관철시키지 못했지만, 기반 시설 확충과 과학 · 교육 진흥이라는 비전은 후대 미국 발전에 중요한 밑거름이 되었다.

무엇보다도 애덤스의 진정성은 대통령 퇴임 이후 하원의원으로서의 활동에서 드러난다. 그는 노예제에 대한 타협 없는 반대, 표현의 자유 수호, 정의에 대한 신념을 실천했고, 미국 정치에서 도덕성과 원칙의 상징으로 자리 잡았다. 역사학자들은 그를 미국 역사상 가장 지적인 대통령 중 한 명으로 꼽으며, 외교관으로서의 탁월함, 문장가로서의 재능, 그리고 공공의 이익을 위한 헌신으로 그를 기리고 있다.

존 퀸시 애덤스는 평생 국가에 헌신하였다.

그는 외교의 귀재이며 미국 민주주의의 양심이자 도덕적 나침반이다.

7대 앤드루 잭슨(Andrew Jackson)
1767~1845
냉혹한 민중의 영웅

앤드루 잭슨 대통령의 초상화, 1835년경

앤드루 잭슨(1767~1845)은 미국의 제7대 대통령(1829~1837)으로, 전쟁 영웅에서 대중 민주주의의 상징적 인물로 부상했다. 그는 식민지 시대 캐롤라이나에서 태어났으며 변호사, 판사, 수백 명의 노예를 소유한 대지주였다.

그는 1813~1814년 크리크 전쟁과 1815년 뉴올리언스 전투에서 대승을 거두며 국민적 영웅이 되었다. 1824년 대선에서 유권자 투표에서 1위를 하였음에도 과반수에 못 미쳐 하원 투표로 낙선한 그는 "부패한 거래"를 비판하며 새로운 정치 세력, 즉 훗날의 민주당을 결성했다.

1828년 대통령에 당선된 잭슨은 보통 백인 남성의 참정권 확대, 제2합중국은행 해체, 국가 부채 완전 상환, 연방의 권위 강화 같은 강력한 정책을 추진했다. 그러나 1830년 인디언 이주법을 통해 수만 명의 원주민을 강제 이주시키며 수천 명이 사망하는 '눈물의 길'이라는 비극을 초래했고, 1832년 무효화 위기에서는 관세에 반발한 사우스캐롤라이나주의 탈퇴 위협에 강경 대응 했다.

퇴임 후에도 마틴 밴 뷰런과 제임스 K. 포크 등 후계자들을 지지하며 정치적 영향력을 지속했다.

왁소의 용감한 소년, 1876년
칼로 소년을 공격하는 장교. 소년은 방어하려고 팔을 내밀고 있다

1. 비천한 출생과 혁명전쟁의 상처

앤드루 잭슨은 1767년 3월 15일, 오늘날의 사우스캐롤라이나와 노스캐롤라이나 경계에 있는 왁소(Waxhaws) 지역에서 태어났다. 그의 부모는 스코틀랜드계 아일랜드인으로, 영국령 아일랜드의 얼스터 지방에서 이주해 온 장로교도들이었다. 잭슨의 부친 앤드루 시니어(1737~1767)는 개척민으로서 농장 노동을 하며 생계를 꾸렸지만, 잭슨이 태어나기 몇 주 전 병으로 사망했다. 아버지의 죽음 이후 어머니 엘리자베스 허치슨 잭슨(1740~1781)이 3형제를 홀로 키웠다. 엘리자베스는 신앙심이 깊고 강단 있는 여성이었으며, 자녀들에게 장로교 신앙과 독립심을 강조했다.

잭슨은 지역의 소규모 학교에서 기초적인 문해 교육을 받았으며, 어린 시절부터 불같은 기질과 강한 자존심을 보였다고 한다. 당시 미국은 아직 독립전쟁 전야의 불안정한 시기였고, 결국 왁소 지역은 영국군과 독립군 사이에서 자주 전장이 되었다.

1775년, 미국 독립전쟁이 본격적으로 시작되었을 때 잭슨은 겨우 8살이었다. 그의 큰형 휴는 미국 민병대에 가담했다가 1779년 스몰팍(천연두)으로 사망했으며, 잭슨과 그의 둘째 형 로버트도 곧 미국 민병대의 연락병으로 활동하게 되었다. 이들은 주요 작전과 병참 지원에서 심부름이나 정보 전달을 맡았지만, 결국 1781년 영국군에 포로로 붙잡혔다.

잭슨은 체포된 후 영국군 장교의 구두를 닦으라는 명령을 거부했고, 이에 격분한 장교가 칼을 휘둘렀고 칼자국은 그의 이마와 손에 평생 흉터로 남았다. 그는 포로수용소에서 형 로버트와 함께 극도로 열악한 대우를 받았으며, 이로 인해 형 로버트는 곧 사망했고 잭슨은 천연두와 영양실조에 시달리며 간신히 살아남았다.

어머니 엘리자베스는 두 아들의 석방을 위해 애썼고, 결국 포로 교환을 통해 잭슨을 데려올 수 있었다. 어머니는 얼마 지나지 않아 영국군에게 전쟁 포로로 잡힌 병사들을 간호하던 중 질병에 감염되어 사망했다. 이로써 잭슨은 14세에 부모와 형제를 모두 잃고 완전히 고아가 되었다.

이처럼 잭슨의 어린 시절은 비참할 만큼 고단하고 폭력적인 경험으로 가득 차 있었다. 전쟁의 참상, 가족의 상실, 포로 생활의 고통은 그의 내면에 깊은 분노와 투지를 새겨놓았다.

2. 자수성가한 변호사에서 전쟁 영웅으로

잭슨은 정규군 장교로서의 경력이 없었지만, 1801년 테네시 민병대의 대령(Colonel)으로 임명되었고, 곧 소장으로 진급하였다. 그는 1812년 전쟁과 남동부 인디언 부족과의 무력 충돌, 그리고 뉴올리언스 전투에서 극적인 승리를 하였다. 그는 정규 육군 출신이 아니었지만, 테네시 민병대에서 강한 리더십을 발휘하며 민중적 지지를 바탕으로 실질적인 군사 지휘권을 확보하였다.

1812년, 미국이 영국과 다시 전쟁에 돌입하면서 잭슨은 테네시 민병대 총사령관으로 임명되었다. 강한 체력과 병사들과 고락을 함께하는 자세 덕분에 그는 "올드 히코리(Old Hickory, 늙은 호두나무)"라는 별명으로 불리며 존경을 받았다. 전쟁의 전선이 남동부로 확산되자 잭슨은 크리크족 중에서도 강경파인 '레드 스틱' 부족과 전투를 벌였다. 1814년 3월 토호페카 전투에서 그는 체로키족 동맹군의 지원을 받아 대규모 크리크 세력을 완전히 격파하였고, 이 전투에서 800명이 넘는 적군을 사살하며 전쟁의 판세를 바꾸었다. 이 승리를 통해 잭슨은 정규군 소장(Major General)으로 승진했고, 미국은 넓은 인디언 영토를 조약을 통해 흡수하게 되었다.

잭슨이 전쟁 영웅으로서 가장 결정적으로 각인된 사건은 1815년 1월 뉴올리언스 전투였다. 당시 영국군은 강력한 정규군을 이끌고 루이지애나를 침공했지만, 잭슨은 혼성군을 조직해 방어진지를 구축했다. 그는 병력과 화력이 열세인 상황에서도 병사들의 사기를 진작하고 지형을 효과적으로 활용하였다. 전투 결과, 미국군은 70여 명의 사상자를 낸 반면 영국군은 2,000명 이상의 피해를 입었다. 이 승리는 이미 겐트 조약이 체결된 뒤에 아직 소식이 전달되지 않아 벌어진 전투였지만, 국민들에게는 미국의 자존심을 지킨 위대한 승리로 각인되었고, 잭슨은 단숨에 국가적 영웅으로 떠올랐다.

3. 정치적 야심가에서 민중의 대변자로

군사적 영웅이 된 잭슨은 자연스럽게 정치 무대에 등장했다. 그는 플로리다 준주의 지사로 임명되었고, 민주공화당 내 유력 인물로 부상했다. 1824년 대선에서는 존 퀸시 애덤스, 헨리 클레이, 윌리엄 크로퍼드와 함께 출마했으며,

일반투표와 선거인단 모두 1위를 차지했으나 과반을 넘기지 못해 하원에서 최종 결정이 이루어졌다. 클레이는 애덤스를 지지했고, 애덤스는 대통령에 당선되었다. 이후 애덤스가 클레이를 국무장관에 임명하자, 잭슨 측은 이를 '부정한 거래(Corrupt Bargain)'라고 맹비난했다.

이 사건은 잭슨의 정치 기반을 더욱 공고히 했고, 그는 기존 정치 엘리트에 대항하는 민중의 대변자로 부상했다. 1828년 대선에서는 대중적 지지를 바탕으로 애덤스를 압도하며 대통령에 당선되었다. 그는 동부 엘리트 출신이 아닌 첫 서부 출신 대통령이었으며, 보통 백인 남성의 참정권 확대와 정당 정치 발전을 통해 미국의 정치 문화를 대중 민주주의 시대로 이끌었다.

4. 잭슨 민주주의와 강권 통치

잭슨의 재임기는 미국 정치의 판도를 바꾼 시기였다. 그는 대통령의 권한을 대폭 강화했고, '잭슨 민주주의'로 불리는 민중 중심의 정치 문화를 확산시켰다. 그는 '엽관제도(Spoils System)'를 통해 충성도 높은 지지자들을 공직에 임명했고, 기득권층을 위한 기관이라고 여긴 제2합중국은행을 폐지하려 하며 금융권과 정면충돌했다. 그는 이 은행을 '헌법에도 없는 괴물'이라 칭하며 재인가 법안에 거부권을 행사했고, 결국 은행을 해체하는 데 성공했다.

하지만 가장 논쟁거리가 된 정책은 1830년 인디언 이주법(Indian Removal Act)이었다. 이 법에 따라 동부 원주민 부족들은 미시시피강 서쪽으로 강제로 이주당했으며, 특히 체로키족은 '눈물의 길(Trail of Tears)'이라 불리는 비극적인 이주 속에서 수천 명이 목숨을 잃었다. 잭슨은 이를 '문명화와 발전'이라 주장했으나, 오늘날에는 인종적 억압과 인권 유린의 상징으로 평가된다.

또한 그는 1832년 사우스캐롤라이나주의 '무효화 위기(Nullification Crisis)'에서 연방의 권위를 강조하며 군사 개입까지 경고했다. 이는 연방정부의 고율 관세법에 반발한 사우스캐롤라이나 주가 해당 법률을 위헌으로 간주하고 무효화하며 연방정부와 충돌한 사건이다.

존 C. 칼훈 부통령은 주가 연방법을 거부할 권리가 있다고 주장했고, 이에 사우스캐롤라이나는 '무효화 조례'를 통과시켰다. 앤드루 잭슨 대통령은 이를 반역 행위로 간주하고 군사 개입까지 준비하며 강경하게 대응했다.

결국 의회는 타협 관세법을 통과시켜 관세를 점진적으로 인하했고, 위기는 봉합되었다. 그러나 이 사건은 주의 권리와 연방 권력의 갈등을 심화시키며, 훗날 남북전쟁의 이론적 전초가 되었다.

5. 영향력과 논쟁의 상징

잭슨은 두 번째 임기 후 정계를 떠나 테네시주의 자택 '허미티지'에서 여생을 보냈다. 그러나 그는 단순한 은퇴자가 아니었다. 후계자인 마틴 밴 뷰런의 정권을 적극 지원했고, 민주당 내에서 여전히 강력한 영향력을 행사했다. 은퇴 후에도 전국 정치와 정당 조직 운영에 관여하며 그의 '정치적 영향력'을 유지했다.

1845년 6월 8일, 잭슨은 78세의 나이로 세상을 떠났다. 그는 당시 많은 이들에게는 국가의 영웅이자 '평민의 대통령'으로 존경받았지만, 동시에 강압적이고 편협한 인물로 비판받기도 했다. 인디언 강제이주 정책, 중앙은행 해체, 정치적 충성 위주의 인사 제도 등은 오늘날까지도 격렬한 논쟁의 대상이 된다.

그럼에도 불구하고 앤드루 잭슨은 미국 정치사에서 가장 영향력 있고 강력한 인물 중 하나였다. 그는 대중의 정치 참여를 확대하고 대통령 권한을 강화했으며, 현대 정당 정치의 기초를 다진 인물로 평가받는다. 동시에 그의 통치는 민주주의의 이상과 권력 남용 사이의 경계를 끊임없이 시험한 시기로 남아 있다.

앤드루 잭슨은 강인한 민중의 지도자였다.

그러나 신념이 지나치게 강하여 잔인한 지경에 이르러 그의 권력에 많은 사람들이 희생당하였다.

8대 마틴 밴 뷰런(Martin Van Buren)
1782~1862
정당 정치의 건축가

마틴 밴 뷰런, 1855~1858년경

마틴 밴 뷰런(1782~1862)은 미국의 제8대 대통령(1837~1841)으로, 최초로 독립전쟁 이후 세대에서 태어나 대통령직에 오른 인물이다. 그는 뛰어난 조직 정치가이자 정당 체계의 설계자로, 현대 미국의 정당 정치 발전에 결정적 영향을 끼쳤다. 밴 뷰런은 네덜란드계 이민자의 아들로 뉴욕주에서 태어나, 평범한 환경 속에서도 법률가로서 입지를 다졌고, 탁월한 정무 감각과 언변으로 정계에 입문했다. 그는 뉴욕주 정치와 연방 정치 무대 모두에서 당 조직의 힘을 인식하고 활용한 전략가였으며, 앤드루 잭슨과의 긴밀한 정치적 제휴를 통해 전국적으로 영향력을 확장해 나갔다. 부통령을 거쳐 대통령에 오른 밴 뷰런은 잭슨의 정책을 계승하려 했으나, 임기 초반부터 국가 경제를 뒤흔든 1837년 공황에 직면하면서 국정 운영이 어려워졌다. 그는 정당 정치의 제도화와 대중 민주주의의 진전을 이끌었으나, 동시에 경제 위기 속에서 지도력의 한계를 드러내기도 했다.

1. 네덜란드계 소상인의 아들에서 법률가로

마틴 밴 뷰런(Martin Van Buren)은 1782년 12월 5일, 뉴욕주 킨더훅(Kinder-hook)에서 아버지 에이브러햄 밴 뷰런(1737~1817)과 어머니 마리아 호이스(1747~1818)의 6남매 중 넷째로 태어났다. 그는 네덜란드계 이민자의 후손으로, 당시에도 드물게 네덜란드어를 사용하는 가정에서 성장했다. 그의 아버지 에이브러햄은 여관 주인이자 지역 정계에 약간의 영향력을 가진 인물로, 손님들과의 정치 토론이 끊이지 않는 장소에서 자란 마틴은 자연스럽게 정치에 대한 흥미를 키웠다. 그는 정규 대학 교육을 받지 않았지만, 열여섯 살 무렵 지역 변호사 윌리엄 피터 밴 네스(William P. Van Ness)의 사무실에서 견습을 시작해 법률을 독학했다. 이는 훗날 그가 '엘리트' 정치인들과 구별되는 '서민 출신 정치가'로 인식되는 계기가 되었다.

1803년 변호사 자격을 얻은 그는 킨더훅에 법률 사무소를 차렸고, 얼마 지나지 않아 허드슨(Hudson)으로 옮겨 본격적인 법률 활동과 정치활동을 병행했다. 이 시기 그는 장래의 정계 동반자인 윌리엄 L. 마시(후일 국무장관), 실라스 라이트(후일 상원의원) 등과 교류하며 지역 정치의 인맥을 구축하였다.

그는 1807년 2월 21일, 자신의 6촌(second cousin)이자 친구였던 해나 호지스(1783~1819)와 결혼했다. 둘은 네덜란드계 출신으로 같은 마을인 뉴욕주 킨더훅에서 자랐고, 개혁파 네덜란드 교회를 같이 다니며 유년기를 함께 보냈다.

해나는 조용하고 내성적인 성격으로 알려져 있으며, 공적 활동에는 거의 나서지 않았다. 부부는 슬하에 네 아들을 두었고, 가정생활은 단란했다. 그러나 해나는 1819년, 폐결핵으로 36세에 요절했다. 밴 뷰런은 그녀의 죽음을 깊이 애도했으며, 평생 재혼하지 않았다.

밴 뷰런이 대통령에 취임했을 때는 이미 사별한 상태였기에, 공식적인 영부인은 없었다. 대신, 장남 에이브러햄의 아내인 앤젤리카 싱글턴 밴 뷰런

(Angelica Singleton Van Buren)이 백악관의 의전 및 사교적 역할을 대행하며 사실상 '퍼스트레이디'로 활동했다. 앤젤리카는 사우스캐롤라이나 출신의 유복한 가문 출신으로, 세련된 사교술과 외교적 감각으로 워싱턴 사교계에서 호평을 받았다.

2. 정당 조직의 설계자

마틴 밴 뷰런은 젊은 시절부터 정당 정치에 강한 관심을 보였으며, 일찍부터 정치 조직의 중요성을 인식했다. 1812년 뉴욕주 상원의원에 당선된 그는 곧 뉴욕주 검찰총장으로 임명되어 정치와 행정 양면에서 실력을 인정받았다. 그는 미국 정치사에서 현대적 정당 체계와 정치 조직(Political Machine)을 설계한 핵심 인물로 평가된다.

밴 뷰런은 정당과 조직 정치가 민주주의를 위협하는 것이 아니라, 오히려 그것을 지속 가능하게 만드는 핵심 장치라고 보았다. 그는 뉴욕 정계에서 활동하던 초기에 앨버니 리전시(Albany Regency)라는 조직을 창설해 정당 운영, 선거 전략, 공직 인사 등을 체계화했다. 이 조직은 정당 충성도를 기반으로 후보를 지명하고 당의 노선을 일관되게 유지했으며, 그 결과 고도로 조직화된 정당 정치의 모델로 기능했다. 이는 훗날 뉴욕의 태머니 홀(Tammany Hall)과 같은 도시 정치 조직에 직접적인 영향을 미쳤다.

그는 또한 정권을 잡은 정당이 충성스러운 지지자들에게 공직을 배분하는 방식인 '엽관제도(Spoils System)'를 적극 옹호했다. 이 제도는 정당의 결속을 다지고, 대중의 정치 참여를 유도하는 수단으로 활용되었다. 밴 뷰런의 이러한 전략은 정당이 단순한 선거 도구가 아니라, 국가 운영의 실질적 기구로 기능하게 하는 기반이 되었다.

▌ 밴 뷰런의 초상화, 프랜시스 알렉산더 작, 1830년경

연방 정계에 진출한 밴 뷰런은 1821년 연방 상원의원으로 선출되었고, 워싱턴에서 앤드루 잭슨과 긴밀한 정치적 동맹을 맺었다. 그는 잭슨을 '미국적 가치의 구현체'로 보았고, 부패한 귀족주의에 맞서는 민중 정치의 상징으로 여겼다. 그는 잭슨과 함께 정당 개편과 전국적 조직화를 추진했으며, 1828년 대선에서 잭슨의 승리를 이끄는 핵심 전략가로 활약했다.

존 퀸시 애덤스 행정부(1825~1829) 시기의 엘리트주의와 연방정부 중심주의에 비판적이었던 밴 뷰런은 민중의 의지를 대변하는 대중 정당 체계를 지향했다. 잭슨의 대통령 당선 이후 그는 국무장관으로 발탁되었고, 이후 영국 대사를 거쳐 잭슨의 두 번째 임기에는 부통령으로 선출되며 정당 조직의 최고 실무자로서 위상을 공고히 했다.

그가 주도한 대표적 업적 중 하나는 1832년 민주당 전당대회의 개최였다. 이는 미국 역사상 정당이 대통령 후보를 공식적으로 지명한 최초의 사례로, 당 조직을 제도화하려는 밴 뷰런의 정치철학이 구현된 상징적 사건이었다.

밴 뷰런은 '정당 없는 정치는 무의미하다'는 인식을 바탕으로 정당을 국가 운영의 중심 기구로 발전시킨 정치 전략가였다. 그의 정치 조직은 단순한 권력 확보 수단이 아니라, 대중의 정치 참여를 제도화하고, 정당을 통해 지속 가능한 민주주의를 가능케 한 정치활동의 결정체였다. 하지만 동시에 그의 정치 방식은 내부 반대 의견을 억제하고, 관료주의와 부패를 조장하는 기반이 되었다는 비판도 받는다.

3. 잭슨의 후계자에서 위기의 대통령으로

1836년 대선에서 민주당은 밴 뷰런을 공식 후보로 지명했고, 그는 야권의 분열 덕분에 비교적 무난하게 대통령에 당선되었다. 그러나 그의 임기는 시작부터 1837년 경제공황(Panic of 1837)이라는 위기로 얼룩졌다. 공황의 직접적 원인은 잭슨의 중앙은행 해체와 '종이화폐 대신 금 · 은으로 토지 구매'를 요구한 행정명령인 정금화 정책(Specie Circular)이었지만, 실제 경제 붕괴의 책임은 밴 뷰런에게로 집중되었다.

수천 개의 은행과 기업이 파산하고 실업률이 폭등함에도 밴 뷰런은 연방정부가 구호나 금융 개입을 하지 말아야 한다는 원칙을 고수했다. 그는 정부와 은행의 분리를 명확히 하기 위해 '독립 재무 제도(Independent Treasury System)'를 도입했지만, 경기 회복에는 직접적인 도움이 되지 못했다.

이 밖에도 그는 노예제 확산 문제와 관련해 중립적 입장을 유지하려 했고, 서부 개척민들과 원주민 간의 갈등 속에서 체로키 부족의 강제 이주(눈물의 길)가 잔혹하게 집행되었을 때도 적극적으로 개입하지 않았다. 1835년부터 1842년까지 미국 플로리다 지역에서 원주민 세미놀 부족과 미 연방정부 간의 무력 충돌이 벌어졌다. 이 제2차 세미놀 전쟁은 앤드루 잭슨 대통령의 인디언 이주 정책에 반대하여 세미놀 부족이 조직적으로 저항하면서 시작되었다. 연방정

▮ 제2차 세미놀 전쟁 중 에버글레이즈를 수색하는 미국 해병대 보트 탐험대

부는 1832년 페인스랜딩 조약을 근거로 세미놀 부족이 미시시피강 서쪽으로 이주해야 한다고 주장했지만, 젊은 지도자 오시올라(1804~1838)를 중심으로 한 세미놀 전사들은 1835년 미군과 이주 관리들을 공격하면서 전쟁이 본격화되었고, 같은 해 데이드 전투에서는 미군 수송대가 거의 전멸하는 사건도 벌어졌다.

세미놀 부족은 플로리다의 늪지와 밀림 지형을 활용한 게릴라 전술로 미군을 괴롭혔고, 미국은 익숙하지 않은 환경에서 고전했다. 전쟁 중 오시올라(Osceola)는 백기를 들고 협상을 하러 나왔다가 1837년 10월 21일 속임수로 체포된 뒤 1838년 1월 30일에 편도선염으로 사망했다. 미군은 세미놀 부족을 포위하고 체포하였고, 대부분의 구성원은 서부로 강제로 이주당했다. 전쟁은 미국의 승리로 끝났지만, 1,500명 이상의 병사가 사망하고 4,000만 달러에 이르는 막대한 전비가 들었다.

이러한 비인도적이고 소극적인 대응은 대중의 반발을 샀으며, 휘그당은 그를 '부유한 변호사 출신의 무능한 귀족'으로 공격했다. 이미지가 '서민 출신'에서 '부유한'으로 변한 것이다.

4. 재선 실패와 노예제 반대

1840년 대선에서 밴 뷰런은 휘그당의 윌리엄 헨리 해리슨에게 참패를 당한다. 해리슨은 서부 개척의 영웅으로 포장되었고, 밴 뷰런은 경제공황의 책임자로 낙인찍혀 재선에 실패했다. 그는 이후에도 민주당 내에서 영향력을 유지하며 1844년 대선 후보 지명을 시도했지만, 텍사스 병합에 대한 반대 입장이 문제가 되어 노예제 옹호파의 지지를 잃고 패배했다.

1848년, 그는 급진적 자유주의 세력과 연합하여 자유토지당(Free Soil Party)의 대통령 후보로 출마하였다. 이 정당은 노예제의 서부 확산을 강하게 반대하며 '자유 토지, 자유 노동, 자유 인간'이라는 슬로건을 내세웠다. 밴 뷰런은 뉴욕 등지에서 일부의 지지를 얻었으나 전체적인 표는 분산되었고, 결과적으로 민주당 후보 루이스 캐스의 표를 분산시켜 휘그당의 잭 테일러가 당선되는 결과를 초래했다.

밴 뷰런의 자유토지당 출마는 정치적 패배였지만, 훗날 반노예 연합 세력인 공화당의 탄생에 이바지하는 중요한 전환점으로 평가된다. 그는 노예제에 대해 도덕적으로 점점 더 비판적인 입장을 가지게 되었고, 정당 충성보다는 신념 정치로 점차 입장을 선회했다.

5. 잭슨주의와 정당 정치의 정립

패배 이후, 밴 뷰런은 정계를 떠나 뉴욕 킨더훅의 린덴월드(Lindenwald) 농장으로 돌아갔다. 그는 1860년대까지도 남북 갈등을 예의주시하며 연방 해체를 반대하는 입장을 견지했다. 남북전쟁이 발발한 1861년, 그는 이미 노쇠한 상태였고 다음 해인 1862년 7월 24일, 79세의 나이로 사망했다.

그는 회고록에서 자신을 '원칙에 충실한 공화주의자'로 묘사하며, 평생 정당 정치와 헌법적 균형을 중시한 점을 강조했다. 역사학자들은 그를 현대 정당 체계의 창시자, 그리고 앤드루 잭슨주의를 제도화한 인물로 높이 평가한다. 반면, 대통령으로서의 지도력, 특히 경제공황 대응과 민권 문제에 있어선 미흡했다는 평가가 우세하다.

밴 뷰런은 미국 정치사에서 정당 제도와 대중정치 문화의 제도화를 이룬 인물이며, '조직정치(machine politics)'와 '민주주의의 실무 구조'를 세운 건축가로 평가받는다. 그의 삶은 미국 정당 정치의 탄생, 변화, 위기, 그리고 적응의 역사를 압축적으로 보여준다.

밴 뷰런은 정당 체계를 세운 정치 조직의 달인이었다.

정당이라는 하드웨어에는 강했으나 어떤 정치, 어떤 정책을 구사해야 하는가 하는 소프트웨어에는 약했다.

9대 윌리엄 헨리 해리슨 (William Henry Harrison) 1773~1841 32일의 대통령

윌리엄 해리슨, 1841년경

윌리엄 헨리 해리슨(1773~1841)은 미국 제9대 대통령으로, 1841년 3월 4일에 취임한 후 단 32일 만에 사망해 미국 역사상 가장 짧은 재임기간을 기록하였다. 그는 임기 중 사망한 최초의 대통령이었으며, 이로 인해 헌법상 대통령 승계 문제에 대한 혼란이 발생했으나, 부통령 존 타일러가 후임 대통령으로 취임하였다.

해리슨은 미국 건국의 아버지인 벤저민 해리슨 5세의 아들로 버지니아에서 태어났으며, 군인으로서 북서인디언 전쟁(1794)과 티피카누 전투(1811) 등에서 활약해 '티피카누'라는 별명을 얻었다. 노스웨스트 준주 지사, 인디애나 준주 지사, 연방 하원 · 상원의원, 콜롬비아 대사 등을 역임하며 다양한 공직을 수행했다. 1836년 대선에서 실패했지만, 1840년 마틴 밴 뷰런을 꺾고 당선되었다. 그러나 취임 직후 병에 걸려 재임 중 사망했고, 그의 죽음은 대통령직의 승계 원칙을 명확히 하는 계기가 되었다.

1. 버지니아 귀족 출신, 미국 독립운동가의 후예

윌리엄 해리슨은 1773년 2월 9일, 미국 버지니아주 찰스시티 카운티의 유서 깊은 명문 가문에서 아버지 벤저민 해리슨 5세(1726?~1791)와 어머니 엘리자베스 배슬로 해리슨(1731?~1791)의 8남매 중 막내로 태어났다. 그의 아버지는 독립선언서 서명자이자, 미국 혁명전쟁 당시 애국적 입장을 견지한 정치인이며 버지니아 주지사를 역임하였다. 해리슨 가문은 식민지 시대부터 이어진 부유한 플랜테이션 소유 가문이었고, 윌리엄은 풍족한 환경에서 성장했다.

그는 어린 시절부터 고전과 신학, 철학 등을 교육받았고, 1790년 윌리엄 앤 메리 칼리지에 입학하여 의학을 공부하기 시작했다. 그러나 1791년 아버지의 급작스런 사망으로 가세가 기울어, 학업을 중단하게 되었다. 그 시기, 북서부 준주(현재의 오하이오 일대)에서 원주민들과의 무력 충돌이 이어지자, 젊은 해리슨은 군 경력을 쌓기로 결심하고 육군에 자원입대한다.

해리슨은 1795년 애나 튜시아 심스(1775~1864)와 결혼했으며, 두 사람은 총 10명의 자녀를 두었다. 애나는 뉴저지 출신 법관의 딸로, 해리슨과의 결혼에 아버지가 반대했지만 두 사람은 이를 무릅쓰고 결혼했다. 해리슨이 군과 정치 활동으로 자주 집을 떠나 있는 가운데, 애나는 오하이오 자택에서 대부분의 시간을 보내며 가족을 돌봤다. 그들의 아들 존 스콧 해리슨은 하원의원이 되었고, 벤저민 해리슨은 미국 제23대 대통령이 되었다. 애나는 남편이 대통령 취임 후 32일 만에 사망해 퍼스트레이디로서의 역할을 수행하지 못했다. 그들의 결혼은 헌신적이고 전통적인 가족 중심의 관계였다.

1808년 스케치를 복사한 것으로 추정되는
테쿰세 묘사, 1915년

2. 개척지의 지사와 '티피카누의 사자'

해리슨은 1791년 북서부 국경지대에 배치되어 미합중국군 장교로서 첫 경력을 시작한다. 당시 그는 앤서니 웨인 장군 휘하에서 복무하며 북서부 인디언 전쟁의 주요 전투 중 하나인 1794년 폴른 팀버스 전투(Battle of Fallen Timbers)에 참가해 큰 공을 세운다. 이 승리로 인해 그는 빠르게 승진하고 인정을 받게 되었다.

1800년, 해리슨은 새로 창설된 인디애나 준주의 지사로 임명되었다. 그는 12년간 이 지역을 통치하면서 대규모 토지 매입을 추진하고, 원주민들과 다수의 조약을 체결해 미국의 서부 확장을 앞장서 이끌었다. 대표적으로는 1809년 '포트 웨인 조약(Treaty of Fort Wayne)' 등에서 인디언들로부터 수백만 에이커의 토지를 확보했다.

그러나 이러한 개척 정책은 테쿰세(1768~1813)와 그의 형 텐스콰타와가 이끄는 원주민의 저항운동을 촉발시켰다. 1811년, 해리슨은 인디언 연합군을 상대로 인디애나주 티피카누강 인근에서 전투를 벌인다. 이른바 티피카누 전투(Battle of Tippecanoe)에서 그는 원주민 거점을 공격해 승리를 거두었고, 이로 인해 '티피카누의 영웅(Tippecanoe Hero)'이라는 칭호를 얻게 되었다.

1812년 영미전쟁이 발발하자 해리슨은 북서부 전선의 미국군 총사령관으로 임명되어, 미시건 지역 방어에 나선다. 그는 1813년 템스강 전투(Battle of the Thames)에서 영국군과 테쿰세의 연합군을 대파하고 테쿰세(ecumseh)는 전사한다. 이 승리로 인해 그는 미국 내에서 전설적인 군 지도자로 떠오른다.

3. 의원과 외교관

전쟁 후 해리슨은 군에서 물러나 오하이오주로 이주해 본격적으로 정치에 입문한다. 그는 1816년부터 연방 하원의원으로 활동했고, 이후 오하이오주 상원의원을 거쳐 1825년에는 연방 상원의원으로 선출되었다. 상원에서는 군사 및 원주민 문제, 서부 개발 등 자신의 경험을 바탕으로 다양한 입법 활동에 참여했다. 해리슨은 연방정부의 권한 확대보다는 주권을 중시하는 보수적 연방주의 노선을 지지했으며, 기본적으로는 정파적 충성보다는 실용주의적 접근을 선호했다.

1828년, 그는 존 퀸시 애덤스 대통령에 의해 남미의 그란 콜롬비아(현 베네수엘라·콜롬비아 등) 주재 미국 공사로 임명되어 외교관 경력도 쌓게 되었다. 그는 시몬 볼리바르 정권의 권위주의적 성격에 비판적인 입장을 표명했으며, 공화정 원칙을 강조한 그의 외교 보고서는 볼리바르 측의 반감을 사 결국 소환되었다.

정계에서의 이러한 활동은 휘그당 내에서 그의 입지를 굳히는 계기가 되었고, 그는 점차 대통령 후보로 거론되었다.

4. '티피카누와 타일러를 함께!', 대중정치의 새 물결

해리슨은 1836년 대선에서도 휘그당의 후보 중 한 명으로 출마했다. 상대인 민주당의 밴 뷰런이 과반수를 득표하지 못하게 하여 하원의 결정으로 넘기려는 분산 전략을 썼으나 실패하여 낙선했다. 그러나 1840년에는 휘그당이 그를 유일한 후보로 추대하였고, 민주당의 현직 대통령 마틴 밴 뷰런과 정면으로 맞붙는다. 휘그당(Whig Party)은 1830년대 초에 결성되어 1850년대 중반까지 활동한 정당으로, 이들은 앤드루 잭슨의 강력한 행정권 행사를 '왕처럼 군림한다'고 비판하며 결집했으며, 이름도 영국의 반왕당파(Whigs)에서 따왔다. 주요 지지층은 상공업자, 은행가, 북부 중산층, 농업 개혁가 등이었고, 보호관세, 연방정부 주도의 내부 개선(도로 · 운하), 국립은행 재설립 등을 지지했다. 이 선거는 미국 정치사에서 대중정치(mass democracy)의 전환점을 상징하는 캠페인으로 평가된다. 휘그당은 해리슨을 '통나무집에서 사이다를 마시는 소탈한 군인'으로 묘사했고, 이는 엘리트 이미지의 밴 뷰런과 극명한 대비를 이루었다. 해리슨의 선거구호였던 '티피카누와 타일러를 함께!(Tippecanoe and Tyler Too!)'는 그의 전쟁 영웅 이미지와 부통령 후보 존 타일러를 결합해 선풍적인 인기를 끌었다.

이 선거에서 정치 노래, 배지, 선거 퍼레이드, 기념품 등 당시로선 유례없는 대중 선전전이 도입되었으며, 결과적으로 해리슨은 234 대 60의 선거인단 차이로 승리하였다. 그는 67세 11개월로 미국 역사상 최연장 대통령으로 취임하였다.

5. 32일의 대통령, 그리고 미국 헌정사의 전환점

1841년 3월 4일, 해리슨은 혹한 속에서 8,000여 자가 넘는 연설문을 낭독하며 취임식을 치렀다. 그는 연설 중 외투도 입지 않고 모자도 벗은 채로 강풍 속에서 2시간 넘게 연설했다. 이는 고령인 그의 건강에 치명적인 영향을 주었고, 며칠 후 감기 증세를 보이기 시작해 급속도로 악화되었다.

당시 의학은 정확한 진단과 치료가 거의 불가능한 수준이었고, 의사들은 사혈, 수은 투약, 흡착 요법 등의 치료를 시도했으나 병세는 악화됐다. 그는 결국 폐렴으로 1841년 4월 4일, 재임 32일 만에 사망하였으며, 이는 미국 역사상 최단기간의 대통령 재임 기록이다.

그의 갑작스러운 죽음은 헌정의 위기를 불러일으켰다. 헌법은 대통령이 사망할 경우 부통령이 '대통령직을 대행한다'라고만 명시되어 있었는데, 존 타일러는 '대행'이 아닌 정식 대통령직을 수행하겠다고 강하게 주장했다. 이로 인해 타일러는 최초의 '부통령 승계 대통령'이 되었으며, 그 사례는 후대 헌법 해석 및 수정 헌법 제25조로 이어지는 중요한 선례로 자리 잡게 되었다.

윌리엄 헨리 해리슨은 비록 대통령으로서의 행적은 짧았지만, 그의 생애는 미국 개척지 확장, 인디언 전쟁, 대중정치의 출현, 헌법적 권력 승계라는 다층적인 역사적 사건들과 깊이 연결되어 있다. 그는 대중 이미지와 선거 마케팅의 중요성을 최초로 입증한 인물이었으며, 그의 죽음은 미국 헌정 체계에 실질적인 변화를 가져온 역사적 사건이었다.

해리슨의 손자인 인디애나주의 벤저민 해리슨(Benjamin Harrison)은 윌리엄 해리슨이 사망한 후 48년 후인 1889년부터 1893년까지 제23대 대통령을 역임하여 윌리엄 해리슨과 벤저민 해리슨이 유일한 조부-손자 쌍의 대통령이 되었다.

윌리엄 해리슨은 전쟁 영웅으로 서부 개척의 상징이며, 대중정치 캠페인의 선구자였다.

좋은 대통령이 되고자 하는 의욕이 넘쳐 취임 직후 죽음에 이르렀다.

10대 존 타일러(John Tyler)
1790~1862
무소속 대통령

존 타일러, 1861년경

존 타일러(1790~1862)는 미국 제10대 대통령(1841~1845)으로, 부통령 재임 중 대통령 윌리엄 해리슨의 갑작스러운 사망으로 1841년 대통령직을 승계하였다. 그는 주의 권리를 강하게 옹호한 엄격한 구성주의자였으며, 휘그당과의 충돌로 당에서 제명되었다. 타일러는 국립은행 설립과 고관세 정책에 반대하면서 국내 정치에서 고립되었지만, 웹스터-애쉬버튼 조약(영국), 왕기아 조약(중국) 등 외교에서 성과를 거두었다. 그는 텍사스 합병을 주도했고, 남북전쟁 발발 후 남부 연합을 지지하며 임시의회 의원으로 활동하다 사망했다. 대통령직에 있어 논란이 많았지만 헌정사에 중요한 선례를 남긴 인물로 평가된다.

1. 버지니아 귀족의 후예

존 타일러는 1790년 3월 29일, 버지니아 찰스 시티 카운티의 그린웨이 플랜테이션(Greenway Plantation)에서 태어났다. 그의 집안은 영국계 이주민이 정착한 '버지니아의 첫 번째 가족들(First Families of Virginia)'의 후손으로 17세기 식민지 윌리엄스버그에서부터 출발한 명문 가문이었다.

▌ 타일러의 출생지, 버지니아주 찰스 시티 카운티의 그린웨이 플랜테이션

아버지 존 타일러 시니어(1747~1813)는 토머스 제퍼슨의 친구이자 윌리엄 앤 메리 칼리지 시절 룸메이트였다. 그는 버지니아 하원의원과 의장을 거쳐 주 법원 판사, 버지니아 주지사, 그리고 리치먼드 소재 연방 동부지구 지방법원 판사로까지 임명된 인물이었다. 어머니 메리 마로트 아미스티드(1761~1797)는 뉴켄트 카운티의 유력 농장주이자 버지니아 초기 입법자였던 로버트 부스 아미스티드의 딸이었다. 그녀는 존 타일러가 일곱 살이던 해인 1797년에 뇌졸중으로 사망했다.

타일러는 두 형제와 다섯 자매와 함께 1,200에이커(약 500㏊)에 달하는 대농장에서 성장했다. 그린웨이 플랜테이션에서는 수십 명의 노예들이 밀, 옥수수, 담배 등의 작물을 재배했으며, 가족은 뛰어난 교사들에게 높은 임금을 지급하며 자녀 교육에 공을 들였다.

어린 타일러는 건강이 좋지 않아 마르고 잦은 설사에 시달렸지만 학업 성취는 뛰어났다. 그는 12세에 윌리엄 앤 메리 칼리지 예비 과정에 입학했고, 17세이던 1807년 대학 과정을 졸업했다. 이 시절 애덤 스미스의 '국부론'을 통해 경제관을 형성했고, 윌리엄 셰익스피어의 작품을 즐겨 읽었다. 졸업 후 타일러는 아버지 밑에서 법률을 공부했고, 이후 초대 미국 법무장관이자 유명 법률가였던 에드먼드 랜돌프의 지도로 본격적으로 법률을 공부했다. 이후 타일러는 변호사 자격을 취득하고 정계에 입문하게 된다.

2. 연방 하원 · 상원의원과 부통령

타일러는 1816년 연방 하원의원으로 선출되어 워싱턴 정계에 입성했다. 이후 버지니아 주지사(1825~1827), 연방 상원의원(1827~1836)을 지내며 점차 전국적 명성을 얻었다. 그는 특히 제2합중국은행을 반대하고, 관세와 인프라 사업에 대한 연방정부 개입을 줄이자는 입장을 일관되게 유지했다.

그는 1836년 민주당의 경로에서 이탈해 휘그당에 입당했으며, 1840년 대선에서는 윌리엄 헨리 해리슨의 부통령 후보로 지명되었다. 이 조합은 경제 불황 속에서 "티피카누와 타일러를 함께(Tippecanoe and Tyler Too)!"라는 구호로 유권자의 호응을 얻으며 압승을 거두었다. 그러나 해리슨 대통령은 취임 한 달 만에 폐렴으로 사망했고, 타일러는 미 헌정사상 최초로 대통령직을 '승계'하게 되었다.

3. '당 없는 대통령'의 고군분투

1841년 4월 6일, 존 타일러는 미국의 제10대 대통령으로 취임했다. 그는 헌법 제정 당시 대통령 승계 조항이 불명확했던 상황에서 '전권 대통령(Full Presidential Authority)'으로서의 자격을 주장했다. 이로 인해 정계에서 논란이 일었고, 일부는 그를 "대행(Presiding) 대통령"이라 불렀지만, 타일러는 스스로를 대통령이라 부르며 모든 권한을 행사했다. 이는 훗날 수정 헌법 제25조 제정의 계기가 되었다.

존 타일러의 국내외 정책은 그가 엄격한 헌법 해석으로 신봉한 '주권주의' 정치철학에 크게 영향을 받았다. 그는 휘그당이 추진한 국립은행 설립 법안과 고율 관세, 연방 주도 인프라 개발 등에 헌법적 이유를 들어 거부권을 행사했다. 엄격한 헌법 해석을 바탕으로 연방정부 권한을 제한하려 했던 타일러의 입장은 보다 적극적인 연방정부 개입을 지지하던 휘그당의 노선과 근본적으로 충돌했다. 특히 당 지도자인 헨리 클레이를 견제하고 독자적으로 정책을 추진하려 했던 그의 태도는 내각의 집단 사임을 불러오고, 당으로부터 '그의 사고(His Accidency)'라는 조롱을 받는 원인이 되었다. 결국 휘그당은 그를 제명했고, 타일러는 임기 대부분을 정당의 지지 없이 외롭게 대통령직을 수행해야 했다. 이러한 정치적 고립 속에서도 그는 연방정부의 권한은 헌법이 명시한 범위 내에서만 허용되어야 한다는 원칙을 고수했다. 그럼에도 불구하고 그는 '명백한 운명'(Manifest Destiny)을 신봉하며 서부 확장을 지지했고, 텍사스 병합을 추진해 결국 주 편입을 이끌어 냈다.

존 타일러의 외교 정책은 그의 국내 정치 실패와 달리 비교적 성공적이며 실용적인 성과를 거둔 분야로 평가된다. 1842년 영국과 웹스터-애쉬버튼 조약(Webster~Ashburton Treaty)을 체결하였는데 이 조약은 미국과 당시 영국령이던 캐나다 사이의 메인-뉴브런즈윅 국경 분쟁을 평화적으로 해결했으며, 그 결과 미국 북동부 국경선이 명확히 설정되었고 대서양 노예무역 단속을 위해 미국과 영국 해군이 협력할 수 있는 기반을 마련했다. 타일러는 아프리카 해안에서의 노예 밀무역 근절에 일정한 진전을 이루었다.

1844년 청나라와 왕기아 조약(Treaty of Wanghia, 望廈條約)을 체결하였는데, 이는 미국이 청나라와 맺은 최초의 조약으로, 미국 상인들에게 중국에서의 무역, 치외법권, 최혜국 대우 등의 권리를 보장했다. 이를 통해 미국은 아시아

▌ 타일러의 첫 부인 레티시아 크리스티안(왼쪽)과 두 번째 부인 줄리아 가디너(오른쪽)의 초상화

시장에서 영국에 이어 실질적인 진출 기반을 확보하게 되었으며, 이후 태평양을 향한 미국의 외교 · 경제 확장의 기초가 되었다. 타일러는 강경한 민족주의보다는 실리를 추구하면서도 미국의 영역과 영향력을 확장하려고 노력했다. 그의 외교 성과는 국내 정치에서의 고립을 완화할 수 있었던 몇 안 되는 실적 중 하나였다.

4. 두 번의 결혼과 대가족

존 타일러는 두 번 결혼했으며, 평생 건강이 좋지 않았음에도 총 15명의 자녀를 두어 미국 대통령 중 자녀 수가 가장 많았다.

첫 아내 레티시아 크리스티안 타일러(1790~1842)는 버지니아 출신의 조용하고 보수적인 여성으로, 타일러와는 1813년 결혼했다. 두 사람은 7남매를 두었으며, 레티시아는 남편이 대통령이 된 후에도 건강 문제로 인해 공식적인 백악관 행사에는 거의 참여하지 않았다. 그녀는 뇌졸중으로 1842년 사망하였으며, 백악관에서 사망한 최초의 퍼스트레이디이다.

1844년, 타일러는 30세 연하의 줄리아 가디너(1820~1889)와 재혼했다. 줄리아는 뉴욕 명문가 출신으로, 매사에 적극적이고 화려한 것을 좋아하는 성격을 지녔다. 그들의 만남은 백악관에서 시작되었으며, 로맨틱한 구애 끝에 성사된 결혼이었다. 줄리아는 백악관의 퍼스트레이디로서 음악회와 만찬을 주도하며 대통령 부인의 상징성을 높였다.

두 사람은 결혼 후 7명의 자녀를 더 낳았고, 존 타일러는 70대에 접어들어서도 아버지가 되는 이례적인 기록을 세웠다. 그의 막내아들은 1860년대에 출생했으며, 실제로 그의 손자 둘은 21세기에까지 생존해 현대 역사와의 연결고리가 되었다.

레티시아 크리스티안 타일러의 자녀, 8명

메리 타일러(1815~1847)

로버트 타일러(1816~1877) – 변호사, 남부 연합 정부에서 활동

존 타일러 주니어(1819~1896) – 남부 연합 육군 복무

레티샤 타일러(1821~1907)

엘리자 타일러(1823~1850) – 데이비드 가디너 주니어와 결혼

앤 타일러(1825~1825) – 유아기에 사망

앨리슨 타일러(1827~1854)

터베빌 타일러(1830~1874)

줄리아 가디너 타일러의 자녀, 7명

데이비드 가디너 타일러(1846~1927) – 변호사, 버지니아주 하원의원

존 알렉산더 타일러(1848~1883)

줄리아 가디너 타일러(1849~1871)

라크랜 타일러(1851~1902)

리오넬 타일러(1853~1873)

로버트 피츠월터 타일러(1856~1927)

페어팩스 해리슨 타일러(1860~1863)

5. 남부 연합 참여

대통령직에서 퇴임한 타일러는 버지니아로 귀향하여 한동안 정치에서 물러나 있었다. 그러나 1850년대 후반부터 북부의 노예제 폐지 운동이 격화되자 그는 다시 정치적 발언을 늘려갔다. 1861년 남북전쟁이 임박하자, 그는 분열을 막기 위한 '헌법 평화 회의'를 소집하는 데 중심적 역할을 했다. 그러나 회의는 성과 없이 끝났고, 타일러는 이후 남부 연합을 지지하는 입장으로 전환했다.

그는 남부 연합 의회 의원으로 선출되었으며, 남부 연합의 정당성과 독립을 강하게 주장했다. 1862년 1월 18일, 리치먼드에서 뇌졸중으로 사망한 그는 남부 연합의 국장으로 장례를 치른 유일한 전직 미국 대통령이 되었다. 북부 연방정부는 그의 사망을 공식적으로 애도하지 않았다.

그의 묘는 버지니아주 리치먼드(Richmond)의 할리우드 묘지에 있으며, 복잡한 역사적 위치를 상징한다.

6. 헌정 선례를 만든 외로운 대통령

존 타일러의 유산은 미국 헌정사에서 독특한 위치를 차지한다. 그는 대통령직 승계에 있어 최초로 전권을 주장하고 취임 선서를 함으로써 "부통령이 대통령 사망 시 자동 승계한다."는 선례를 세웠으며, 이는 1967년에 수정 헌법 제25조에 반영되었다. 이러한 헌법적 선례는 그가 남긴 가장 중요한 정치적 유산 중 하나로 평가된다.

그러나 그의 정책과 정치적 입지는 평가가 엇갈린다. 휘그당과의 심각한 갈등, 정당에서의 축출, 의회와의 대립은 타일러를 정치적으로 고립시켰으며, 실제로 그는 대부분의 임기 동안 당적 없이 대통령직을 수행했다. 국내 정책에서는 큰 성과를 내지 못했지만, 웹스터-애쉬버튼 조약과 왕기아 조약 등 외교 정책에서는 성과를 거두었다.

말년에는 남부 연합을 지지하면서 연방에 대한 충성보다는 주권 우선 원칙을 고수했고, 이는 북부에서 그의 평판을 심각하게 훼손시켰다. 그 결과, 연방 정부는 그의 죽음을 공식적으로 애도하지 않았다.

오늘날 타일러는 미국 역사 속에서 비교적 잊혀진 대통령으로 평가되며, 학계의 대통령 순위 평가에서도 하위권에 머무르는 경우가 많다. 그럼에도 불구하고 그는 대통령 권한의 법적 해석, 정당 정치의 한계, 남북 분열기의 복잡한 정치 지형을 이해하는 데 중요한 인물로 남아 있다.

존 타일러는 대통령직 승계 원칙을 세우고, 주권 우선 원칙을 끝까지 고수했다. 그는 소속 당과 의회로부터 고립되고 퇴임 후엔 남부 연합을 지지했다.

11대 제임스 K. 포크(James K. Polk)
1795~1849
영토를 확장한 대통령

제임스 포크의 초상화, 1849년경

제임스 K. 포크는 미국 역사상 가장 유능하면서도 과소평가 된 대통령 중 한 사람이다. 그는 한 번의 임기 동안 미국의 영토를 태평양까지 확장시키며 '명백한 운명(Manifest Destiny)'이라는 국가적 이념을 실현하였다. 겉보기에는 화려하지 않았고, 카리스마 넘치는 지도자도 아니었지만, 그는 철저한 계획과 집요한 추진으로 국정 과제를 완수했다. 특히 텍사스 병합, 오리건 분쟁 해결, 멕시코와의 전쟁을 통한 남서부 영토 획득 등 포크의 정책은 오늘날 미국의 영토 구조를 결정짓는 데 결정적 역할을 했다.

정치적으로는 앤드루 잭슨의 후계자이자 전형적인 민주당원으로서, 중앙정부의 절제, 자유무역, 농민 중심의 사회를 이상으로 삼았다. 그러나 그는 이상보다는 현실을 중시한 실용주의자였으며, 국가적 과업을 단호하게 추진하는 능력을 지닌 강한 대통령이었다. 퇴임 후 얼마 안 되어 생을 마감했음에도, 제임스 K. 포크의 4년은 미국 역사에서 하나의 전환점이 되었으며, 이후의 정치적 격변과 남북 갈등의 씨앗을 남기기도 했다.

제임스 K. 포크와 사라 칠드리스 포크의 은판 사진, 1846~1849년경

1. 성장과 결혼

제임스 녹스 포크는 1795년 11월 2일, 노스캐롤라이나주 멕클렌버그 카운티에서 아버지 새뮤얼 포크(1772~1827)와 어머니 제인 녹스 포크(1776~1852)의 10남매 중 장남으로 태어났다. 스코틀랜드계 아일랜드인 이민자 후손으로 태어난 그는 가톨릭에서 개신교인 장로교로 개종한 부모 아래서 성장했다. 1806년, 그의 가족은 테네시로 이주했고, 포크는 유년기를 프런티어 지역에서 보냈다. 그는 17세 무렵, 심각한 요도결석(Urinary Stone)으로 극심한 통증과 배뇨장애에 시달렸다. 이 질환은 당시로서는 생명을 위협할 수 있을 정도로 위험했으며, 치료법도 제한적이었다. 결국 그는 1812년경 켄터키의 유명한 외과의사 에프라임 맥도웰 박사에게 수술을 받았는데, 당시는 마취제나 항생제가 존재하지 않던 시기였기 때문에, 맥도웰 박사는 포크가 의식을 유지한 상태에서 회음부를 절개해 결석을 제거하는 수술을 시행했다.

건강이 회복된 후 포크는 학업에 전념하였고, 1818년 노스캐롤라이나대학교 채플 힐(UNC)을 우수한 성적으로 졸업했다. 그 뒤 법률을 공부하여 1820년에 변호사 자격을 취득하였고, 테네시에서 변호사로 개업했다. 정치적으로는 앤드루 잭슨의 영향을 강하게 받았으며, 그의 보호무역 반대, 중앙은행 폐지, 일반 민중의 정치 참여 확대라는 이상에 깊이 공감하였다.

제임스 포크는 1824년, 테네시주의 유복한 가문 출신인 사라 칠드리스(1803~1891)와 결혼했다. 사라는 남부 출신으로는 드물게 정규 교육을 받은 교양 있는 여성이었으며, 노스캐롤라이나의 세일럼 아카데미(Salem Academy)에서 공부했다. 제임스 포크는 사라를 '내 삶의 가장 믿을 수 있는 조언자'라고 말하곤 했다.

사라는 정치와 시사에 밝았고, 남편의 연설문 초안을 검토하거나 조정하기도 했다. 제임스 포크가 대통령이 된 후, 그녀는 백악관의 분위기를 엄격하고 품위 있게 유지했으며, 술 없는 공식 연회를 여는 것으로 유명했다.

제임스 포크가 퇴임한 뒤 불과 103일 만에 콜레라로 사망하자, 이후 42년 동안 미망인으로 살며, 포크 대통령 도서관 및 자택을 관리하며 그의 명예를 유지하려 애썼다. 그녀는 1891년 88세로 세상을 떠났고, 당시까지 생존한 가장 고령의 퍼스트레이디였다.

2. 정치적 성장

1825년, 포크는 테네시 제6지구에서 연방 하원의원으로 처음 당선되었다. 그는 하원에서 열정적이고 체계적인 연설가로 명성을 쌓았으며, 민주당 내에서 점차 중추인물로 자리 잡았다. 그는 1835년부터 1839년까지 미국 하원의장(Speaker of the House)으로 재직했으며, 이 직책을 역임한 최초의 테네시 출신 정치인이자 의회의 가장 강력한 리더 중 한 명으로 꼽힌다.

하원의장 시절 그는 잭슨과 마틴 밴 뷰런 행정부의 주요 정책, 특히 제2미합중국은행 해체, 독립재무제도 설립, 연방 권한 제한 등을 강력히 지지했다. 이후 하원을 떠나 제임스 K. 포크는 1839년 테네시 주지사 선거에서 당선되었지만, 정치적 입지 약화와 반대파의 공세로 어려움을 겪었다. 특히 주 경제문제와 노예제, 연방정부 정책에 대한 여론이 갈리면서 지지 기반이 흔들렸다. 그는 1841년 주지사 재선에 도전했으나 패배했고, 1843년에도 재도전했지만 다시 낙선했다. 이로써 포크는 주 정치 무대에서 물러나게 되었지만, 이후 1844년 대통령 후보로 깜짝 부상하게 된다.

3. 의지를 실현한 대통령

1844년 민주당 전당대회는 당내 분열로 혼란스러웠다. 전직 대통령 마틴 밴 뷰런은 노예제 확대를 우려하여 텍사스 병합에 반대 입장을 보였고, 이는 남부 민주당원들의 강한 반발을 샀다. 이로 인해 다수의 지지를 받던 밴 뷰런은 결국 지명을 받지 못했고, 9차 투표에서 타협안으로 포크가 전격 지명되었다. 포크는 처음으로 정당 전당대회에서 '흑마(Dark Horse)' 후보로 지명된 사례로, 이는 미국 대선 역사에서 전례 없는 일이었다.

그는 "텍사스를 병합하고, 오리건을 확보하고, 캘리포니아를 손에 넣겠다."는 명확한 목표를 제시하며 미국인의 팽창주의 정서를 자극했다. 이는 당시 널리 퍼진 '명백한 운명(Manifest Destiny)', 즉 미국은 서쪽으로 영토를 확장할 신의 사명을 받았다는 신념과 일치하였다. 그는 휘그당의 헨리 클레이를 누르고 근소한 차이로 승리하였으며, 49세의 나이로 미국 제11대 대통령에 취임하였다.

백악관, 1846년

포크는 임기 초부터 "한 번의 임기, 네 가지 목표"를 공언했다. 그의 목표는 관세 인하, 독립재무제도 재설정, 오리건 영토 분쟁 해결, 캘리포니아 및 남서부 영토 확보였다.

그는 1846년 워커 관세법(Walker Tariff)을 통과시켜 관세를 인하하고 남부 농산물 수출 확대에 기여했다. 이어 같은 해 독립재무제도 재설정 법안을 통과시켜, 연방 재정을 민간 은행이 아닌 정부가 직접 관리하도록 했다.

외교적으로는 오리건 영토를 두고 영국과 대립하였으나, 무력 충돌 없이 외교 협상으로 1846년 오리건 조약을 체결, 오늘날 미국-캐나다 국경의 서부 부분을 확정 지었다.

가장 결정적인 사건은 1846년 멕시코-미국 전쟁(Mexican-American War)이었다. 그는 텍사스 병합을 멕시코에 통보한 뒤, 경계선 문제를 빌미로 전쟁을 유도하였다. 이 전쟁은 윈필드 스콧 장군과 재커리 테일러 소장의 활약 속에 미국의 압승으로 끝났고, 1848년 과달루페 이달고 조약(Treaty of Guadalupe Hidalgo)을 통해 미국은 텍사스(리오그란데 경계 확정), 캘리포니아, 뉴멕시코, 애리조나, 네바다, 유타 등 광대한 지역을 획득했다. 이는 오늘날 미국 본토 면적의 1/3에 해당한다. 포크는 그야말로 미국을 "태평양에 도달하는 제국"으로 만든 대통령이었다.

4. 말 그대로 생명을 바친 대통령

포크는 집권 초기부터 한 번의 임기만 수행할 것을 선언했고, 1849년 3월 퇴임 후 부인 사라와 함께 남부 순회여행을 떠났다. 그러나 그는 대통령 재임 기간 동안의 지속적인 과로, 스트레스, 정치적 공격으로 인해 그의 건강이 심각하게 악화되었다. 귀향 후 내슈빌에 정착했으나, 그해 여름 콜레라에 걸려 퇴임 103일 만인 1849년 6월 15일에 사망하였다. 향년 53세로, 미국 역사상 퇴임 후 가장 짧은 생애를 산 대통령이다.

포크는 단 한 번의 임기 동안 엄청난 정책적 성취를 이뤄냈으며, '목표 달성의 대통령'이라는 별명을 얻었다. 그는 미국의 서부 영토를 크게 확장시켰고, 국가 재정 운영을 중앙정부가 직접 통제하는 시스템을 복원했으며, 관세와 무역 체계를 개혁하여 남부와 서부 경제에 활력을 불어넣었다.

하지만 그가 얻은 새로운 영토는 이후 노예제 확산 여부를 둘러싼 격렬한 정치적 논쟁을 촉발시켜 남북전쟁의 원인을 제공했다는 비판도 받는다. 그럼에도 불구하고 제임스 K. 포크는 단기 목표 설정 및 달성, 철저한 계획주의, 강한 행정 리더십으로 미국 역사상 가장 효율적으로 업무를 수행한 대통령 중 한 명으로 평가된다.

제임스 K. 포크는 한 번의 임기 동안 미국의 영토를 태평양까지 확장하였다. 철저한 계획과 강한 추진력으로 '명백한 운명'을 실현했지만, 남북 갈등의 불씨를 남겼다.

12대 재커리 테일러(Zachary Taylor) 1784~1850 전쟁 영웅의 짧은 통치

재커리 테일러, 1843~1845년경

재커리 테일러(1784~1850)는 미국의 제12대 대통령으로, 1849년부터 1850년 사망할 때까지 재임했다. 그는 정규 교육은 부족했지만, 프론티어 개척지에서 성장하며 실용적이고 강직한 성격을 갖게 되었다. 1808년 미국 육군에 소위로 임관한 뒤 여러 인디언 전쟁과 1812년 영미전쟁, 제2차 세미놀 전쟁 등을 통해 군사적 명성을 얻었다.

그는 1846년 멕시코-미국 전쟁의 팔로 알토, 몬테레이, 부에나 비스타 전투에서 연이은 승리를 거두며 국민적 영웅으로 떠올랐고, 정치 경험 없이 휘그당의 대통령 후보가 되어 1848년 대선에서 승리했다. 그는 대통령이 된 후 당파를 멀리하고, 연방의 통합을 최우선으로 삼았다.

테일러는 남부 출신이자 노예 소유자였음에도 불구하고 새 영토에서의 노예제 확대에 반대했다. 그는 캘리포니아와 뉴멕시코의 신속한 주 승격을 지지하며 노예제 논쟁을 피하려 했고, 남부의 분리 위협에 대해서는 강경하게 대응했다.

그러나 그는 재임 16개월 만인 1850년 7월 급성 위장병으로 사망했다. 그는 연방을 지키려 했던 원칙적 자세와 정치적 태도를 견지했다.

1. 프론티어의 아들

재커리 테일러는 1784년 11월 24일 버지니아주 오렌지 카운티(Orange County, Virginia)의 저명한 영국계 농장주 가문에서 태어났으며, 그의 출생지는 토끼 숲 농장이나 몬테벨로(Montebello) 중 한 곳으로 추정된다. 그는 살아남은 다섯 아들 중 셋째였고 3명의 여동생이 있었으며, 어머니는 사라 대브니 스트로더(1760~1822), 아버지는 미국 독립전쟁 당시 중령으로 복무한 리처드 테일러(1744~1829)였다. 그는 플리머스 식민지 지도자 윌리엄 브루스터와 메이플라워 이민자 아이작 알러튼의 후손이며, 제4대 대통령 제임스 매디슨과 6촌, 로버트 E. 리와는 8촌 관계였다.

가족은 버지니아를 떠나 오하이오 강가의 켄터키 루이빌로 이주했으며, 테일러는 유년기에 인디언 전쟁의 공포를 직접 경험했다. 부친은 루이빌의 성장 덕분에 대규모 토지를 소유하고 26명의 노예를 두는 부유한 지주가 되었다. 테일러는 정규 교육을 거의 받지 못했으나, 어머니에게 글을 배운 후 엘리샤 에이어와 키언 오하라가 운영하는 학교에 다녔다. 그는 인내심 있고 빠른 학습 능력을 보였으나, 철자와 문법, 필체는 오랫동안 부족하다는 평가를 받았다.

재커리 테일러는 1810년 마거릿 맥콜 스미스(1788~1852)와 결혼해 여섯 자녀를 두었고, 결혼생활은 헌신적이고 안정적인 편이었다. 아내 마거릿은 조용한 성격으로 남편의 군 생활을 따라 기지 생활을 함께하며 내조에 힘썼지만, 백악관에서는 공식 활동을 피했고 딸 메리 엘리자베스가 퍼스트레이디 역할을 대신했다.

둘째 딸 사라 녹스 테일러(Sarah Knox Taylor)는 미군 장교 제퍼슨 데이비스와 1835년 결혼했다. 그러나 결혼 몇 달 만에 사라는 말라리아에 걸려 사망했고, 이 일은 데이비스와 테일러 모두에게 큰 상처로 남았다.

훗날 데이비스는 남부 정치의 중심인물로 성장했고, 테일러가 이미 사망한

1847년 11월, 루이지애나주 발리스에서 멕시코와의 전쟁에서 승리한 테일러가 미국 증기선 몬머스를 타고 귀환하고 있다

뒤 남북전쟁 당시 남부 연합 대통령이 되었다. 생전에 테일러는 노예제 확장 반대 입장을 밝혀 남부 분리 위협에 강경하게 맞섰고, 이로 인해 데이비스와 정치적 입장 차이를 드러내기도 했다.

테일러는 1808년, 토머스 제퍼슨 행정부 시기 미 육군 소위로 임관하며 군 경력을 시작했다. 이후 반인디언 전쟁과 1812년 영미전쟁, 블랙 호크 전쟁, 세미놀 전쟁 등에서 복무하며 성실성과 지휘력을 인정받았다. 특히 1837년 제2차 세미놀 전쟁 당시 '오키초비 호수 전투'에서 승리를 거두면서 장군으로 승진했다. 전장에서 그는 병사들과 가까이 지내며 불필요한 격식을 피하는 모습으로 '올드 러프 앤 레디(Old Rough and Ready)'라는 별명을 얻었다.

2. 멕시코 전쟁 영웅

테일러의 명성이 정점에 이른 것은 1846년에 발발한 멕시코-미국 전쟁이었다. 그는 텍사스 국경지대에서 육군 준장으로 멕시코군과 맞서 싸우는 주력

부대의 지휘관으로 임명되었으며, 1846년 5월 팔로 알토와 레사카 데 라 팔마 전투에서 멕시코군을 연속으로 격파해 국민적 영웅으로 부상했다. 이후 그는 멕시코 북부의 전략 도시인 몬테레이를 점령했으며, 1847년에는 부에나 비스타 전투에서 수적으로 열세임에도 불구하고 멕시코의 산타 안나 장군이 이끄는 대군을 격퇴하는 데 성공했다.

이러한 승리들은 그를 전역에서 가장 유명한 장군으로 만들었고, 군인으로서뿐 아니라 정치적 인물로서도 두각을 나타내게 했다. 당시 많은 미국인은 정당 정치에 염증을 느끼고 있었고, 순수하고 청렴한 군인을 대통령으로 추대하고자 했다. 테일러는 이런 흐름 속에서 휘그당의 요청을 받아들이고 1848년 대선에 출마하게 된다.

3. 정치 경험 없는 대통령

정치적 경험이 전무했던 테일러는 대중적 인기에 힘입어 1848년 대선에서 민주당 후보 루이스 캐스를 꺾고 제12대 대통령에 당선되었다. 그는 대통령 선거 기간 동안 주요 이슈에 대해 모호한 태도를 유지했으며, 휘그당이 기대한 정책에 열성을 보이지 않았다.

테일러는 평생을 군인으로 살아왔고, 정당 정치나 의회 운영에 대한 이해나 관심이 거의 없었다. 그는 정당보다는 국가와 연방 전체의 이익을 우선시했고, 행정부의 독립성과 대통령의 고유 권한을 중시하는 인물이었기 때문에, 자연스럽게 당 지도부와 충돌하는 일이 잦았다.

휘그당은 본래 의회의 주도권을 강조하며 대통령이 당의 통제 안에서 움직이길 바랐지만, 테일러는 내각 구성이나 정책 결정 과정에서 헨리 클레이 등 휘그당의 중진들과 협의하지 않고 독자적으로 행동하는 경우가 많았다. 그는

재커리 테일러 대통령 재임기간(1849~1850) 동안의 미국의 주(States)와 준주(Territories) 현황
텍사스 경계는 미확정, 캘리포니아는 1850년에 인정

노예 소유자였지만, 서부 영토에서는 노예제를 금지해야 한다는 입장을 밝혔다. 특히 캘리포니아와 뉴멕시코가 자유주로 연방에 편입되기를 바랐으며, 노예제 확대를 시도하는 남부 강경파에 대해 매우 비판적인 태도를 취했다. 남부 일부 주가 분리 독립을 추진하자, 테일러는 연방을 수호하기 위해 군사적 대응도 불사하겠다는 강경한 발언을 하며 분열 시도를 억제하려 했다.

4. 1850년 타협안과 대통령의 급사

당시 의회는 헨리 클레이와 스티븐 더글라스를 중심으로 북부와 남부의 긴장을 완화하려는 '1850년 타협안'을 추진하고 있었다. 이 타협안은 캘리포니아의 자유주 편입을 인정하는 대신, 남부를 달래기 위한 조치로 도망노예법을 강화하고 노예제 인정 여부를 주민 투표에 맡기는 절충안을 담고 있었다. 하지만 테일러는 이러한 타협 자체가 원칙을 훼손하고 연방의 권위를 약화시킨다고 판단했다. 그는 특히 도망노예법 강화 조항에 강한 반감을 가졌으며, 입법안이 통과되는 것을 저지하고자 했다.

그러나 이러한 상황 속에서 그는 1850년 7월 4일 독립기념일 행사에 참석한 직후 심한 위장 질환에 걸려 7월 9일 급사하게 된다. 사인은 급성 위장염이나 콜레라 모라부스로 추정되며, 정치적 암살설도 제기되었으나 나중의 유해 검사에서 독살 증거는 발견되지 않았다. 그의 갑작스러운 죽음은 정치적으로도 큰 충격이었고, 후임 대통령 밀러드 필모어는 곧바로 1850년 타협안을 수용하며 남북 간의 긴장을 일시적으로 완화시켰다.

5. 역사적 평가

그는 성격상 검소하고 실용적인 인물이었으며, 대통령이 된 후에도 외모나 의전보다 실질을 중시했다. 불필요한 연설이나 정치적 쇼맨십을 피하고, 전장에서 익힌 결단력과 위기관리 능력을 행정에도 적용하려 했지만, 재임기간이 너무 짧아 그 가능성을 충분히 보여주지는 못했다.

역사적으로 테일러는 짧은 재임기간 때문에 평가가 제한적이지만, 노예제 확산에 반대한 남부 출신 대통령으로서 상징성을 지닌 인물로 주목받는다. 연방 유지를 최우선 가치로 삼았던 그의 원칙은 이후 남북전쟁 시기의 갈등과 대비되며, 단기적 정치 타협의 유혹에 빠지지 않고 대의를 견지한 자세가 후대의 귀감이 되었다.

재커리 테일러는 정치 경험 없는 군인 출신으로, 연방의 통합을 최우선 과제로 삼았다.

짧은 재임 동안 노예제 확장에 반대하였으나, 당파와의 소통 부족은 추진력을 제약했다.

대통령 일화 4: 재커리 테일러

늙은 거칠고 준비된 장군, Old Rough and Ready

재커리 테일러는 군인으로서의 오랜 경력 동안 단순하고 실용적인 리더십으로 유명했으며, 그의 성격과 지휘 철학을 가장 잘 보여주는 대표적인 일화는 1847년 '부에나 비스타 전투'에서 비롯된다.

당시 테일러는 멕시코–미국 전쟁 중 북부 전선에서 미군을 이끌고 있었고, 멕시코의 대통령이자 총사령관이던 안토니오 로페스 데 산타 안나가 직접 1만 5,000명 이상의 병력으로 테일러의 군대를 공격하려 하고 있었다. 테일러가 이끄는 미군은 5,000여 명에 불과했고, 병력 면에서 절대적으로 불리한 상황이었다.

전투 전, 산타 안나는 테일러에게 공식적으로 항복을 요구하는 서한을 보냈다. 이에 대해 테일러는 단호하고도 간결하게 "그에게 지옥으로 가라고 해라(Tell him to go to hell)."라고 응수했다. 이 발언은 그의 성격을 단적으로 드러내는 일화로, 냉정하고 강단 있는 지휘관으로서의 이미지를 대중에게 각인시켰다.

전투는 1847년 2월 22일과 23일 이틀 동안 벌어졌다. 테일러는 열세인 병력으로 방어에 성공했으며, 미국군은 지형을 이용하고 포병 전력을 전략적으로 배치하여 멕시코군의 파상공세를 막아냈다. 결국 산타 안나는 물러났고, 테일러는 이 승리를 통해 국민적 영웅으로 떠오르게 되었다.

이 일화는 단지 언변이나 기개의 문제가 아니라, 위기의 순간에도 흔들리지 않고 병사들을 독려하며 지휘에 임하는 테일러의 성격을 상징적으로 보여준다. 그는 현장 중심의 리더였고, 정장을 갖춰 입기보다는 전투복과 밀짚모자를 쓰고 흙바닥에 앉아 병사들과 함께 식사하는 지휘관이었다. '늙은 거칠고 준비된 장군(Old Rough and Ready)'이라는 별명이 진가를 발휘한 상징적 순간으로 회자되었다.

이처럼 부에나 비스타 전투에서의 그의 대응과 전투 승리는 단순한 전과를 넘어, 그가 대통령이 될 수 있었던 정치적 자산이 되었다.

13대 밀러드 필모어(Millard Fillmore) 1800~1874 절충과 타협의 한계

밀러드 필모어 대통령, 1855~1865년경

밀러드 필모어(1800~1874)는 미국 역사상 가장 격동의 전환기에 대통령직(1850~1853)을 맡아, 분열된 나라를 절충과 실용으로 이끌려고 노력했다. 가난한 농가 출신으로 독학을 통해 변호사가 되었고, 정치에 입문한 뒤에는 성실한 의정 활동과 조용한 리더십으로 휘그당 내에서 입지를 다졌다. 1850년, 재임 중 갑작스레 사망한 잭 테일러 대통령을 이어 백악관에 들어선 그는, 남북갈등이 격화되는 가운데 1850년 타협을 지지하고 도망노예법을 집행함으로써 연방의 질서와 통합을 도모하고자 했다. 비록 그 선택은 도덕적 비판을 불러왔고 정치적 기반을 약화시켰지만, 필모어는 전쟁이 아닌 타협을 추구했던 마지막 휘그당 대통령으로서, 분열 이전의 미국이 마지막으로 선택한 중도 실용주의자였다.

1. 가난한 농가 출신의 자수성가

1800년 1월 7일, 밀러드 필모어는 뉴욕주 로크(Locke)의 외딴 농장에서 아버지 나다니엘 필모어(1771~1863)과 어머니 피비 밀러드 필모어(1781~1831)의 9

▌ 애비게일 필모어, 19세기 후반 판화 복제

남매 중 둘째로 태어났다. 부모는 교육을 거의 받지 못한 가난한 개척 농민이었다. 그의 가족은 땅을 개간하며 어렵게 생계를 유지했으며, 필모어는 어린 시절부터 농사일을 거들었다. 그는 15세 무렵부터 모직공장 견습공으로 일했으며, 정규 학교 교육은 거의 받지 못했다. 하지만 강한 학문적 열망을 지녔던 그는 근처의 작은 도서관에서 책을 빌려가며 독학을 이어갔다.

밀러드 필모어는 젊은 시절 생활비와 교육비를 마련하기 위해 약 3개월간 교사로 일하며 돈을 벌었고, 그 돈으로 제분소 견습생 자격을 사들였다. 20세 무렵, 필모어는 뉴욕주 리빙스턴 카운티의 저명한 법조인이었던 월터 우드(Walter Wood) 판사 밑에서 법률 공부를 시작했다. 그는 18개월 동안 월터 우드 판사 밑에서 조수 역할을 하며 법률을 공부했지만, 거의 급여를 받지 못했고, 사소한 법률 자문을 한 일로 우드와 갈등을 빚은 끝에 서기직을 포기했다. 이 사건 후, 그의 아버지 나다니엘은 가족을 이끌고 뉴욕주 이스트 오로라로 이사해 농장을 구입했고, 필모어는 그곳에서 가족과 함께 생활하게 되었다.

1821년, 21세가 되어 법적 성인이 된 필모어는 이스트 오로라에서 교사로 일하면서 동시에 치안판사 법정에서 자격증 없이도 허용되는 소규모 사건들을 처리했다. 이듬해에는 버팔로로 이주하여 교사로 일하는 한편, 아사 라이스와 조셉 클래리의 법률 사무실에서 계속 공부를 이어갔고, 이 시기에 애비게일 파워스와 약혼했다. 1823년 마침내 변호사 자격을 얻은 그는 버팔로의 로펌 제안을 거절하고 이스트 오로라로 돌아가 마을의 유일한 상주 변호사로 개업했다. 훗날 그는 당시에는 대도시에서 개업할 자신이 없었다고 회고했으며, 필모어는 일생 동안 몇 번 타인의 영향 아래 있었지만 이스트 오로라에서의 독립적인 개업은 진정한 자립의 기회였다고 생각했다.

필모어의 결혼생활은 지적 동반자이자 조용한 조력자인 애비게일 파워스(1798~1853)와의 깊은 유대 속에서 이루어졌다. 밀러드 필모어는 뉴호프 아카데미(New Hope Academy)에서 애비게일 파워스(Abigail Powers)를 처음 만났는데, 필모어는 성인 학생으로서 늦깎이 공부를 하던 중이었다. 두 사람은 책과 학문에 대한 공통된 열정으로 가까워졌고, 약 5년간의 교제 끝에 1826년 결혼했다. 애비게일은 2년 연상으로 교사였으며, 필모어가 변호사에서 정치인으로 성장하는 과정에서 정신적 지주이자 실질적인 조언자 역할을 했다.

결혼 후 필모어가 정계에 진출하면서 애비게일은 대부분의 시간을 자녀 양육과 가정 관리에 헌신했다. 그러나 그녀는 단순한 내조에 머물지 않고, 대통령이 된 남편 곁에서 백악관 도서관 설치를 주도하는 등 문화적 기여도 했다. 하지만 건강이 좋지 않았던 그녀는 대통령 임기 말 병세가 악화되었고, 퇴임 직후인 1853년 백악관을 떠난 지 얼마 되지 않아 사망했다.

2. 정치적 성장

필모어는 1828년 반메이슨당(Anti-Masonic Party)으로 뉴욕주 하원의원으로 선출되며 정계에 첫발을 내디뎠다. 그는 빠르게 정당 조직과 정책 입안에 대한 이해를 쌓았으며, 1832년에는 휘그당에서 연방 하원의원으로 선출되었다.

워싱턴 정치권에서 그는 조용한 성격과 실용주의적 태도로 인정받았고, 특히 재정과 조세 문제에서 두각을 나타냈다.

그는 북부 산업계의 이익을 위한 보호관세를 지지했으며, 연방은행과 재무부의 권한에 대해 명확한 입장을 견지했다. 그는 휘그당 내에서 존경받는 인물로 성장했고, 1840년대 중반에는 하원 세입위원회 위원장을 맡아 영향력을 발휘했다. 그러나 1844년 뉴욕 주지사 선거에서는 고배를 마셨고, 휘그당 내 급진적 인사들과의 갈등도 경험하게 되었다.

1848년 대선에서 휘그당은 남부 출신의 전쟁 영웅 잭 테일러를 대통령 후보로 지명하면서 북부와 균형을 맞추기 위해 필모어를 부통령 후보로 선정했다. 이 티켓은 지역 간 균형과 당내 통합을 고려한 전략적 조합이었고, 결국 그해 11월 선거에서 민주당을 꺾고 승리했다.

하지만 필모어는 부통령으로서 별 영향력이 없었다. 테일러 대통령은 그를 내각 회의에서 배제했고, 사실상 의전적인 역할만 수행했다. 그러던 중 1850년 7월, 테일러 대통령이 위장염과 탈수 증세로 갑작스럽게 사망하자, 필모어는 제13대 대통령으로 취임하게 되었다.

그의 대통령직은 정치적으로 폭풍우 속에 있었다. 노예제 확대 문제와 관련해 남북 간 갈등은 최고조에 달해 있었고, 의회는 캘리포니아의 자유주 가입 문제로 마비 상태에 빠져 있었다.

3. 1850년 타협과 일본 개항

필모어는 대통령으로서 이 혼란을 수습하고자 강력한 중재자 역할을 자처했다. 그는 켄터키 출신의 헨리 클레이가 제안한 '1850년 타협(Compromise of 1850)'을 지지했고, 이 타협은 캘리포니아를 자유주로 연방에 가입시키고, 유

▌ 페리제독이 타고 간 3,200톤급 스팀 프리킷함 미시시피호, 1863년경

타와 뉴멕시코 영토는 주민투표로 노예제 허용 여부 결정하며, 워싱턴 D.C. 내 노예시장을 폐지하고, 강화된 도망노예법을 시행한다는 내용을 포함하고 있었다.

1850년 도망노예법(Fugitive Slave Act of 1850)은 노예제 문제로 갈라진 미국의 남북 간 갈등을 완화하기 위한 절충안인데 주요 내용은 남부에서 탈출한 노예가 자유주에 도착하더라도 그 주인에게 강제로 반환되어야 하며, 연방 공무원은 이를 적극적으로 집행해야 한다는 것이었다. 더 나아가, 일반 시민도 노예 추적과 체포에 협조해야 할 법적 의무를 지니게 되었고, 탈출한 노예는 증언권이나 재판받을 권리도 없었다.

이 법은 북부 자유주에서 도덕적 분노를 일으켰다. 많은 시민과 주정부는 법 집행을 거부하거나 이를 무력화시키는 「개인 자유법(Personal Liberty Laws)」을 제정했다. 반노예 운동가들은 이 법을 "양심을 짓밟는 법"이라며 비난했고, 필모어는 노예제에 협조한 대통령이라는 논란의 대상이 되었다.

결과적으로 도망노예법은 단기적으로는 남북 간 타협을 도모했지만, 장기적으로는 분열과 급진화를 가속시키는 계기가 되었고, 필모어는 휘그당 내에서도 지지를 잃으며 정치적으로 고립되었다.

그는 재임 중 미국의 상업적 이익과 해상 전략을 강화하려 했으며, 특히 일본 개항을 위한 외교적 준비를 진행했다. 당시 일본은 200여 년간 쇄국정책을 유지하고 있었지만, 미국은 태평양 무역과 포경선 보급을 위해 일본과의 교역을 원했다. 필모어는 1853년 해군 제독 매튜 페리(Commodore Matthew C. Perry)를 일본에 파견하여 직접 작성한 대통령 친서를 통해 통상과 보급, 해상 구조 협정을 요청했다. 이 외교적 준비는 후임 피어스 행정부에서 실행되어 1854년 가나가와 조약 체결로 시모다(下田)와 하코다테(函館) 항구의 개방으로 이어졌고, 이는 미국의 동아시아 진출의 초석이 되었다.

한편, 필모어는 쿠바 병합을 요구한 남부의 압력을 거부했다. 일부 남부인들은 무장 민병대를 조직해 쿠바 병합을 시도했지만, 필모어는 이를 단속하고 스페인과의 외교 마찰을 피하며 중립을 유지했다. 또한 유럽의 혁명운동에 대해서도 간섭을 피하고, 미국의 전통적 비간섭주의 원칙을 고수했다.

전체적으로 필모어의 외교 정책은 확장보다는 안정, 무력보다는 외교, 감정보다는 실리를 우선시하였다.

4. 휘그당의 분열과 정치적 고립

1852년 대선에서 필모어는 휘그당의 후보로 지명되기를 희망했지만, 당내 분열과 도망노예법 집행에 대한 비판으로 인해 후보 지명을 얻지 못했다. 휘그당은 대신 윈필드 스콧 장군을 지명했으나, 선거에서 민주당의 프랭클린 피어스에게 패배하였다. 이 대선은 휘그당의 붕괴를 재촉하는 결과를 낳았고, 필모어는 정치적으로 고립되었다. 이후 그는 공직에서 물러나 고향 버팔로로 돌아갔다.

정계에서 한동안 물러나 있었던 필모어는 1856년 반가톨릭 · 반이민 정당인 미국당(American Party)의 요청으로 다시 대선에 출마하게 되었다. 이 정당의 별명인 '무지당(Know-Nothing)'은 당원들이 조직과 활동에 대해 외부인이 물었을 때 "나는 아무것도 모른다(I know nothing)."라고 답한 데서 유래하였다. 필모어는 이 당의 극단적 성향과는 일정한 거리를 두었지만, 당 내 온건파의 지지를 받아 후보가 되었다. 그는 남부의 일부 지역에서 지지를 얻었고 8개 주에서 승리를 거두었으나, 전체적으로는 공화당의 존 C. 프레몬트와 민주당의 제임스 뷰캐넌에 밀려 3위로 낙선하였다. 이 대선은 그의 마지막 정치 도전이었다.

남북전쟁이 발발하자, 필모어는 연방 보존을 지지하며 북부의 편에 섰다. 그는 링컨의 군사적 대응을 완전히 지지하지는 않았지만, 남부의 분리 독립에는 분명한 반대 입장을 취했다. 그는 뉴욕에서 민병대를 조직해 지원하며 시민으로서의 책임을 다하고자 했다.

전쟁 이후 그는 다시는 정치 전면에 나서지 않았으며, 버팔로에서 교육과 자선 사업에 헌신했다. 그는 버팔로대학교의 창립자 중 한 명이었으며, 병원, 도서관, 시민 협회에도 기부와 후원을 아끼지 않았다. 노년의 필모어는 조용한 시민이자 지역사회의 원로로 존경받았다.

5. 중용과 타협의 실용주의자

1874년 3월 8일, 밀러드 필모어는 버팔로 자택에서 사망했다. 향년 74세였다. 그는 국가적 영웅도, 대중의 우상도 되지는 못했지만, 위기의 시기에 중용과 타협을 중시했던 실용주의적 정치인으로 평가된다.

하지만 도망노예법 시행에 대한 책임과 노예제에 대해 유보적 태도를 취한 점은 오늘날까지도 비판의 대상이다. 휘그당의 붕괴를 막지 못했다는 점 역시 정치적 한계로 지적된다. 그럼에도 불구하고, 그는 대통령직을 통해 헌법에 충실하고 질서를 중시하는 리더십을 실현하려 했으며, 미국이 내전에 돌입하기 전 마지막 절충을 시도한 대통령이었다.

밀러드 필모어는 법과 질서를 중시하며 절충과 통합을 시도한 실용주의자이다. 그러나 도망노예법 집행과 노예제에 대한 소극적 태도로 도덕적 리더십의 한계를 노정했다.

14대 프랭클린 피어스(Franklin Pierce)
1804~1869
침묵, 파국의 전조

프랭클린 피어스 대통령, 1856년

프랭클린 피어스(1804~1869)는 미국 제14대 대통령(183~1857)이다. 그는 북부 출신 민주당원이었지만 남부의 노예제 확장에 협조하며 캔자스-네브래스카 법에 서명하고 도망노예법을 강력히 시행해 북부의 반발을 샀다. 이로 인해 남북 갈등은 심화되었고, 남북전쟁의 단초가 되었다.

그는 하원과 상원을 거쳐 멕시코-미국 전쟁에 준장으로 참전했으며, 1852년 대선에서 민주당의 타협 후보로 당선되었다. 재임 중 개즈던 매입과 일본 개항 협상 같은 외교 성과도 있었지만, 오스텐드 선언과 노예제 정책으로 비판을 받았다.

세 자녀를 일찍 잃고, 취임 직전 막내가 기차 사고로 사망하는 등 가족사는 비극적이었다. 말년엔 알코올 중독에 시달리다 1869년 사망했다.

1. 뉴잉글랜드 개척자 가문에서 성장

프랭클린 피어스는 1804년 11월 23일, 뉴햄프셔주 힐스버러(Hillsborough, New Hampshire)에서 부친 벤저민 피어스(1757~1839)와 모친 애나 켄달 피어스

▌ 소설가 너새니얼 호손의 초상화, 1840년

(1768~1838)의 11남매 중 여섯째로 태어났다. 그의 가문은 미국 독립전쟁 당시부터 정치 · 군사적으로 영향력을 행사해 온 유서 깊은 집안이었다. 부친 벤저민 피어스는 독립전쟁 참전 군인이었으며, 이후 뉴햄프셔 주지사를 지냈다. 프랭클린은 어릴 적부터 아버지의 군인정신과 공공 봉사 의식을 가까이서 접했다.

어린 시절의 피어스는 학교보다는 야외 활동과 놀이를 즐기는 아동이었지만, 청소년기 후반부터 학업에 눈을 뜨기 시작했다. 1820년 16세의 나이로 바우든대학교에 입학한 그는, 학문과 수사학에 흥미를 느끼며 빠르게 두각을 나타냈다. 당시의 대학은 4년제였는데 지금의 고등학교와 초급대학 과정에 해당한다. 그는 대학 재학 시절, 훗날『주홍 글씨』로 유명한 소설가 너새니얼 호손과 깊은 우정을 맺었다. 이러한 문학적 교류는 그의 감수성과 표현 능력을 키우는 데 영향을 주었고, 훗날 정치적 웅변에서도 큰 자산이 되었다.

1824년 대학교 졸업 후, 그는 노스햄프턴과 보스턴에서 법률을 수학하고 1827년 변호사 자격을 취득하여 고향에서 개업했다. 이 무렵 그는 지역사회에서 인기 있는 청년으로 성장했다.

2. 젊은 정치인의 비상과 자발적 은퇴

1829년, 피어스는 24세의 나이에 뉴햄프셔주 하원의원에 당선되며 정계에 발을 들였다. 당시 그는 민주당의 전신인 잭슨주의 정파와 밀접한 관계를 유지하며, 강한 연방정부보다는 주권을 중시하는 '작은 정부' 이념을 지지했다. 그는 뉴햄프셔주 의회의 의장까지 올랐으며, 탁월한 연설력과 인간적인 매력으로 유권자들의 인정을 받았다.

1833년 연방 하원의원으로 선출되었고, 1837년에는 최연소 연방 상원의원이 되었다. 그는 워싱턴에서 큰 야망을 드러내기보다는 자신의 정치적 원칙에 따라 온건하게 일관된 노선을 걸었다. 국방, 내정, 세금 문제 등에서 잭슨 민주주의 노선을 따랐으며, 인기와 신뢰를 모두 얻었다.

그러나 1842년, 그는 정치활동의 절정에서 자발적으로 은퇴했다. 그 배경에는 여러 가지 이유가 있었다. 무엇보다도 아내 제인 미언즈 애플턴(1806~1863)의 강한 요청이 컸다. 제인은 엄격한 청교도 집안 출신으로 정계 생활을 혐오했고, 피어스의 정치활동으로 가족생활이 파괴되는 것을 극도로 두려워했다. 또한 이 시기 두 자녀가 유아기에 질병으로 사망하면서, 피어스는 깊은 슬픔과 회의에 빠졌고, 공직에서 물러나 고향 콩코드에서 변호사로 조용히 지내게 되었다.

3. 멕시코 전쟁의 영웅, 다시 정치 전면에 서다

정계를 떠났던 피어스는 1846년 멕시코-미국 전쟁이 발발하면서 군에 자원입대했다. 포크 대통령은 북부 민주당의 지지를 강화하기 위해, 정치적 영향력이 큰 인사를 전략적으로 전쟁에 참여시킨 것이다. 1847년 3월 3일 피어스

멕시코-미국 전쟁에서 장군으로서의 피어스의 짧은 복무는 그의 대중적 이미지를 높였다.

는 준장으로 진급하여 뉴잉글랜드 출신 병사들로 구성된 14사단을 이끌고 멕시코로 향했으며, 1847년 7월경 베라크루스에 상륙했다. 그는 당시 사령관 윈필드 스콧 장군의 지휘하에 작전에 참가하게 되었고, 주요 전투 지역으로 이동하던 중 낙마하여 심한 부상을 입었고, 게다가 열병까지 앓게 되면서 제대로 된 지휘가 어려운 상태에 빠졌다.

이후 1847년 8월의 콘트레라스 전투(Battle of Contreras)와 추루부스코 전투(Battle of Churubusco) 등에서는 피어스는 의식이 몽롱한 상태에서 부대를 이끌었고, 때론 부하 장교들이 그를 대신해 부대를 통솔해야 했다. 그러나 피어스는 전선에서의 어려움에도 불구하고 끝까지 일선을 지켰다.

귀국 후, 그는 전쟁 영웅이라는 이미지를 얻게 되었고, 전국적 명성을 바탕으로 민주당 내에서 다시 주목받는 정치인이 되었다. 비록 정계 복귀를 선언하지는 않았지만, 당내 온건파와 남부 지지자들 사이에서 그의 이름은 점차 대선 후보군으로 거론되기 시작했다.

피어스 대통령 부인 제인 피어스와 아들 벤저민, 1850년경

4. 대통령직과 도덕적 갈림길

1852년, 민주당은 대선을 앞두고 분열 위기에 처해 있었다. 주요 유력 주자들이 서로를 견제하며 당내 경선이 교착상태에 빠지자, 타협 후보로 프랭클린 피어스가 부상했다. 전당대회에서 49차례에 걸친 투표 끝에 그는 결국 민주당 대통령 후보로 공식 지명 되었고, 휘그당의 윈필드 스콧과 대결해 압도적인 표 차이로 승리하였다.

그러나 대통령직의 시작은 엄청난 개인적 비극으로 얼룩졌다. 취임 직전, 보스턴에서 워싱턴으로 향하던 기차가 탈선하면서, 부부의 마지막 남은 아들 벤저민이 눈앞에서 목숨을 잃은 것이다. 제인 피어스는 완전히 무너졌고, 백악관 입성 이후에도 정치행사 대부분에 불참하며 사실상 은둔 생활을 했다. 피어스 자신도 이 사건에 대한 충격에서 벗어나지 못한 채, 우울과 회한 속에서 대통령 임기를 시작했다.

정책적으로, 그는 '연방보다 주권'이라는 전통적 민주당 노선을 유지하려 했으나, 노예제를 둘러싼 갈등은 이미 너무 깊이 뿌리내리고 있었다. 특히 1854

년 그가 서명한 캔자스-네브래스카 법안은 미국 정치를 송두리째 흔들었다. 이 법은 노예제 허용 여부를 각 준주 주민의 투표에 맡기자는 내용이었고, 결과적으로는 노예제의 북상 가능성을 열어주는 것이었다. 이로 인해 캔자스에서는 친노예파와 반노예파 간의 유혈 충돌, 즉 '피의 캔자스(Bleeding Kansas)' 사태가 벌어졌다.

피어스는 이러한 갈등을 조정하기보다, 남부에 유화적인 입장을 견지하며 연방정부의 개입을 최소화하려 했다. 그는 반노예 인사들의 활동을 탄압하고, 도망노예법(Fugitive Slave Act)의 집행을 강력히 지지하였다. 이 모든 정책은 북부 자유주들로부터 커다란 반감을 불러일으켰고, 민주당 내부의 북부 기반마저 약화시키는 결과를 낳았다.

외교에서도 1854년 오스텐드 선언(Ostend Manifesto)이라는 사건이 논란이 되었다. 이는 쿠바를 스페인으로부터 매입하거나 무력으로 점령하자는 의지를 담은 외교 문서였고, 남부의 노예제 확장을 위한 발판으로 여겨졌다. 이는 국제적 비난을 초래했고, 결국 선언은 공식화되지 못했다.

5. 실패한 중재

피어스는 1856년 민주당 전당대회에서 재지명을 시도했으나, 캔자스-네브래스카 사태의 책임론과 남부 편향적 정책으로 인해 좌절당했고, 대신 제임스 뷰캐넌이 후보로 지명되었다. 피어스는 1857년 백악관을 떠난 후에도 정치에 대한 관심을 놓지 않은 채 격동하는 미국 사회 속에서 고립된 인물로 남게 되었다. 그는 퇴임 직후 워싱턴에 머무르며 정치적 동지들과 시간을 보내다가 고향 뉴햄프셔로 돌아가 부동산에 투자하며 조용한 삶을 시작했다. 건강과 심신의 안정을 위해 아내 제인과 함께 유럽과 바하마를 여행했으며, 마데이라섬에서 3년간 머물렀다. 그는 로마에서 오랜 친구인 작가 너새니얼 호손과 재회하여 2개월 정도의 많은 시간을 같이 보냈고, 호손은 피어스가 은퇴한 이후 생기를 되찾았다고 기록했다.

그러나 피어스는 외유 중에도 미국 정세를 면밀히 관찰했다. 그는 북부의 노예제 폐지론자들이 남부를 자극하고 분열을 초래한다고 보았고, 내전이 단순히 남북 간 경계선의 문제가 아니라 지역사회 내부로까지 확산될 것이라 경고했다. 1860년 민주당이 분열의 기로에 놓였을 때 일부 인사들은 그를 통합 후보로 옹립하려 했으나 그는 남부의 브레킨리지를 지지하였다. 그러나 민주당은 분열했고, 결국 공화당 후보 에이브러햄 링컨이 대통령으로 당선되었다.

그는 전직 대통령들의 회동을 제안하며 남북전쟁을 피하려 했지만 무산되었다. 그는 링컨 행정부의 인신보호령 정지, 강제 징집 등 전시 정책을 비판했으며, 이러한 입장은 많은 이들에게는 친남부적 태도로 간주되었다. 심지어는 정부 전복 음모의 배후로 몰리는 일까지 벌어졌으며, 언론은 그를 '반역 스파이'로 낙인찍었다. 1863년 피어스는 클레멘트 발랜디검 체포와 같은 반민주적 조치에 분노하며 뉴햄프셔 민주당원들에게 연설하며 링컨의 전쟁 정책을 비판했다. 그러나 이는 게티스버그와 빅스버그 전투의 연이은 북군 승리와 겹쳐 북부 대중의 격렬한 비판을 받았다.

6. 가혹한 평가

그의 아내 제인은 1863년 결핵으로 사망했고, 그 이듬해 호손도 세상을 떠나며 피어스의 고독은 심화되었다. 그는 점차 술에 의존하게 되었고, 건강도 악화되었다. 정치에 대한 관심을 놓지 않았던 그는 앤드루 존슨 대통령의 재건 정책을 지지했으며, 탄핵 심판에서도 무죄 판결을 옹호했고, 후임 대통령 그랜트에게도 기대를 걸었다. 하지만 말년의 그는 정치적 영향력을 거의 상실한 채 뉴햄프셔의 별장에서 조용히 지냈다.

1869년, 간경화가 심해진 그는 콩코드에서 생을 마감했다. 사망 당시 64세였으며, 국가는 그의 전직 대통령으로서의 지위에 따라 애도의 날을 선포했다. 유언장에서는 자신의 소유물과 재산 대부분을 친척과 친구들에게 남겼고, 그랜트 대통령은 그의 군복무를 기려 공적인 예우를 갖추었다.

피어스는 사망 이후 미국 역사에서 거의 잊힌 인물이 되었지만, 그의 대통령 임기는 이후의 남북 분열과 내전으로 이어지는 길목에서 실패한 중재자의 전형으로 남았다. 그는 노예제를 헌법상 권리로 보며 연방의 통합을 최우선시했으나, 시대의 흐름을 읽지 못했고 북부 민심과 유리되었다. 후대 역사학자들은 그를 미국 역사상 가장 무기력하고 실패한 대통령 중 하나로 평가했으며, 캔자스-네브래스카 법 지지와 도망노예법 집행은 특히 비판의 중심에 서 있다. 그럼에도 일부는 그의 외교적 성과와 전쟁 회피를 위한 노력에 주목하며 보다 균형 잡힌 평가를 시도하기도 한다. 그러나 그는 대체로, 혼란한 시기 속에서 국민의 신뢰를 얻지 못한 채 역사에서 밀려난 지도자로 기억된다.

프랭클린 피어스는 노예제와 지역 갈등 앞에서 결단력 부족과 남부 편향을 노정했다.

그는 내전을 막지 못한 실패한 중재자이다.

15대 제임스 뷰캐넌(James Buchanan)
1791~1868
내전의 방관자

제임스 뷰캐넌, 1850~1868년경

제임스 뷰캐넌(1791~1868)은 미국 제15대 대통령(1857~1861)으로, 남북전쟁 직전의 위기 속에서 연방을 이끌었다. 펜실베이니아 출신의 변호사이자 정치인이었던 그는 하원의원, 상원의원, 국무장관, 영국 · 러시아 공사 등을 지냈으며, 외교 경험이 풍부했다.

대통령으로서 그는 노예제 관련 주의 권리를 옹호했고, 드레드 스콧 판결과 리콤프턴 헌법을 지지하면서 북부의 반발을 샀다. 민주당 분열을 막지 못해 공화당의 에이브러햄 링컨이 대통령에 당선되었고, 이후 남부 주들이 탈퇴하기 시작했지만 그는 이를 저지하지 않았다.

임기 말 그는 레임덕 상태로 남북 모두의 지지를 잃었으며, 군사적 대응조차 제대로 하지 못한 채 전쟁을 막는 데 실패했다. 결혼하지 않은 유일한 대통령이기도 한 그는 퇴임 후 자신을 변명하는 데 힘썼으나, 역사상 가장 무능한 대통령 중 한 명으로 평가받고 있다.

1. 시골 소년에서 유망한 법률가로

제임스 뷰캐넌은 1791년 4월 23일, 펜실베이니아주 프랭클린 카운티의 코브 갭(Cove Gap)이라는 시골 마을에서 태어났다. 그는 11남매 중 둘째였으며, 부모는 아일랜드계 이민자였다. 아버지 제임스 뷰캐넌 시니어(1761~1821)는 스코틀랜드-아일랜드계로 북아일랜드에서 태어나 미국으로 이주했고, 지역에서 곡물 및 생활용품 가게를 운영하는 비교적 성공한 상인이었다. 어머니 엘리자 스피어(1767~1833)는 지적인 여성으로, 가족 모두가 장로교 신앙에 깊이 뿌리내리고 있었다.

뷰캐넌은 메르서스버그의 올드스톤 아카데미에 다닌 후, 펜실베이니아주 칼라일(Carlisle)에 위치한 디킨슨 칼리지(Dickinson College)에 입학했다. 그는 대학 생활 초기에 규율을 위반하고 방탕한 행동을 일삼아 퇴학 위기를 겪기도 했다. 실제로 음주 및 불성실한 생활로 인해 교수진의 눈 밖에 났으며, 한때 퇴학 처분을 받았지만, 아버지의 노력과 그의 반성 덕분에 다시 복학하여 1809년에 18세의 나이로 디킨슨 칼리지를 졸업했다. 졸업 당시 성적은 우수했고, 논리적 사고력과 문장력이 뛰어나다는 평가를 받았다. 특히 웅변 실력과 논리적 토론 능력에서 두각을 나타냈다.

디킨슨을 졸업한 후, 뷰캐넌은 랭커스터(Lancaster)에서 법률을 공부하기 시작했고, 1812년 펜실베이니아 변호사 자격을 취득했다. 이후 그는 지역사회에서 유망한 청년 법률가로 명성을 쌓으며 정계 진출의 기반을 다지게 되었다.

2. 정계 입문과 외교 경험

1814년, 뷰캐넌은 연방당(Federalist)으로 펜실베이니아주 하원의원으로 당선되며 정치에 입문했다. 이후 1820년 연방 하원의원으로 선출되어 10년 가까이 워싱턴에서 활동했고, 점차 민주공화당 계열로 정치적 색깔을 바꾸어 갔다. 특히 앤드루 잭슨 대통령과 가까운 관계를 형성하며 민주당 내에서 입지를 확대했다.

1832년, 잭슨 대통령에 의해 러시아 주재 공사로 임명되어 외교관으로 일했으며, 그곳에서 러시아 제국과의 무역 협정을 체결하는 등 외교적 능력을 인정받았다. 귀국 후에는 펜실베이니아 출신으로 상원에 진출하여 노예제와 관세 문제 등에 보수적 입장을 견지했다.

1845년부터 1849년까지는 제임스 K. 포크 대통령 아래에서 국무장관을 역임하며 멕시코-미국 전쟁, 오리건 국경 분쟁 등 주요 외교 사안을 처리했다. 그 뒤 프랭클린 피어스 행정부 시절에는 영국 주재 미국 공사(1853~1856)로 활약하며, 유럽 정치에 대한 안목을 넓혔다. 이처럼 입법과 외교를 모두 경험한 정치인으로서 그는 균형 있는 온건주의자로 평가받았다.

3. 대통령 당선과 임기 초반

1856년, 민주당의 대통령 후보로 지명된 뷰캐넌은 분열된 미국 정치를 통합할 수 있는 '외부자' 이미지로 유권자들에게 어필했다. 그는 공화당 후보 존 C. 프레몬트와 미국당 후보 밀러드 필모어를 누르고 대통령에 당선되었으며, 취임 당시에는 풍부한 정치 · 외교 경험과 노련함이 기대를 모았다.

그러나 그의 대통령 임기는 시작부터 난관에 부딪혔다. 취임 직후 연방대법원이 노예제 관련 역사적 사건인 '드레드 스콧 사건(1857년)' 판결을 했고, 그는 이를 공개 지지했다. 이 판결은 흑인이 시민이 아니며, 노예 소유권이 주의 법률보다 우선한다는 내용을 담고 있어, 북부 자유주에서 거센 반발을 불러일으켰다.

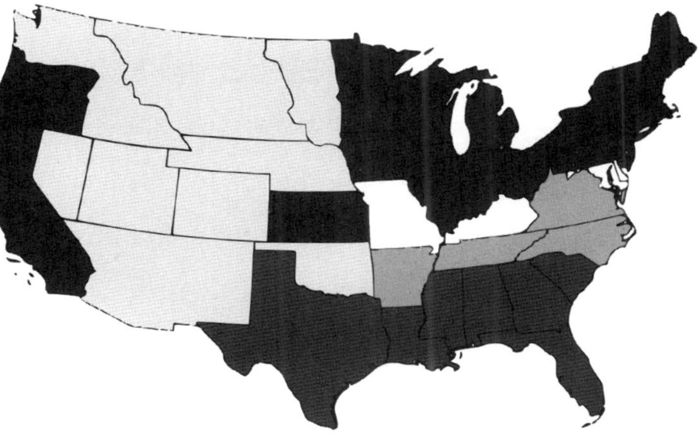

캔자스 준주에서는 노예제 찬반을 둘러싸고 유혈 충돌이 벌어졌고, 뷰캐넌은 캔자스에서 제정한 친노예제 성향의 리콤프턴 헌법(Lecompton Constitution)을 지지함으로써 또다시 남부의 편을 드는 듯한 모습을 보였다. 이는 민주당 내부에서조차 갈등을 초래했고, 북부 출신 민주당원들의 이탈을 낳았다.

4. 정치적 무기력과 남북 분열

경제적으로도 그는 1857년의 공황(Panic of 1857)에 효과적으로 대응하지 못했다. 철도와 토지 투기와 폭락, 은행들의 신용 과잉, 유럽 자본의 유출, 농산물 가격 하락 등이 겹치면서 전국적으로 금융 불안과 실업이 확산되었다. 그러나 뷰캐넌은 연방정부는 헌법상 경제문제에 개입할 권한이 없다고 보고, 연방정부는 구조 조치를 취할 수 없다고 주장했다. 그는 은행 구제나 경기 부양책을 거부하고 균형 예산과 자유시장 원칙을 고수했다. 이로 인해 경제 회복은 지연되었고, 특히 북부 산업과 노동자들이 큰 피해를 입었다. 그의 소극적인 대응은 국민의 불만을 키웠고, 당내 분열과 남북 갈등을 더욱 심화시키는 계기가 되었다.

더 큰 문제는 남북의 분열을 막아야 할 대통령으로서의 리더십 부재였다.

남부의 노예제 옹호와 북부 자유주들의 대립은 갈수록 격화되었고, 뷰캐넌은 '탈퇴는 위헌이지만, 연방정부는 이를 막을 권한이 없다'는 이율배반적 입장을 견지했다. 이로 인해 강력한 연방주의자도, 확고한 중재자도 되지 못했고, 각 주의 탈퇴 움직임을 방조하는 결과를 낳았다.

1860년 대선에서는 민주당이 남북으로 갈라져 후보를 2명이나 내세우는 분열을 겪었고, 공화당 후보 에이브러햄 링컨이 당선되었다. 링컨이 대통령에 당선되자, 남부는 공화당이 노예제를 제한할 것을 두려워하며 연방 탈퇴를 선언했다. 1860년 12월, 사우스캐롤라이나가 가장 먼저 탈퇴했고, 이듬해 초까지 미시시피, 플로리다, 앨라배마, 조지아, 루이지애나, 텍사스가 뒤를 이어 총 일곱 개 주가 탈퇴했다. 이들은 '남부 연합(Confederate States of America)'을 구성하고 독자적인 정부를 수립했다. 제임스 뷰캐넌 대통령은 사실상 아무런 조치를 취하지 않았고, 그 결과 분열을 막지 못한 채 에이브러햄 링컨에게 정권을 넘겼다.

한편, 뷰캐넌 재임기간 동안 세 개의 새로운 주가 연방에 가입했다.

미네소타 – 1858년 5월 11일

오리건 – 1859년 2월 14일

캔자스 – 1861년 1월 29일

5. 조용한 말년

1861년 3월, 백악관을 떠나 펜실베이니아의 위트랜드(Wheatland) 저택으로 돌아간 그는 정치적 은둔 생활을 시작했다. 그러나 그는 평생 자신에 대한 비판을 인정하지 않았고, 오히려 자신이 위기를 최대한 억제하려 했다고 주장했다.

1866년, 그는 자신의 입장을 변호하기 위해 회고록 『반란 직전의 뷰캐넌 행정부(Mr. Buchanan's Administration on the Eve of the Rebellion)』를 출간했다. 이 책에서 그는 남부의 탈퇴가 불가피했으며, 자신의 중립적 태도가 오히려 충돌을 늦췄다고 주장했다. 그러나 역사적 평가와 여론은 그에게 냉정했고, 회고록 역시 큰 영향력을 끼치지 못했다.

1868년 6월 1일, 그는 77세의 나이로 생을 마감했으며, 고향인 랭커스터에 묻혔다.

6. 역사적 평가

제임스 뷰캐넌은 미국 역사상 가장 부정적인 평가를 받는 대통령 중 하나로 남아 있다. 강한 지도력을 보이지 못했고, 당파적 대립과 노예제 확산을 저지하는 데 실패했으며, 남북전쟁이라는 국가적 재앙을 막지 못했다.

많은 역사가들은 그가 결정적 순간에 결단을 내리지 못했으며, 헌법적 모호성에 숨어 정치적 책임을 회피했다고 비판한다. 그는 '무위의 대통령', '정적을 달래는 데만 급급했던 조정자'로 불리며, 링컨과 같은 강력한 지도자와 대비되는 인물로 평가한다.

또한 그는 미국 역사상 결혼하지 않은 유일한 대통령으로, 그로 인해 그의 동성애에 대한 여러 추측이 있었지만, 결정적인 증거는 남아 있지 않다.

제임스 뷰캐넌은 한때 미국 정치에서 가장 경험 많고 외교적 능력을 인정받던 인물이었지만, 국가가 극한의 분열 상황에 직면했을 때 필요한 지도력을 발휘하지 못했다. 그의 소극성과 법률주의적 태도는 오히려 위기를 조장했으며, 미국을 내전으로 내몬 시대적 실패의 상징으로 남게 되었다. 대통령이라는 막중한 책임 아래, 강단 없는 조정이 얼마나 치명적일 수 있는지를 보여주었으며, 그의 생애는 미국 정치사에서 반면교사의 대표적 사례로 평가된다.

남부의 분리에 대한 방관자로 뷰캐넌을 비난하는 것은 연방주의와 반노예제 철학에 기반한 것이다.

당시 남부의 다수는 뷰캐넌에 동조하였을 가능성이 높다.

그러나 현재의 미국 국민의 입장에서 본다면 뷰캐넌의 방관은 비난 가능성이 크다고 볼 수 있다.

대통령 일화 5: 제임스 뷰캐넌

분리할 권리(Secession Right) 논란

미국 역사에서 남부의 연방 탈퇴, 즉 분리할 권리(Secession Right)는 가장 논쟁적인 주제 중 하나로, 법적 · 정치적 · 도덕적 관점에서 깊은 평가의 대상이 되어왔다.

제임스 뷰캐넌 대통령은 남부 주들이 연방에서 탈퇴하는 것은 위헌이지만, 연방정부가 이를 무력으로 막을 권한은 없다는 입장을 취했다. 이는 표면적으로는 헌법의 한계를 존중한 것으로 보이지만, 실질적으로는 분열을 방조한 태도로 비판받았다. 그는 강경한 대응을 피함으로써 전쟁을 막고자 했지만, 결과적으로는 상황을 악화시키는 결과를 낳았다.

헌법적으로는, 연방은 '더 완전한 연합(More Perfect Union)'을 위해 창설되었으며, 단일 국가로서의 성격을 지닌다는 주장이 승리하였다. 따라서 주(State)가 임의로 탈퇴할 수 있다는 주장은 헌법적 근거가 희박하다는 것이 다수 헌법학자들의 견해다. 에이브러햄 링컨 대통령은 분리 자체를 불법적인 반란(Insurrection)으로 간주했고, 이를 저지하기 위한 군사행동은 연방의 통합성과 주권 수호를 위한 정당한 조치로 간주하였다.

정치적 관점에서는, 분리 주장 자체가 노예제 유지를 위한 수단이었고, 이는 인간의 존엄성과 기초적 인권에 기반한 민주주의적 가치를 침해하는 것이었다. 남부의 엘리트들은 주권을 내세워 자신들의 경제적 이익을 고수하려 했지만, 이는 보편적 정의보다는 특정 계층의 권익에 기반한 움직임이라고 할 수 있다.

결론적으로, 남부의 분리 주장은 헌법적 정당성도 부족하고, 도덕적 근거도 취약하며, 국가적 통합을 해친 결정적인 과오라 할 수 있다. 따라서 제임스 뷰캐넌처럼 이를 명확히 막지 못한 지도자의 태도는 소극적 회피주의이고 이로 인해 미국을 전쟁으로 몰아넣는 결과를 초래했다는 점에서 큰 비판을 받고 있다.

16대 에이브러햄 링컨(Abraham Lincoln)
1809~1865
연방의 수호자, 자유의 순교자

링컨 대통령, 1863년

에이브러햄 링컨(1809~1865)은 미국의 16대 대통령(1861~1865)으로, 남북전쟁 시기에 연방을 지켜내고 노예제를 폐지한 지도자였다. 그는 켄터키의 통나무집에서 태어나 인디애나 국경 지역에서 자랐으며, 정규 교육 없이 독학으로 성장해 변호사와 정치인이 되었다. 휘그당 소속으로 일리노이 주의회와 연방하원을 거친 그는, 1849년 정계를 떠난 후 일리노이주 스프링필드에서 변호사로 성공했다. 1854년, 노예제도를 준주에 개방한 캔자스-네브래스카 법에 분노한 그는 정계에 복귀했다. 1860년 링컨이 대통령에 당선되자 남부 주들은 연방을 탈퇴했고, 남북전쟁이 발발했다. 링컨은 전쟁을 지휘하며 해방 선언문을 통해 반란 주의 노예를 해방하고, 미국 헌법 제13차 수정안을 통과시키기 위해 노력했다. 1863년의 게티즈버그 연설은 민주주의와 국가의 이상을 웅변했다. 그는 1864년 재선되었으나, 전쟁 종료 직후인 1865년 4월 14일 암살당했다. 링컨은 연방 보존과 인권 확대의 상징으로, 미국 역사상 가장 위대한 대통령 중 한 사람으로 평가된다.

1. 어린 시절과 초기 경력

에이브러햄 링컨은 1809년 2월 12일, 켄터키주 호지엔빌 근처의 통나무집에서 가난한 개척 농민의 둘째로 태어났다. 그는 주로 인디애나와 일리노이의 국경지대에서 성장했고, 아홉 살 때 어머니 낸시 행크스(1784~1818)를 여의었다. 아버지 토머스 링컨(1778~1851)은 세라 부시 존스(1788~1869)와 재혼했으며, 그녀는 링컨의 지적 성장에 중요한 영향을 미쳤다. 비공식적인 교육만을 받은 그는 어릴 적 읽기, 쓰기, 간단한 산술 외에는 배운 것이 없었지만, 계모가 가져온 『이솝 우화』, 『로빈슨 크루소』, 『천로역정』, 『신드바드의 모험』 등 몇 권의 책을 반복해 읽으며 독서 습관을 길렀다.

이후 그는 『조지 워싱턴의 생애』, 『스코트 독본』, 『고전 연설집』, 『셰익스피어의 영웅극』 등을 탐독하며 사상과 언어 감각을 습득했다. 이러한 독서 경험은 훗날 그의 명료하고 설득력 있는 문체의 기초가 되었다. 특히 유클리드의 『기하학 원론』은 그의 논리적 사고와 연설의 간결한 구조에 큰 영향을 주었다. 젊은 시절의 링컨은 뛰어난 연설가로 주목받았으며, 미사여구 대신 유머와 교훈이 담긴 이야기로 대중과 소통했다.

성인이 된 링컨은 여러 직업을 전전했다. 그는 미시시피강을 따라 배로 물자를 운반하기도 했고, 일리노이주 뉴세일럼(New Salem)에서는 상점 점원, 우체국장, 측량사로 일했다. 1832년에는 블랙 호크 전쟁에 자원입대해 주 방위군에서 복무했으며, 같은 해 일리노이주 하원의원 선거에 처음 출마했지만 낙선했다.

1834년 두 번째 도전에서 주 하원의원에 당선되었고, 이후 네 차례 연속으로 재선되었다. 초기에 그는 휘그당 소속으로 활동하며 헨리 클레이의 미국 시스템을 지지했다. 정치활동과 병행해 법률도 공부했으며, 당시 일반적이던 도제식 수련 과정을 거쳐 1836년 변호사 자격을 취득했다. 스프링필드로 이주한

링컨의 아내 메리 토드 링컨, 1861년

링컨은 존 T. 스튜어트와 함께 법률 사무소를 차려 변호사로 활동했고, 특히 철도회사 소송, 부동산, 채권 문제 등 다양한 사건을 맡으며 명성을 쌓았다.

법정에서 그는 간결하면서도 설득력 있는 논리, 유머 감각, 정직함으로 두각을 나타냈고, 농민과 노동자 등 서민들의 신임을 받았다.

링컨은 1842년 메리 토드(1818~1882)와 결혼했다. 메리는 켄터키 출신의 교육받은 상류층 여성으로, 정치에 관심이 많고 성격이 강한 인물이었다. 두 사람은 성격과 기질의 차이로 인해 종종 갈등을 겪었지만, 깊은 애정도 공유했다. 슬하에는 네 아들을 두었으나, 그중 3명이 어린 나이에 사망했다. 특히 대통령 재임 중 둘째 아들 윌리의 죽음은 부부에게 큰 충격을 주었고, 메리는 이후 심리적으로 매우 불안정해졌다.

2. 정치적 성장과 노예제 문제

링컨은 휘그당(Whig Party) 소속으로 정치활동을 계속했으며, 1846년에는 연방 하원의원에 당선되었다. 그는 멕시코-미국 전쟁에 반대하는 연설로 주목을 받았지만, 재선을 노리지 않고 단 한 번의 임기 후 귀향했다. 정치 일선에서 잠시 물러나 있었던 그는 노예제를 둘러싼 전국적 갈등이 격화되자 다시 정치에 나서게 되었다.

1854년 캔자스–네브래스카 법이 통과되면서 노예제가 서부로 확대될 위험이 생기자, 링컨은 이를 강하게 비판하며 정계에 복귀했다. 그는 1856년 신생 공화당에 합류했고, 1858년 일리노이주 연방 상원의원 선거에 출마하여 스티븐 더글러스와 일련의 유명한 '링컨–더글러스 토론'을 벌였다. 이 토론에서 그는 "쪼개진 집은 설 수 없다(A house divided against itself cannot stand)."는 유명한 연설로 주목을 받았으며, 비록 선거에는 패했지만 전국적 인지도를 얻게 되었다.

1860년, 공화당은 링컨을 대통령 후보로 지명했다. 그는 노동 계층과 서부 개척민, 반노예제 세력을 중심으로 지지를 모았고, 민주당이 분열된 상황에서 대통령으로 당선되었다. 1861년 3월 링컨은 제16대 대통령으로 취임하며, 연방 보존을 최우선 과제로 삼았다.

3. 남북전쟁과 대통령의 리더십

에이브러햄 링컨의 당선은 남부 주들에게 큰 충격을 주었다. 남부는 링컨이 노예제를 폐지할 것이라 우려하며 연방에서 탈퇴하고 1861년 2월 8일 남부 연합(Confederate States of America)을 결성했다. 링컨은 이를 불법으로 간주하고, 연방을 수호하기 위해 무력 대응을 결정했다.

전쟁이 시작된 1861년 4월, 사우스캐롤라이나 찰스턴항에 있는 섬터 요새(Fort Sumter)가 남부에 의해 공격당하면서 본격적인 내전이 시작되었다. 링컨은 즉각적으로 병력을 소집해 반란 진압을 지시했고, 전쟁을 단순한 지역 분쟁이 아닌 국가 전체의 존립 문제로 규정했다.

그는 전쟁 내내 연방의 일체성과 민주주의 원칙을 지키는 데 전념했다. 그는

▌ 1862년 10월 3일 링컨과 매클렐런

북부 내 정치 파벌과 언론, 반전 세력 사이에서 균형을 유지하면서도 일관된 전략적 결단력을 보였다.

링컨은 전쟁 초기에 그는 윈필드 스콧, 조지 맥클렐런, 앰브로즈 번사이드, 조셉 후커, 조지 미드 등 여러 장군을 기용했지만, 이들은 대체로 소극적이거나 결단력이 부족해 전쟁을 장기화시켰다. 링컨은 이들에 대해 인내심 있게 조율하면서도, 전투 회피와 불복종에 대해서는 단호히 대응했다. 특히 맥클렐런(George B. McClellan, 1826~1885)은 조직 능력은 뛰어났지만 링컨의 전략을 무시하고 전투를 회피해 갈등이 컸고, 결국 해임되었다.

이후 링컨은 전장을 장악하고 적극적인 공세를 펼치는 율리시스 S. 그랜트를 총사령관으로 임명했다. 그랜트는 링컨의 전략 의도를 이해하고 남북전쟁 후반을 이끌었다. 또한 윌리엄 T. 셔먼, 필립 셰리던과 같은 지휘관들도 남부를 압박하는 전략을 성공적으로 수행했다. 그리고 링컨은 남부 해상 봉쇄, 징병제 시행, 재정 확보 등 강력한 중앙집권적 리더십을 발휘했다.

1863년 그는 해방 선언문(Emancipation Proclamation)을 발표해 반란 주 내 노예들을 법적으로 해방시키고, 전쟁의 도덕적 명분을 강화했다. 이는 북부의 사기를 높이고, 전 세계 특히 영국과 프랑스에서 남부에 대한 외교적 지지를 약화시키는 데 큰 역할을 했다. 링컨은 또한 흑인 병사의 입대를 허용해 북군의 전력을 보강했다.

1863년의 '게티스버그 연설(Gettysburg Address)'은 전쟁 중 희생자들을 기리며 "국민의, 국민에 의한, 국민을 위한 정부"라는 민주주의의 이상을 천명한 명문으로 평가된다. 이 연설은 미국의 정체성과 국가적 사명을 재정의한 계기가 되었다.

1864년, 링컨은 전시 중에도 선거를 시행하겠다는 원칙을 고수했다. 그의 리더십과 전쟁의 전환점으로 작용한 셔먼 장군의 애틀랜타 점령 등으로 여론이 호전되며, 민주당 후보 조지 맥클렐런을 크게 꺾고 재선에 성공했다.

재선 후 링컨은 남부와의 화해와 재통합을 위한 구상에 집중했다. 그는 '원한 없이, 자비롭게' 전후 복구에 임해야 한다고 강조했으며, 남부를 철저히 응징하자는 급진파와 거리를 두었다. 그의 목표는 '모든 사람에게 평화로운 미래'를 제공하는 것이었다.

1865년 4월 9일, 남부군을 이끈 로버트 E. 리 장군이 항복하며 남북전쟁은 사실상 끝이 났다. 전쟁은 4년간 60만 명 이상이 희생된 참극이었다.

4. 암살과 죽음

그러나 링컨은 평화의 결실을 오래 누리지 못했다. 1865년 4월 14일 저녁, 남북전쟁이 사실상 끝난 지 닷새 만에, 링컨은 아내 메리 토드와 함께 워싱턴 D.C.의 포드 극장(Ford's Theatre)에서 연극 '우리 미국인 사촌(Our American Cousin)'을 관람하던 중 피격당했다.

암살범은 남부 연합의 열렬한 지지자였던 배우 존 윌크스 부스(John Wilkes Booth)로, 그는 전쟁의 패배와 링컨의 해방 정책에 분노해 대통령을 제거하려는 음모를 꾸몄다. 부스는 링컨의 극장 상좌에 몰래 침입해 등 뒤에서 총을 쏜 후, 무대 아래로 뛰어내려 도망쳤다. 그는 도망 중 다리를 다쳤지만 수일간 도주하다가 버지니아에서 추적당해 결국 사살되었다.

링컨은 총격을 당한 뒤 인근 피터슨 하우스로 옮겨졌으며, 다음 날인 1865년 4월 15일 오전 7시 22분, 56세를 일기로 숨을 거두었다. 그의 장례 행렬은 전국을 순회했고 수백만 명이 마지막 길을 함께했다.

5. 노예의 해방자, 위대한 대통령

에이브러햄 링컨은 미국 역사상 가장 위대한 대통령 중 한 사람으로 널리 평가받는다. 그의 가장 큰 유산은 연방의 보존과 노예제 폐지이다. 남북전쟁이라는 국가 최대의 위기 속에서 그는 연방을 해체 위기에서 구해냈고, 해방 선언(Emancipation Proclamation)과 헌법 제13조를 통해 노예제를 법적으로 폐지하며 미국 민주주의의 도덕적 기초를 다시 세웠다.

링컨은 또한 강력한 대통령 리더십의 전형을 제시했다. 전시 상황에서 헌법과 국가를 수호하기 위해 결단력 있게 행동했으며, 법률가로서의 합리성과 정치가로서의 현실 감각을 조화시켰다. 그의 연설, 특히 게티즈버그 연설은 미국 민주주의의 핵심 가치를 간결하면서도 깊이 있게 전달한 명문으로 지금까지 회자된다.

사후 그는 국민적 순교자로 기억되었고, 수많은 기념비, 동전, 지폐, 학교 이름에 그의 이름이 사용되었다. 워싱턴 D.C.의 링컨 기념관은 그를 기리는 대표적인 상징 공간이며, 마틴 루터 킹 목사가 "나는 꿈이 있습니다(I Have a Dream)." 연설을 했던 장소이기도 하다.

대중과 학계 모두 링컨을 도덕적 지도력, 국민 통합, 정치적 원칙과 현실의 균형을 이룬 인물로 평가하며, 미국 역사상 조지 워싱턴, 프랭클린 D. 루스벨트와 함께 가장 위대한 대통령으로 손꼽고 있다. 그의 유산은 오늘날에도 민주주의, 평등, 통합의 상징으로 살아 있다.

그런데 남북전쟁 중 희생된 60만의 인명과 400만 노예의 인권은 어느 쪽이 더 큰 것인가 하는 가치판단이 있을 수 있고 시간이 흐르면서 전쟁 없이 통합과 노예해방이 가능하지 않았을까 하는 상상도 해볼 수 있다.

에이브러햄 링컨은 미국 남북전쟁의 시작과 끝을 이끌었으며 노예제를 폐지하였고, 민주주의의 본질을 언어와 실천으로 드러냈다.

그는 자유와 평등의 이상을 위해 목숨을 바친, 미국 민주주의의 기둥이다.

대통령 일화 6: 에이브러햄 링컨

1863년, 게티즈버그 연설

1863년 11월 19일, 펜실베이니아주의 작은 마을 게티즈버그는 묘한 정적 속에 휩싸여 있었다. 불과 넉 달 전, 이곳은 남북전쟁 최대의 격전지 중 하나였다. 북군과 남군은 피비린내 나는 전투 끝에 수천 명이 목숨을 잃었고, 그 피로 물든 언덕과 들판은 아직도 상처가 아물지 않은 채였다.

그날은 전투에서 희생된 북군 병사들을 위한 국립묘지 헌정식이 열리는 날이었다. 장엄한 분위기 속에서 수천 명의 시민과 군인, 정치인들이 모였다. 주요 연사는 유명한 웅변가이자 전 매사추세츠 주지사인 에드워드 에버렛이었다. 그는 약 2시간에 걸쳐 장대한 연설을 했다. 군사 전략, 역사, 희생, 정의에 대해 섬세하고 복잡하게 엮어낸 연설이었다.

그러나 그날의 진정한 주인공은 무대 뒤편에 조용히 서 있던 한 사람이었다. 대통령, 에이브러햄 링컨. 그는 비쩍 마른 체격에 다소 어색한 자세로 단상에 올라섰다. 손에는 작은 종이 두 장이 쥐어져 있었고, 군중은 그가 얼마나 오래 이야기할지를 예측하지 못했다. 많은 이들은 에버렛의 장대한 연설이 끝났기에, 링컨은 간단한 인사 정도만 할 것이라 여겼다.

그가 입을 열었다.

> "이 땅 위에서, 87년 전, 우리 조상들은 모든 사람이 평등하게 창조되었다는 믿음 속에서 자유로운 새 나라를 탄생시켰습니다."

"Four score and seven years ago our fathers brought forth on this continent, a new nation, conceived in Liberty, and dedicated to the proposition that all men are created equal."

목소리는 낮고 진중했지만, 단어 하나하나가 울려 퍼졌다. 그는 게티즈버그 전투를 단지 하나의 군사적 사건으로 보지 않았다. 그는 그것을 미국 민주주의의 본질이 시험받고 있는 순간으로 해석했다. 단 272단어의 짧은 연설이었다. 2분도 채 되지 않았고, 군중은 잠시 조용했다. 일부는 박수를 쳤고, 일부는 아무 반응 없이 그의 퇴장을 지켜봤다.

그러나 그날의 연설은 미국 역사에서 가장 위대한 정치적 언어 중 하나로 기억된다.

그 연설에서 링컨은 과거를 회고하는 동시에 미래를 설계했다. 단순한 추모가 아니라, '국민의, 국민에 의한, 국민을 위한 정부(government of the people, by the people, for the people)'가 '이 지구상에서 사라지지 않게(shall not perish from the earth.)' 하기 위한 결의였다. 그는 죽은 자들을 기리는 것이 아니라, 산 자들이 그들의 이상을 완수해야 함을 촉구했다.

행사가 끝난 뒤, 에드워드 에버렛은 링컨에게 다가와 이렇게 말했다.

"대통령 각하, 내가 2시간 동안 말하려고 했던 것을, 당신은 단 2분 만에 말

씀하셨습니다.”

그렇게 게티즈버그에서의 짧은 순간은 미국의 정신을 새롭게 정의했다.

그 연설은 미국이 단지 하나의 국가가 아니라, 하나의 이상을 품은 나라임을 선언한 ‘말로 된 기념비’가 되었다.

17대 앤드루 존슨(Andrew Johnson)
1808~1875
재건의 갈등과 탄핵 위기

앤드루 존슨 대통령,
1870~1875년경

앤드루 존슨(1808~1875)은 가난한 집안에서 태어나 문맹의 재봉사 도제를 거쳐 국가 최고 권력자인 대통령(1865~1869)에 오른 극적인 삶을 살았다. 그는 남북전쟁 직후라는 미국 역사상 최대의 분열과 재건의 시기에 대통령직을 맡았고, 에이브러햄 링컨의 유지를 이어받아 국가를 통합하는 과제를 떠안았다. 그러나 그의 고집스러운 성격과 백인 우월주의적 관점, 의회와의 격렬한 충돌은 그를 탄핵 위기로 몰아넣었고, 결국 재건 정책의 방향과 흑인 시민권 확대에 큰 장애물로 작용했다. 앤드루 존슨의 생애는 미국에서 가능한 하층민의 출세담이자, 동시에 시대적 요구를 외면한 지도자의 실패로 상징되는 역사적 교훈이기도 하다.

1. 가난한 어린 시절과 직업인의 성장

앤드루 존슨은 1808년 12월 29일, 노스캐롤라이나주 롤리에서 태어났다. 그는 그보다 네 살 많은 형 윌리엄과 어린 시절에 죽은 누나 엘리자베스가 있었다. 그의 가족은 극심한 빈곤 속에 살았으며, 아버지 제이콥 존슨

(1778?~1812)은 마구간지기와 벨 보이로 일하다 1812년 병으로 사망했다. 당시 앤드루는 겨우 세 살이었다. 어머니 메리 존슨(1783?~1856?)은 세탁과 바느질로 생계를 이어갔고, 어린 앤드루는 집안의 생계 부담을 줄이기 위해 일찍부터 일을 해야 했다.

10세가 되던 해, 그는 형 윌리엄과 함께 지역 재봉사의 가게에 도제로 들어가 바느질 기술을 배웠다. 그는 도제 생활 중 자신이 주인에게 학대를 받는다고 느꼈고, 16세가 되던 해 형과 함께 도망쳤다. 이후 몇 년간 앤드루는 여러 지역을 떠돌다가 1826년경 테네시주 그린빌(Greeneville)에 정착했다.

그곳에서 그는 작은 재봉 가게를 열고 성실하게 일하며 지역사회에 뿌리를 내렸다. 문맹이었던 그는 1827년 결혼한 아내 엘리자 맥카들(1810~1876)의 도움으로 독학을 시작했다. 엘리자는 교육을 받은 여성이었는데 남편에게 글 읽기와 쓰기를 차근차근 가르쳤다. 존슨은 신문과 연설문을 열심히 읽으며 사회 문제와 정치 이슈에 관심을 키워나갔다.

2. 정치적 성장과 남북전쟁

1830년대에 존슨은 그린빌 시의회 의원으로 정치활동을 시작했고, 이후 테네시주 하원의원, 주 상원의원을 거쳐 1843년부터 1853년까지 미연방 하원의원으로 재임했다. 그는 '흙수저' 출신 노동 계층의 대변인을 자처하며, 부유한 플랜테이션 소유주보다는 서민적 가치와 자영농의 권익을 옹호했다. 그의 연설은 대중적이고 직설적이었으며, 평범한 사람들과의 교감을 중시했다.

1853년 테네시 주지사로 선출된 그는 2년간 재임하며 주의 교육 개선과 형벌 제도 개혁 등을 추진했다. 이후 1857년부터 1862년까지 그는 미연방 상원의원으로 활동했다. 남부 출신이었음에도 불구하고 그는 연방 분리 움직임에 반대하는 입장을 고수했다.

1861년 미국 남북전쟁이 발발했을 때, 존슨은 테네시 출신이면서도 연방에 충성한 몇 안 되는 남부 상원의원이었고, 그의 이러한 입장은 북부 공화당으로부터 호감을 샀다. 링컨 대통령은 그를 1862년 테네시주 군정지사로 임명했고, 그는 남부 재건의 실험적 모델로서 테네시의 질서 회복과 노예해방을 일부 추진했다.

1864년 대선에서 공화당과 일부 남부 민주당 세력이 연합한 '국민통합당(National Union Party)'은 현직 대통령인 링컨을 대통령 후보로, 존슨을 부통령 후보로 지명했다. 그는 남부 민주당 출신이지만 연방 유지와 노예해방에 찬성한 독특한 이력을 지녔기에, 링컨과의 조합은 '국가 통합'이라는 상징적 의미를 가졌다.

1865년 3월, 존슨은 제17대 부통령으로 취임했다. 그러나 불과 한 달 뒤, 링컨이 암살당하면서 그는 대통령직을 승계하게 되었다.

3. 재건 정책과 탄핵

앤드루 존슨 대통령은 남북전쟁 직후의 혼란기, 이른바 '재건 시대(Reconstruction Era)'를 배경으로 등장한다. 그는 1865년 에이브러햄 링컨의 암살 이후 대통령직을 승계하며 남부와 북부의 통합을 추진했지만, 그의 정책은 정치적 논란과 갈등을 불러일으켰다.

내정에서 존슨은 남부의 빠른 복귀와 화해를 추구하며, 온건하고 관대한 재건 정책을 시행했다. 그는 남부 백인 엘리트들을 사면하고, 각 주가 자체적으로 헌법을 제정하여 연방에 복귀하도록 허용했다. 하지만 이러한 조치는 해방된 흑인들의 권리를 보장하지 못하였고, 남부 주들은 '흑인법(Black Codes)'을 도입해 흑인들을 사실상 종속 상태에 묶어두려 했다. 이에 급진적 공화당은 존슨의 정책에 반발하며 연방 의회를 중심으로 보다 강경한 군정 재건 정책을 추진했고, 존슨과 의회의 충돌은 결국 그를 탄핵 위기로 몰아넣었다.

외교 분야에서는 상대적으로 조용한 시기였지만, 그의 눈에 띄는 외교 업적 중 하나는 1867년, 국무장관 윌리엄 H. 수어드가 러시아와 협상해 알래스카를 미국 영토로 편입시킨 '알래스카 매입(Alaska Purchase)'이었다. 이 결정은 당시에는 비웃음을 샀지만, 이후 전략적 · 경제적 가치를 인정받으며 긍정적으로 재평가되었다.

공화당은 존슨의 온건 정책과 흑인 권리 무시에 분노했고, 급진 공화당원들(Radical Republicans)은 더 강력한 재건법을 추진했다. 의회는 군정 재건법(Military Reconstruction Act)을 통과시켜 남부 주들을 군사 통제하에 두고, 흑인 남성의 투표권을 보장하려 했다. 존슨은 이에 대해 반복적으로 거부권을 행사했지만, 의회는 이를 무효화할 수 있는 의결 정족수를 확보하고 있었다.

전쟁 장관 에드윈 스탠턴(Edwin Stanton)은 유능하고 근면한 사람이었지만, 상대하기 힘든 사람이었다. 존슨은 전쟁 장관을 인정하면서도 짜증을 냈다. 전쟁 장관은 육군 장군 그랜트(General of the Army Grant)와 함께 자신의 행정부 내에서 대통령의 남부 정책을 약화시키기 위해 노력했다. 스탠튼은 존슨이 자신을 해임할까 두려워했고, 대통령과 명확하게 의견이 달랐음에도 불구하고 사임을 거부했다.

존슨과 의회의 관계는 돌이킬 수 없을 정도로 악화되었고, 1867년 의회는 '임기 보장법(Tenure of Office Act)'을 제정해 대통령이 상원의 승인 없이 행정부 고위직을 해임할 수 없도록 했다. 그러나 존슨은 이를 위헌으로 보고, 전쟁 장관 에드윈 스탠턴을 해임했다. 이는 대통령의 탄핵 사유로 간주되었고, 하원은 1868년 존슨에 대한 탄핵 소추를 결의했다. 상원에서의 탄핵 재판은 극적으로 전개되었고, 2/3 찬성이라는 기준에서 단 한 표 차이로 탄핵안은 부결되었다. 그는 임기를 끝까지 유지할 수 있었지만, 정치적 영향력은 상실하여 1869년 퇴임 시까지 사실상 레임덕(Lame Duck)이 되었다.

한편, 임기 보장법은 여러 차례 개정되었고, 1887년 공식적으로 폐지되었다. 1926년 대법원 판례 '마이어스 대 미국(Myers v. United States)'에서 '대통령의 해임권은 헌법상 고유권한'이라는 판단이 내려지며, 해당 법은 명백한 위헌으로 간주되었다.

4. 정계 복귀 시도

앤드루 존슨은 1869년 3월, 재임 중의 극심한 정치적 갈등과 탄핵 위기 끝에 대통령직에서 물러났다. 그는 워싱턴 정가에서 사실상 고립된 채 임기를 마무리했고, 퇴임 후 고향인 테네시주 그린빌로 돌아갔다. 백악관을 떠난 존슨은 명예도, 정치적 기반도 대부분 잃은 상태였지만, 자신이 탄핵을 면함으로써 대통령직의 독립성과 권위를 지켰다는 점에 자부심을 가졌다.

퇴임 이후 그는 다시 정계 복귀를 시도했다. 1869년과 1872년에는 각각 연방 상원과 하원 선거에 출마했으나 낙선했다. 그러나 그는 포기하지 않았고, 결국 1875년 테네시주의 지지를 받아 미연방 상원의원으로 다시 선출되었다. 이는 미국 역사상 대통령직을 수행한 인물이 다시 연방 상원에 복귀한 첫 사례였다.

존슨은 상원 복귀 후 강력한 주권론과 연방정부 권한 제한을 강조하며 자신의 정치 신념을 다시 주장했지만, 복귀 몇 개월 만인 1875년 7월 31일, 뇌졸중으로 사망했다. 그는 테네시주 그린빌에 묻혔으며, 묘소에는 그의 평생 철학을 반영한 문구인 "헌법을 지켰다."는 비문이 새겨졌다.

퇴임 이후 존슨의 삶은 정치적 부활을 향한 집념, 그리고 시대와 불화했던

시간의 소용돌이 "다시 왔습니다!", 하퍼스 위클리, 1875년 2월 20일

자신의 입장에 대한 확신이 결합된 고독한 여정이었다. 역사는 그를 실패한 재건기의 지도자로 비판하기도 하지만, 동시에 대통령 권한과 입법부 간의 균형 문제를 둘러싼 중요한 사건으로 인식되고 있다.

5. 인정받지 못한 소신

앤드루 존슨 대통령에 대한 역사적 평가는 시대와 관점에 따라 크게 달라져 왔다. 그의 대통령 임기는 남북전쟁 직후 '재건(Reconstruction)'이라는 미국 역사상 가장 민감하고 복잡한 시기와 맞물려 있었고, 대부분의 역사가들은 이 시기에서의 그의 역할에 집중해 왔다.

초기 평가는 매우 부정적이었다. 19세기 말 북부 정치인들과 회고록 작가들은 존슨을 완고하고 무례한 인물로 묘사했고, 남부에 관대하면서도 흑인 민권을 무시한 책임자로 간주했다.

20세기 초에는 재건 시기에 대한 인식 변화와 함께 존슨을 재평가하려는 움직임이 나타났다. 퓰리처상 수상자 제임스 포드 로즈와 더닝 학파는 존슨이 정치적 결함은 있었지만, 남부를 징벌하려는 급진 공화당에 맞서 헌법과 통합을 수호하려 한 인물로 보았다.

그러나 제2차 세계대전 이후, 특히 1950~60년대 시민권 운동의 영향으로 역사학계는 재건 시기를 흑인의 권리 확대를 위한 시도로 재조명하기 시작했다. 이 시기의 연구자들은 존슨을 해방 노예의 사회 통합을 방해한 주요 인물로 비판했고, 급진 공화당의 민권 정책에 대한 적대적 태도는 미국 사회의 장기적 불평등을 고착시켰다고 지적했다.

오늘날 존슨은 종종 제임스 뷰캐넌과 함께 미국 역사상 최악의 대통령 중 하나로 거론된다. 그는 분열된 국가를 통합할 기회를 잡지 못했고, 급변하는 시대의 요구에 부응하지 못한 지도자로 평가된다.

그는 민주주의와 헌법 수호라는 명분에도 불구하고, 결과적으로 해방된 흑인의 권리를 제한하고 백인 우월주의의 토대를 유지하는 데 조력하였다.

앤드루 존슨은 남북전쟁 직후 통합과 재건을 이끌 책임이 있었지만, 완고한 태도와 인종차별적 시각으로 실패했다.

그는 권력 분립의 갈등 속에서 탄핵 위기에 직면했다.

18대 율리시스 그랜트(Ulysses S. Grant)
1822~1885
승리한 장군

율리시스 그랜트 대통령,
1870~1880년경

율리시스 S. 그랜트(1822~1885)는 미국의 군인이자 정치인으로, 남북전쟁에서 북군을 승리로 이끈 영웅이며 제18대 대통령(1869~1877)을 지냈다. 오하이오에서 태어나 1843년 웨스트포인트를 졸업하고 멕시코 전쟁에 참전한 그는 1854년 군을 떠난 뒤 한때 생계에 어려움을 겪었다.

1861년 남북전쟁 발발 직후 다시 군에 복귀해 연이은 전투 승리로 주목을 받았고, 1865년 로버트 E. 리의 항복을 받아내며 전쟁을 종결지었다. 전쟁 후 1868년 대통령에 당선되었고, 재건 시기 흑인의 시민권 보호, KKK 척결, 연방 법무부 창설 등 강력한 연방권 집행을 추진했다.

재선에 성공했으나 두 번째 임기에는 부패 스캔들과 1873년 공황으로 타격을 받았다. 퇴임 후 세계일주를 했으며, 말년엔 재정 파탄과 후두암에 시달렸다. 죽음을 앞두고 집필한 회고록은 비평적 · 재정적으로 큰 성공을 거두었다.

그의 평가는 한때 부정적이었지만, 최근에는 흑인 권리 옹호와 재건기 리더십으로 재조명되고 있다.

1. 평범한 성장 과정

율리시스 심슨 그랜트(Ulysses Simpson Grant)는 1822년 4월 27일, 오하이오주 포인트플레전트(Point Pleasant, Ohio)에서 6남매 중 장남으로 태어났다. 그의 본명은 히람 율리시스 그랜트(Hiram Ulysses Grant)였으나, 웨스트포인트 육군사관학교 입학 과정에서 생긴 행정 착오로 인해 '율리시스 심슨 그랜트'라는 이름이 공식화되었고, 이후 평생 이 이름으로 불렸다. 아버지 제시 그랜트(1794~1873)는 제혁업을 운영하는 성실한 장인이었고, 어머니 해나 심슨(1798~1883)은 조용하고 독실한 신앙인이었다. 그랜트는 어릴 적부터 말타기와 농사일에 뛰어난 재능을 보였으며, 기계 조작과 동물에 대한 이해력도 탁월했다. 반면 학문, 특히 수학과 라틴어에는 큰 흥미를 느끼지 못했다. 1839년 웨스트포인트에 입학한 그는 규율에 철저히 순응하기보다는 조용하고 무난한 생활을 했고, 1843년 전체 39명 중 21위로 졸업해 보병 장교로 임관되었다. 이후 그는 멕시코-미국 전쟁에 참전하여 윈필드 스콧 장군 휘하에서 멕시코시티 점령까지 주요 작전에 참여하였다. 이 과정에서 그는 군수품 운반, 정찰, 전투 지휘 등 다양한 실전 경험을 쌓았다.

그러나 평화기의 군 생활은 그에게 큰 만족을 주지 못했다. 반복적인 순환근무와 단조로운 주둔지 생활, 가족과의 장기 이별은 그에게 외로움과 권태를 느끼게 했고, 특히 캘리포니아주의 외진 근무지에서는 알코올 의존 문제까지 겹쳤다. 결국 그는 1854년 스스로 군을 떠나 민간인으로 돌아왔다. 이후 그는 다양한 일자리를 전전했지만 뚜렷한 성공을 거두지 못했고, 일리노이주 갈레나에서 부친의 가죽 가공 사업을 도우며 근근이 생계를 이어갔다. 그는 1848년 친구의 동생인 줄리아 덴트(1826~1902)와 결혼했으며, 줄리아는 남부 노예소유 가문 출신으로 정치적 견해 차이가 있었지만 두 사람의 애정은 깊고 변함없었다. 줄리아는 그가 대통령이 된 이후에도 백악관에서 중요한 조언자 역할을 수행했다.

2. 남북전쟁과 장군으로서의 부상

1861년 남북전쟁이 발발하자, 그랜트는 다시 군에 복귀했다. 그는 초기에는 일리노이주 방위군에서 소령으로 근무했으나, 곧 정규군의 준장으로 승진하며 능력을 입증했다. 1862년 그는 테네시주의 도너슨 요새를 점령하며 북군에 중요한 전략적 승리를 안겼고, 항복 조건으로 '무조건 항복(Unconditional Surrender)'을 요구한 일화는 그에게 국민적 명성을 안겨주었다.

그랜트는 이후 빅스버그 전투(1863)에서 미시시피강을 장악하며 북군의 서부 전략을 완수했고, 이 공으로 중장(Lieutenant General)으로 승진하였다. 그는 당시 유일하게 링컨 대통령이 전적으로 신뢰한 지휘관이었으며, 전장에서는 냉정한 전략가로, 병사들 사이에서는 무뚝뚝하지만 신뢰할 수 있는 상관으로 평가받았다.

1864년에는 북군 전체를 총지휘하는 총사령관으로 임명되어, 남군의 로버트 E. 리 장군과 정면으로 맞섰다. 그는 지속적인 압박 전술로 리의 군대를 소모시켰고, 마침내 1865년 4월 버지니아주 애퍼매턱스(Appomattox)에서 리의 항복을 받아내며 남북전쟁을 끝냈다.

전쟁의 영웅으로 떠오른 그랜트는 1868년 공화당 대통령 후보로 지명되었고, 남부 재건 문제와 흑인 권리문제 등을 둘러싼 정치적 혼란 속에서 민주당 후보 호레이쇼 시모어를 누르고 당선되었다. 그는 당시 가장 인기 있는 인물이었으며, 군인의 신망과 청렴한 이미지로 인해 전국적인 지지를 받았다.

3. 재건의 이상과 현실의 균열

율리시스 S. 그랜트는 1869년부터 1877년까지 8년에 걸쳐 미국의 제18대 대통령으로 재임했다. 그의 대통령 임기는 미국 역사상 가장 중요한 전환기 가운데 하나였다. 남북전쟁의 상처가 채 아물기도 전에, 남부 재건과 흑인 시민권의 신장, 그리고 산업화의 본격적인 출발이라는 거대한 과제들이 한꺼번에 몰려들었다.

그의 첫 번째 임기 동안 그랜트는 연방정부의 권한을 적극적으로 활용해 재건(Reconstruction) 정책을 강력히 추진했다. 그는 남부에서의 흑인 참정권 보장을 위해 제15차 수정 헌법을 지지했고, 연방 차원에서 흑인 유권자 보호를 위해 노력했다. 특히 그는 백인 우월주의 비밀결사인 쿠 클럭스 클랜(KKK)의 폭력과 테러를 단호히 억제하기 위해 'KKK법(Ku Klux Klan Act)'이라 불리는 강력한 연방법을 통과시켰으며, 이를 통해 일시적으로 남부 지역의 테러 활동을 잠재웠다. 그는 또한 흑인 정치인의 등장을 지지하고, 이들이 공직에 참여할 수 있도록 장려했다.

그러나 정치적 이상과는 달리, 그의 행정부는 내부적으로 심각한 문제에 직면했다. 측근 인사들의 연이은 부패 스캔들이 행정부를 흔들었고, 이는 그랜트의 정치적 신뢰성에도 타격을 입혔다. 대표적인 사건으로는 철도 기업과 정치권의 유착을 드러낸 '크레디 모빌리어 사건', 주류 세금 환수 과정에서의 부정부패인 '위스키 환수 스캔들', 그리고 원주민 보호구역 내에서 백인 상인 또는 계약자들이 원주민과 물품 · 식량 · 무기 · 상품 등을 교환할 수 있는 독점적 권한인 인디언 거래권(Indian Trading Rights)을 둘러싼 청부업자의 비리 등이 있다. 그랜트 자신은 직접 부패에 연루되지는 않았지만, 측근들에 대한 지나친 신뢰와 느슨한 인사 관리로 인해 '정직하지만 순진한 대통령'이라는 평을 들어야 했다.

그의 두 번째 임기는 더욱 어려운 국면에 접어들었다. 1873년 발생한 대공황(Panic of 1873)은 철도 붐과 산업 확장 속에서 일어난 투기 과열이 붕괴하면서 발생했고, 미국 사회 전반에 경제적 고통을 몰고 왔다. 실업과 빈곤이 확산되었으며, 연방정부의 대응은 미흡하다는 비판을 받았다. 동시에 남부에서는 재건에 대한 반발이 더욱 거세졌고, 민주당과 백인 우월주의자들이 정치권을 점차 장악하기 시작했다. 북부 유권자들 역시 재건 정책에 피로감을 느끼기 시작하면서, 그랜트가 지켜내려 했던 흑인의 정치적 권리와 남부의 민주주의적 변화는 후퇴의 길로 들어서게 되었다.

그랜트는 대외적으로는 평화적 중재와 신중한 정책을 취했다. 그는 무력보다는 외교와 중재를 통해 미국의 국익을 확대하려 했으며, 재임 중 여러 국제 분쟁을 평화적으로 해결하였다.

앨라배마 청구 사건은 남북전쟁 중 영국이 남부 연합에 무기를 제공한 것을 두고 벌어진 배상 문제였는데 그랜트는 이를 군사적 갈등으로 몰고 가지 않고, 국제 중재를 통해 영국으로부터 배상금을 받아내는 데 성공했다. 반면 그랜트는 카리브해 지역에 미국의 영향력을 확대하고 흑인 미국인의 이주지를 마련하려는 구상으로 도미니카를 합병하려 했지만, 상원과 여론의 반대에 부딪혀 무산되었다.

그는 또한 무역 확대와 해외 외교 관계 강화에 노력했으며, 일본 및 중국과의 통상도 꾸준히 증진시켰다. 한편 1871년에는 신미양요가 발생해 조선과 충돌했으나, 이후 무력 확대 없이 외교적 접근으로 방향을 틀었다.

4. 대통령직 이후의 삶

1876년 대선에서는 공화당의 러더퍼드 B. 헤이스와 민주당의 새뮤얼 틸던

이 격돌하며 극도의 혼란이 벌어졌고, 그랜트는 이 갈등이 내전으로 확산되는 것을 막기 위해 중립적 조정자 역할을 자처했다. 그는 의회가 초당적 위원회를 구성하여 타협안을 도출하도록 유도했고, 그 결과 헤이스가 대통령으로 확정되며 정권 이양은 평화롭게 이루어졌다.

1877년 퇴임한 그랜트는 부인 줄리아와 함께 세계일주에 나섰다. 그는 유럽, 아시아, 중동, 아프리카를 방문하며 외국 지도자들과 교류했고, 여러 국가에서 영웅으로 대접받았다. 그는 세계일주를 한 최초의 미국 대통령이며 외교사절 이상의 상징적 인물로 여겨졌다.

귀국 후 그는 정치적 영향력을 유지하려 했고, 1880년 공화당 전당대회에서 다시 대통령 후보로 지명되기를 기대했지만 실패했다. 이후에는 뉴욕에서 재정 고문 활동을 하며 생계를 이어갔으나, 친구의 투자 사기에 연루되어 심각한 재정 위기를 맞았다. 여기에 후두암이 발병하면서 건강마저 급속히 악화되었다.

죽음을 앞두고 그는 마크 트웨인의 출판사와 계약을 맺고 회고록 집필에 몰두했다. 전쟁과 정치 인생을 담은 이 회고록은 그랜트가 병상에서 마지막까지 써 내려간 작품이었으며, 그는 1885년 7월 23일 뉴욕주 마운트 맥그리거에서 63세를 일기로 생을 마감했다. 사후 출간된 그의 회고록『율리시스 S. 그랜트 개인 회고록』은 높이 평가받았고, 유족에게 재정적 안정을 제공했다. 이 회고록은 오늘날까지도 미국 역사상 가장 진솔하고 깊이 있는 자서전 중 하나로 간주된다.

5. 역사적 평가와 유산

그랜트는 사망 당시 미국에서 가장 인기 있는 인물 중 하나였으며, 그의 장례식에는 수십만 명이 참여했다. 그는 뉴욕시의 리버사이드 공원에 안장되었고, 그의 묘소는 오늘날까지도 미국 내에서 가장 큰 대통령 기념묘로 남아 있다. 그러나 20세기 초 남부 우월주의자들에 의해 퍼진 왜곡된 서사인 '잃어버린 대의(Lost Cause)' 신화는 그랜트의 재건 정책과 흑인 시민권 보호를 부정적으로 묘사하며 그의 명성을 훼손시켰다.

21세기 들어 그의 역사적 평가에 변화가 일어나기 시작했다. 흑인 참정권 보장, 연방정부 권한 강화, 공무원 개혁, 외교적 절제 등의 업적이 재조명되었고, 최근 역사학자들은 그를 단순한 전쟁 영웅이 아닌, 민주주의의 기반을 확립하고자 했던 실용적 이상주의자로 평가하고 있다.

시작은 미약했으나 나중은 창대해진 발전하는 인간상을 보여준다.

한국과의 관계에서 조선이 변화하는 세계에 눈을 뜨고 보다 진취적으로 대응했었으면 좋았을 것이라는 아쉬움이 크다.

대통령 일화 7: 율리시스 그랜트

신미양요(1871년)

1871년, 율리시스 S. 그랜트 대통령 재임기 중 조선과 미국 사이에 일어난 신미양요는 미국의 아시아 확장 정책이 조선의 쇄국정책과 정면으로 충돌한 사건이었다. 이 충돌의 배경은 1866년 평양에서 벌어진 제너럴셔먼호 사건이다. 당시 미국 상선 제너럴셔먼호가 대동강으로 침입해 통상을 요구하였으나, 조선 조정은 선원을 모두 사살하고 배를 불태워 침몰시켰다. 이 사건은 미국 내에서 강한 반감을 불러일으켰다.

1871년, 미국은 아시아 함대 사령관 로저스 제독에게 조선 원정을 명령했다. 외교 사절단의 외양을 띠었지만, 그 목적은 조선 측의 사과와 통상 조약 체결, 그리고 제너럴셔먼호 사건의 진상 규명이었다. 로저스 제독이 이끄는 미 해군 함대는 1,230명의 해병대 병력과 85문의 대포를 실은 5척의 군함으로 일본 나가사키항을 출발하였다. 강화도 해역에 정박한 뒤, 조선과의 교섭을 시도했으나 조선 측은 이를 단호히 거부했다. 이어 미군의 수로 정찰 활동 중 조선군이 포격을 가했고, 이로 인해 무력 충돌이 발생하였다.

미군은 초지진, 덕진진, 광성보 등을 공격해 점령하고 조선군 240명을 사살했으며, 조선의 어재연 장군과 수비대는 분전하다가 옥쇄했다. 이 전투에서 미군도 3명의 전사자가 발생했지만, 전력 차이는 분명했다. 군사적으로는 미국의 일방적인 승리였지만, 조선은 끝까지 통상 조약 체결을 거부했고, 미국 역시 외교적 성과 없이 철수할 수밖에 없었다.

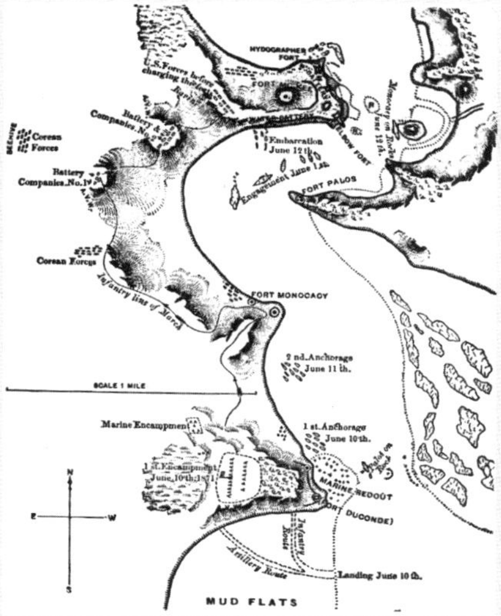

1871년 미국이 한국을 탐험할 당시 강화도에 있던
한국 요새를 나타낸 미국 지도
이 지도에는 강화도 전투에서 공격에 참여한 미국 해군 군함의
이름을 딴 모노카시, 팔로스 등의 요새가 묘사되어 있다.

신미양요는 결과적으로 조선의 쇄국정책을 더욱 강화시키는 계기가 되었으며, 이후 조선은 전국 각지에 서양과의 교류를 반대하는 '척화비(斥和碑)'를 세웠다. 반면 미국은 무력 개입의 한계를 인식하고 점차 외교적 접근으로 전략을 수정해 나갔다. 이 사건은 이후 1882년 조미수호통상조약이 체결되는 계기를 마련하는 전 단계로 작용했다.

한편 당시 강화도 수비 병력은 적탄에 사망한 인원 240명에 더하여 패전으로 100여 명이 바다에 투신하는 등 옥쇄하였다. 현장 수비 사령관은 종2품의 진무중군 어재연 장군인데 백의종군한 그의 동생 어재순과 함께 순절하였다. 강화도 광성보에 2022년 충장사를 건립하여 이들을 추모하고 있다.

19대 러더퍼드 B. 헤이스
(Rutherford B. Hayes)
1822~1893
타협의 대통령

러더퍼드 헤이스 대통령, 1877년

러더퍼드 B. 헤이스(1822~1893)는 미국의 제19대 대통령(1877~1881)으로, 남북전쟁 이후 복원기의 갈등을 완화하고, 연방정부의 개혁과 인종 문제 해결을 시도하였다. 정치적으로는 공화당 소속이었고, 청렴성과 합리적 중도주의를 강조했다. 1876년 대통령 선거에서 헤이스는 대중투표에서 패했지만, 1877년 타협(Compromise of 1877)으로 논란 끝에 대통령으로 취임했다. 이 타협으로 그는 남부의 재건을 사실상 종식시키고 연방군을 철수했다.

그의 행정부는 공직 임용의 능력주의, 인종 · 계층 평등, 공무원 개혁, 노동 문제 해결을 중시했으며, 1877년 철도 대파업 진압과 블랜드-앨리슨 법 거부권 행사, 서부 인디언에 대한 동화정책 등의 조치를 단행했다. 재선에는 나서지 않았고 퇴임 후 공공 봉사와 교육, 인권에 헌신했다.

1. 유복자의 건실한 성장

러더퍼드 B. 헤이스(Rutherford Birchard Hayes)는 오하이오주 델라웨어(Delaware, Ohio)에서 5남매 중 막내로 태어났다. 아버지 러더퍼드 헤이스 시

▌ 결혼식 날 러더퍼드와 루시 헤이스, 1852년

니어(1787~1822)는 그가 태어나기 두 달 전에 사망했고, 어머니 소피아 헤이스(1792~1866)는 재혼하지 않고 아들 러더퍼드와 딸 패니를 혼자 키웠다. 외삼촌인 소피아의 남동생 사디스 버처드(1801~1874)는 오랜 기간 가족과 함께 살며 조카 헤이스의 아버지 같은 존재가 되었고, 그의 조기 교육에 큰 영향을 주었다.

헤이스는 뉴잉글랜드 식민지 개척자의 후손으로, 부계는 스코틀랜드계였고 모계는 대부분 영국계였다. 조부모와 친척들도 미국 초기 이민자였으며, 그의 고모부 존 노이스는 의회 의원이었고, 사촌 존 험프리 노이스는 유토피아 공동체인 오나이다 커뮤니티의 창립자였다. 헤이스는 우수한 학생이었다. 오하이오와 코네티컷의 학교를 거쳐 1838년 케년 칼리지(Kenyon College)에 입학하여 학문적으로 두각을 나타냈고, 휘그당 정치에 관심을 갖게 되었다. 1842년에는 최고 우등(Summa Cum Laude)으로 졸업하고 하버드 법학대학원에 진학하여 1845년에 오하이오 변호사 자격을 취득하고 로어 샌더스키에 법률 사무소를 열었다.

초기에는 변호사로서 성공하지 못했으나, 삼촌의 도움으로 일부 소송을 맡으며 조금씩 기반을 다졌다. 멕시코-미국 전쟁 참전을 고려했으나, 1847년 건강이 악화되어 의사의 조언에 따라 뉴잉글랜드의 가족을 방문하며 요양했다. 그 후 삼촌과 함께 텍사스를 여행하고, 동급생이자 친척인 가이 브라이언을 만난 뒤 귀향했다. 그러나 여전히 일이 잘 풀리지 않자, 그는 더 나은 기회를 찾아 신시내티로 이주하게 된다.

신시내티에서 그는 부유한 상류층과 교류하며 명성을 쌓았고, 1852년 루시 웨어 웹(1832~1889)과 결혼했다. 루시는 학식과 신앙심이 깊은 여성으로, 후일 백악관에서 금주 운동과 여성 교육에 기여한다. 헤이스는 노예제에 반대하며 점차 공화당과 가까워졌고, 1850~1860년대에는 노예제 폐지론자들의 지지를 받았다. 남북전쟁이 발발하자 그는 북군에 자원입대했다.

2. 남북전쟁과 군 경력

러더퍼드 B. 헤이스는 남북전쟁(1861~1865)이 발발하자 강한 애국심과 도덕적 책임감을 가지고 자원입대하였다. 당시 그는 신시내티에서 성공적인 변호사로 활동하고 있었지만, 국가의 분열 위기 앞에서 자신의 경력을 뒤로 한 채 군복무의 길을 택했다. 그는 오하이오 제23 보병연대의 장교로 임관하며 북군에 합류했고, 곧이어 연대의 지휘관으로서 실전 경험을 쌓게 된다.

그는 전쟁 내내 전선을 지켰으며, 사우스마운틴 전투, 시더크릭 전투를 포함한 여러 격전에서 직접 전투를 지휘했다. 특히 사우스마운틴 전투에서는 다리와 팔에 심각한 부상을 입었지만 다시 복귀하여 부하들을 이끄는 투지를 보였다. 전쟁 기간 동안 그는 무려 다섯 차례나 부상을 입으며, 용맹하고 책임감 있는 지휘관으로서 명성을 쌓았다.

전쟁 후반, 그는 대령으로 복무했으며 그 공로를 인정받아 명예 준장(Brevet Brigadier General), 명예 소장(Brevet Major General)의 칭호도 수여받았다. 그의 동료 장교들 중에는 훗날 대통령이 되는 윌리엄 매킨리도 포함되어 있었으며, 이들과의 전우애는 정치적 동맹의 토대가 되었다. 그는 전쟁을 통해 리더십과 헌신을 증명했고, 이후 정치 무대에서도 '청렴한 군인'이자 '헌신적 애국자'라는 이미지를 바탕으로 대중의 신뢰를 얻을 수 있었다.

3. 오하이오 주지사와 대선 출마

1865년 하원의원에 당선된 헤이스는 연방 하원에서 짧게 일했으나 곧 오하이오 주지사 선거에 출마하여 당선되었다. 그는 1868년, 1870년 두 차례 재임하면서 공교육 확대, 세금 개혁, 철도 규제 등에 힘썼고, 전후 복원 과정에서 남부 출신 인사들과의 화해를 강조했다. 또한 흑인 시민권 보호에도 관심을 가졌지만, 당대의 인종적 한계 속에서 이상과 현실 사이의 조율에 고심했다. 1875년에는 다시 주지사로 선출되었으며, 이때 그의 실용적이고 중도적인 정치 노선은 공화당 내 주요 지도자들의 주목을 받게 된다.

러더퍼드 B. 헤이스의 대통령 당선은 미국 역사상 가장 논란이 많았던 1876년 대선의 결과였다. 선거 직후 민주당 후보 새뮤얼 J. 틸던은 과반에 단 1표가 모자란 184명의 선거인단을 확보한 것으로 보였고, 헤이스는 165~166표를 얻은 것으로 나타났다. 그러나 플로리다, 루이지애나, 사우스캐롤라이나 세 주의 선거 결과 총 19표가 불확실했고, 오리건에서도 헤이스 측 선거인 1명이 실격되며 분쟁 표는 총 20표로 늘어났다.

공화당과 민주당은 각각 이들 주에서 승리를 주장하며 대치했고, 의회는 어느 쪽이 최종 결정을 내릴 권한을 가지는지조차 합의하지 못했다. 이에 따라 1877년 1월, 양당과 그랜트 대통령은 양당 선거관리위원회(Electoral Commission)를 구성하기로 합의했다. 위원회는 하원의원, 상원의원, 대법관 각

5명씩 총 15명으로 구성되었고, 당초 중립적 인물로 기대되던 데이비드 데이비스 판사가 위원회 참여를 거부하면서 대신 공화당 성향의 조셉 브래들리 판사가 들어가게 되었다.

위원회는 결국 8 대 7로 분쟁 중인 20표를 모두 헤이스에게 주기로 결정했고, 3월 2일 새벽, 의회는 헤이스가 185 대 184로 대통령에 당선되었음을 공식 발표했다. 이 과정에서 '1877년 타협(Compromise of 1877)'이 함께 이루어졌다.

4. 재건기 종결과 개혁

러더퍼드 헤이스는 1877년 대통령으로 취임하면서, 남부에서 연방군을 철수하고 백인 민주당 주정부 수립을 허용하겠다는 약속을 이행함으로써 재건(Reconstruction)를 사실상 마무리했다. 그는 취임 직후 사우스캐롤라이나와 루이지애나에 주둔한 연방군을 철수시켰고, 이에 따라 남북 간의 정치적 갈등은 일단락되었으며 전국적인 정치 안정이 확보되었다.

그러나 이러한 '1877년 타협'은 해방된 흑인들과 남부 흑인 유권자들의 권리를 연방정부가 더 이상 보호하지 않겠다는 의미이기도 했다. 그 결과, 남부는 다시 백인 우월주의적 질서 아래 놓이게 되었고, 흑인 시민의 참정권과 사회적 지위는 급격히 후퇴했다.

이 결정은 한편으로는 평화적 정권 이양과 정치적 통합을 이끌었지만, 다른 한편으로는 인종 평등의 진전을 심각하게 후퇴시키는 역사적 전환점으로 평가되며, 오늘날까지도 미국 역사 속 중요한 교훈으로 남아 있다.

내정에서는 공직개혁을 핵심 과제로 삼았다. 엽관제와 정치적 부패가 만연하던 시대에 헤이스는 능력과 자격에 기반한 인사 원칙을 주장하며 관료제의 청렴성을 회복하려 노력했다. 특히 뉴욕 세관장 임명을 둘러싸고 공화당 내

헤이스가 체스터 아서를 뉴욕 세관에서 쫓아내는 만화,
퍽 잡지, 1881년 10월 19일

보수파와 충돌했지만, 개혁 성향의 인사를 고수하며 원칙을 지켰다. 이는 훗날 펜들턴 공직개혁법 제정의 기반이 되었다.

노동과 산업 문제에 있어서는 1877년 대철도파업과 같은 격렬한 사회 갈등에 군대를 동원해 질서를 유지했으나, 동시에 노동자 처우 개선의 필요성도 인식했다. 경제 정책 면에서는 금본위제 복귀를 지지하여 전쟁 이후 불안정했던 통화 체계를 안정시키고 국제 신용 회복에 기여했다. 아울러 그는 중국계 이민자에 대한 차별적 제한 법안에 거부권을 행사함으로써, 조약의 신의와 법적 정당성을 강조했다.

외교 정책은 실용주의와 평화주의를 바탕으로 비교적 조용히 추진되었다. 그는 중남미 및 태평양 지역과의 무역과 외교 관계 강화를 모색하며, 특히 파나마 운하 건설 가능성에 관심을 가졌다. 유럽 열강과의 충돌은 피하면서도 미국의 영향력 확대를 위한 전략적 기반을 조심스럽게 다져나갔다. 헤이스는 정치적 양극화와 구조적 부패, 사회 불안을 해결하는 중도적이고 점진적인 개혁을 추진했다.

5. 시민사회 운동가

헤이스는 재선에 나서지 않겠다는 약속을 지키고 1881년 정계에서 은퇴했다. 이후 그는 교육, 흑인 권리, 교도소 개혁, 금주 운동 등 시민사회 운동에 적극적으로 참여했다. 특히 흑인 교육에 관심이 많아, 북부의 흑인 교육기관인 튜스키기 연구소 등을 후원했으며, '교육이야말로 인종차별의 벽을 허무는 열쇠'라고 강조했다. 그는 또한 카네기 재단, 슬레이터 재단 등과 협력하여 남부의 흑인 교육 환경 개선에 헌신했다.

1880년대 후반, 그는 종종 공공 강연에 나서 청렴한 정치, 도덕적 지도력, 평등의 가치를 설파했다. 가족과 함께 오하이오 프리몬트의 스피겔 그로브(Spiegel Grove) 자택에서 여생을 보내다 1893년 심장질환으로 별세했다.

6. 큰 후퇴와 실용주의

헤이스의 재임은 격변기의 미국 사회에서 중도적 안정과 점진적 개혁을 추구한 시기로 평가된다. 1877년 타협으로 인해 흑인 인권 후퇴라는 비판도 있지만, 공직개혁과 청렴성 강화, 교육 및 인권에 대한 지속적 관심은 오늘날까지도 긍정적으로 회자된다. 그는 권력보다는 원칙을 중시했고, 강한 지도자보다는 정직하고 일관된 조정자로서의 면모를 보였다.

역사학자들은 헤이스를 "전환기의 대통령"으로 보며, 재임기간 중 실용주의와 도덕성, 개혁적 태도를 조화시킨 점을 높이 평가한다. 오늘날 그는 격렬한 대선 논란을 극복하고 정권 이양을 평화롭게 이끈 인물, 그리고 권력을 내려놓은 후에도 사회 정의에 헌신한 지도자로 기억된다.

러더퍼드 B. 헤이스는 정치적 통합과 공직개혁을 추구한 청렴한 지도자로, 복원기의 혼란을 수습하였다.

그러나 '1877년 타협'으로 흑인 인권 보호가 후퇴한 것은 아쉽다.

20대 제임스 A. 가필드
(James Abram Garfield)
1831~1881
암살된 지식인 개혁가

제임스 가필드 대통령, 1881년

제임스 A. 가필드(1831~1881)는 미국 제20대 대통령으로, 1881년 3월 취임 후 6개월 만에 암살된 비운의 정치인이다. 가난한 농가 출신으로 윌리엄스 칼리지를 우등 졸업하고 설교자, 변호사, 교육자로 활동했으며, 남북전쟁 중 북군 소장으로 복무했다. 이후 9선 하원의원으로 재직하며 금본위제와 흑인 민권을 지지했고, 수학에 재능을 보여 피타고라스 정리에 대한 독자적 증명도 남겼다. 1880년 공화당 전당대회에서 타협 후보로 지명돼 대통령에 당선되었으며, 공직개혁과 대통령 인사권 강화를 추진했다. 7월 찰스 귀토에게 총격을 받고 9월 감염으로 사망했다. 짧은 재임에도 불구하고 반부패와 민권 옹호로 긍정적 평가를 받는다.

1. 자수성가한 고학생

제임스 에이브럼 가필드는 1831년 11월 19일 오하이오주 오렌지 타운십(현재의 모어랜드 힐즈)에서 태어났다. 그는 다섯 자녀 중 막내로 태어났으며, 가난한 개척 농가에서 자랐다. 두 살이 되던 해, 아버지 에이브럼 가필드(1799?~1833)

16세의 가필드, 1847년경

가 갑작스러운 병으로 세상을 떠나면서 가족은 극심한 경제적 어려움에 직면했다. 홀어머니 엘리자 발로우(1801~1888)는 독실한 기독교 신앙과 강인한 인내심으로 가족을 지탱하며, 아들 제임스를 신앙심 깊고 근면한 인물로 양육했다. 가필드는 어릴 적부터 고된 육체노동에 익숙해졌고, 종종 형들에게 "나는 형들보다 힘이 약하고 작지만, 언젠가는 위대한 일을 해낼 것"이라고 말하곤 했다.

가필드는 어려운 가정 형편 속에서도 학문에 대한 강한 열망을 품고 있었고, 이를 이루기 위해 다양한 일을 하며 교육비를 마련했다. 십 대 시절에는 목수의 조수, 농장 인부, 마차 마부, 그리고 오하이오 운하에서 짐을 나르는 선박 인부로 일했다. 특히 운하에서의 경험은 그의 생애에서 중요한 전환점이 되었는데, 강풍에 휘말려 거의 익사할 뻔한 경험 이후, 그는 지식인의 삶을 추구하겠다는 결심을 굳히게 된다. 이후 그는 스스로 책을 구해 읽으며 독학을 했고, 근처 공립학교를 다니며 정규교육을 받았다.

1851년, 그는 기독교 복음주의 교단인 디사이플스 교회의 지원 아래 히람 인스티튜트(현재의 히람 칼리지)에 입학했다. 가필드는 학업에 전념하는 동시에 조교로 학비를 충당했다. 라틴어, 그리스어, 수학, 논리학, 수사학 등에서 탁월한 성과를 보였으며, 학생들 사이에서는 진지하고 도덕적인 인물로 존경받았다. 그는 학문을 인격과 신앙을 연마하는 과정으로 여겼으며, 종종 교내 예배에서 설교를 맡기도 했다.

가필드는 매사추세츠주의 명문대학인 윌리엄스 칼리지(Williams College)로 편입했고, 1854년 입학 후 2년 만인 1856년에 우등으로 졸업했다. 이곳에서도 그는 고전문학과 철학에 대한 깊은 이해, 토론과 연설 능력, 그리고 강한 윤리의식으로 교수와 동료들의 높은 평가를 받았다.

2. 교육자 정치인

윌리엄스 칼리지를 우등으로 졸업한 가필드는 1856년 오하이오로 돌아와 히람 인스티튜트에서 교수와 행정가로 활동했고, 곧 학장으로 임명되었다. 젊고 유능한 교육자로서 그는 기독교 윤리에 바탕을 둔 교육에 헌신하며 지역사회에서 존경을 받았다. 이 시기 그는 지역 교회에서 설교를 하기도 했고, 디사이플스 교단의 열성 신자로서 신앙과 교육을 결합한 삶을 추구했다.

1859년, 그는 오하이오주 상원의원에 당선되며 정치에 입문했다. 주의회에서는 공교육 확대, 노예제 반대, 철도 개선 등 진보적 의제를 지지했고, 점차 공화당 내에서 개혁 성향의 인물로 주목받기 시작했다. 이 시기 그는 변호사 자격도 취득해 법률 실무 경험을 쌓았으며, 정치와 법, 교육의 융합을 지향하는 공직자로 성장해 나갔다.

한편, 가필드는 1858년 루크레샤 루돌프(1832~1918)와 결혼했다. 두 사람은 히람에서 학창 시절부터 알고 지낸 사이였으며, 신앙과 학문을 공유하는 지적 동반자였다. 루크레샤는 조용하고 내성적인 성격이었으나, 교육받은 여성으로서 남편의 경력과 가정 모두에서 중요한 조언자 역할을 했다. 이들은 5명의 자녀를 두었고, 부부는 서로를 깊이 신뢰하며 공적·사적 삶을 함께 꾸려나갔다.

3. 남북전쟁과 군 경력

제임스 A. 가필드는 남북전쟁 발발 직후인 1861년, 북군에 자원입대하며 군 경력을 시작했다. 그는 오하이오주의 충성심 높은 공화당 정치인으로서, 링컨 행정부의 연방 보존과 노예제 반대에 깊이 공감하고 있었다. 그는 오하이오주 민병대를 기반으로 한 제42 오하이오 자원 보병연대를 조직했으며, 대령으로 임관해 그 지휘를 맡았다. 당시 그는 뛰어난 조직력과 리더십, 학문적 지식을 바탕으로 신속하게 병사들의 신뢰를 얻었다.

가필드의 첫 실전은 1862년 1월 켄터키 동부에서 벌어진 미들크릭 전투(Battle of Middle Creek)였다. 이 전투에서 그는 수적으로 우세한 남군을 상대로 전략적인 고지 점령과 기민한 기동으로 승리를 거두었다. 특히 이 승리는 켄터키 동부를 확보하는 데 결정적인 역할을 했으며, 그의 능력을 인정한 북군은 곧 그를 준장(Brigadier General)으로 진급시켰다.

이후 가필드는 테네시와 미시시피 전선에서 복무하며 여러 전투를 수행했다. 그는 철도 및 병참로 확보, 지역 내 반란 진압, 군수 보급선 보호 등의 임무를 맡았으며, 민간인들과의 관계에서도 원칙을 지키며 도덕적 지휘관으로 평가받았다. 1863년에는 소장(Major General)으로 진급했으며, 북군 전략 회의에도 참여하는 등 작전 기획과 행정 능력을 겸비한 장교로 자리매김했다.

하지만 그해 오하이오 제19선거구에서 연방 하원의원으로 선출되었고, 당시 에이브러햄 링컨 대통령은 가필드의 정치적 자질과 군내 명성을 고려해 그가 의회로 복귀할 것을 요청했다. 이에 따라 1863년 말부터 워싱턴 D.C.에서 입법 활동을 시작했다.

그는 전장에서의 명성을 발판으로 정계에서 더욱 주목받게 되었으며, "학자이자 장군, 애국자"라는 이미지로 이후 정치적 입지를 강화했다.

4. 연방 하원의원에서 대통령 후보로

가필드는 1863년 연방 하원의원으로 선출되면서 군을 떠나 이후 17년간(1863~1880) 연속으로 9선에 성공하며 하원의 중심인물로 성장했다. 그는 공화당 소속으로 급진적 공화당원들(Radical Republicans)과 협력하면서 남부에 대한 엄정한 재건정책과 흑인 시민권 보장을 강력히 지지했다. 동시에 그는 남부를 무조건적으로 응징하기보다는 국가 통합을 위한 점진적 융합을 강조하며, 민권과 법치주의를 기반으로 한 새로운 질서 수립을 추구했다.

하원 재임 중 그는 조세, 금융, 군사, 교육 등 다양한 분야에서 활약했다. 특히 하원 세입위원회와 군사위원회에서 중심적인 역할을 하며 경제 안정화와 군 축소, 금본위제 지지, 균형 예산 정책 등을 주장했다. 그는 타협보다는 원칙을 중시하는 성향으로, 부정부패에 대해선 철저하게 비판적 입장을 취했다. 또한, 높은 학식과 설득력 있는 웅변술로 동료 의원들과 언론의 주목을 받았고, '하원의 학자'로 불리기도 했다.

1872년에는 신용 모빌리어 스캔들(Crédit Mobilier scandal)에 일부 연루되었다는 의혹을 받았으나, 관련 증거가 부족했고 그의 명성에 큰 타격은 없었다. 이후 그는 공화당 내에서 점차 중심 세력으로 부상했고, 당내 개혁파와 전통파 사이에서 균형을 맞추는 중도적 인물로 주목받았다. 특히 그는 1870년대 후반 제도 개혁과 관료제 정비에 관심을 보이며, 관직 임명에 있어 정치적 보은보다는 능력 중심의 인사 원칙을 주장했다.

THE APPOMATTOX OF THE THIRD TERMERS—UNCONDITIONAL SURRENDER.

그랜트의 지명 실패 이후, 애퍼매틱스에서 로버트 E. 리가 그랜트에게 항복했던 장면을 풍자하여, 그랜트가 가필드에게 자신의 검을 넘겨주는 모습으로 묘사했다.
퍽 잡지, 1880년 6월 16일

1880년에는 오하이오주 상원에서 연방 상원의원으로 선출되었으나, 그는 상원의원 취임 전에 예상치 못한 방향으로 더 큰 정치적 기회를 맞게 된다. 1880년 공화당 전당대회에서 유력 후보들(율리시스 그랜트, 제임스 G. 블레인, 존 셔먼) 간의 극심한 대립으로 지명이 교착상태에 빠지자, 가필드는 중립적이면서도 개혁적이며, 당내 여러 계파의 지지를 고루 받을 수 있는 인물로 부상했다. 그는 후보로 나설 의사가 없었음에도 불구하고, 36차 투표에서 돌풍을 일으키며 극적으로 대통령 후보로 지명되었다. 그의 부통령 후보는 체스터 A. 아서였으며, 민주당의 윈필드 스콧 핸콕 장군과 맞붙었다. 대선은 매우 치열했으나, 가필드는 소폭 차이로 승리하며 제20대 대통령에 당선되었다.

5. 6개월의 대통령 재임과 암살

제임스 A. 가필드는 1881년 3월 미국 제20대 대통령으로 취임했다. 재임은 약 6개월로 매우 짧았으나, 그는 대통령직을 통해 분명한 개혁 방향을 제시하고자 했다. 특히 국내 정치에서는 정실주의 엽관제를 타파하고, 능력 기반의 공직 임명 제도 확립에 주력했다. 당시 공화당 내 강경파 '스털워트(Stalwarts)'는 연방정부 관직을 정치적 영향력 수단으로 삼고 있었으며, 가필드는 이들의 대표 인물인 로스코 콘클링 상원의원과 정면으로 충돌했다.

대표적 사례는 뉴욕 세관장 인사였다. 콘클링은 자신의 측근 유지를 요구했지만, 가필드는 이를 거부하고 개혁 성향의 인물을 임명했다. 콘클링과 동료 상원의원이 항의성 사임을 했으나, 가필드는 이들의 재선 저지를 주도하며 대통령 권한을 확고히 했다. 이는 대통령의 독립성과 공직개혁 필요성을 국민에게 각인시켰고, 훗날 1883년 펜들턴 공직개혁법 제정의 계기가 되었다.

가필드는 또한 남북 갈등 해소와 흑인 권리 신장을 중요한 과제로 삼았다. 남부 온건파를 행정부에 포함시키고 흑인 교육 및 문맹 퇴치에 관심을 보이며 민권 노선을 강화하고자 했으나, 정책은 본격적으로 추진되기 전 암살로 중단되었다.

외교면에서는 상업과 해군력 확장에 관심을 기울였다. 라틴아메리카와의 무역 확대, 파나마 운하 예정지 통제, 해군 현대화를 추구했고, 철제 증기선 도입 및 함대 확장에 의지를 보였다. 이는 미국 해양 강국화의 초석으로 평가된다. 또한 유럽 열강의 중남미 개입을 견제하려는 먼로주의 강화 의지도 보였으나, 역시 그의 사망으로 실현되지는 못했다.

1881년 7월 2일, 연방 관직을 요구하던 정신 이상자 찰스 기토의 총격을 받고 중상을 입은 그는 80일간 고통 속에 투병하다 9월 19일 사망했다. 그의 죽음은 미국 사회에 충격을 주었고, 공직 부패와 정치권력 남용의 위험성을 부각시켰다. 이후 여론은 개혁을 요구했고, 체스터 A. 아서 대통령과 의회는 1883년 펜들턴 공직개혁법을 제정하게 된다.

가필드는 총격 이후에도 두 달 넘게 생명을 유지했으나, 당시 열악한 의료 환경과 비위생적인 수술 탓에 상태가 악화되었다. 그의 복부에 박힌 총알은 제거되지 못했고, 의료진의 손으로 감염을 유발한 결과 패혈증과 합병증으로

1881년 9월 19일 뉴저지 롱브랜치에서 사망했다. 향년 49세였다.

그의 죽음은 당시 의학계에 큰 반성과 개혁을 촉진시켰으며, 무엇보다 연방 공무원 제도의 개혁을 촉진하는 계기가 되었다. 이듬해인 1883년, 체스터 아서 대통령하에서 펜들턴 공직개혁법이 제정되었다.

6. 탁월한 개혁 청사진과 미완의 리더십

가필드는 미국 역사상 재임기간이 가장 짧은 대통령 중 한 명이다. 그러나 짧은 임기 동안 보여준 그의 개혁 의지, 청렴성, 지적 역량은 높은 평가를 받는다. 그는 강한 윤리관을 지닌 정치가로서, 부패한 당 조직에 맞서 싸운 드문 인물로 기억된다.

그의 죽음은 미국인들에게 정치권력과 개인적 야망의 위험성, 의료 개혁의 필요성을 일깨웠다. 그의 기념비는 오하이오주 클리블랜드에 위치한 레이크뷰 묘지(Lake View Cemetery)에 세워져 있으며, 이는 미국 대통령 묘 중에서도 가장 웅장한 건축물로 꼽힌다.

오늘날 역사가들은 그가 완전한 임기를 마쳤다면 교육개혁, 인종 화해, 공직윤리 정착 등 다양한 분야에서 깊은 족적을 남겼을 것이라 평가한다. 그의 생애는 미국 역사에서 '가능성의 상징'으로 남아 있으며, 빈곤과 시련을 극복하고 최고 권력의 자리에 오른 인물로 기억된다.

제임스 A. 가필드는 원칙과 개혁을 중시한 지식인 대통령으로, 정실주의 타파와 민권 옹호에 앞장섰다.

총성으로 끝난 짧은 재임에도 불구하고 청렴성과 책임감 있는 리더십이 빛난다.

21대 체스터 A. 아서(Chester Alan Arthur) 1829~1886 의외의 개혁 대통령

체스터 A. 아서 대통령, 1882년

체스터 앨런 아서(1829~1886)는 미국의 제21대 대통령(1881~1885)으로, 제임스 A. 가필드 대통령의 부통령이었으나 가필드가 암살당한 후 1881년 대통령직을 승계했다. 뉴욕의 정치 조직 출신으로 정실주의의 상징처럼 여겨졌지만, 대통령이 된 후에는 독립적인 행보를 보이며 개혁적인 대통령으로 변모했다.

그는 공무원 제도를 경쟁시험 기반으로 개혁한 펜들턴 공직개혁법에 서명하여 행정의 전문성과 청렴성을 강화했고, 해군 현대화를 추진하며 미국의 해상력을 증대시켰다. 또한 중국인 이민을 제한한 중국인 배제법에 서명하는 등 당대 여론과 타협한 정책도 시행했다.

건강 악화로 재선 도전을 포기한 그는 1885년 퇴임하고 이듬해 사망했다.

1. 출생과 초기 생애

체스터 앨런 아서(Chester Alan Arthur)는 1829년 10월 5일, 미국 버몬트주 페어필드(Fairfield, Vermont)에서 8남매 중 둘째로 태어났으나 첫째가 어려서 사망했다. 그의 아버지 윌리엄 아서(1796?~1875)는 아일랜드 태생의 침례교 목사로, 여러 교회를 옮겨 다니며 설교 활동을 했으며, 어머니 말비나 스톤(1802~1869)은 미국인으로, 교육과 도덕을 중시하는 가정 분위기에서 자녀들을 양육했다. 아서 가족은 뉴욕주 북부로 이주했고, 체스터는 뉴욕주 스케넥터디의 유니언 칼리지(Union College)에 진학하여 1848년에 졸업하였다.

대학 졸업 후 아서는 교사로 일하다가 뉴욕시에서 법률을 공부하고 1854년 변호사 자격을 취득했다. 그는 흑인 여성의 노예 송환을 막기 위해 소송을 제기했던 '레뮤얼 세라노 사건'을 통해 대중적 명성을 얻게 되며, 법적 인권 수호자라는 평판을 얻었다. 그러나 이후 그는 정치 조직에 깊이 관여하며 기회주의적인 정치 행보를 보였다.

체스터 A. 아서는 1859년 엘런 루이스 헤런(1837~1880)과 결혼했다. 엘런은 버지니아 출신의 남부 명문가 여성이자 음악적 재능을 갖춘 인물로, 뉴욕 사교계에서 활동하며 아서와 인연을 맺었다. 두 사람 사이에는 3명의 자녀가 있었지만 2명은 어려서 세상을 떠났다. 아내 엘런은 아서가 부통령이 되기 직전인 1880년 폐렴으로 갑작스럽게 사망했고, 아서는 이후 재혼하지 않은 채 그녀를 평생 그리워했다. 백악관에 아내의 초상화를 걸고 매일 꽃을 바치며 그 사랑을 간직했다.

2. 공직 경력과 정치적 부상

남북전쟁 발발 이후 아서는 뉴욕주의 군수 담당관으로 활동하며 군수물자 공급을 총괄했고, 이후 에이브러햄 링컨 대통령에 의해 뉴욕 세관의 부관장(Deputy Collector)으로 임명되었다. 1871년에는 뉴욕 세관장(Collector of the Port of New York)으로 승진하였는데, 이 자리는 미국 내에서 가장 수익이 많고 정치적으로 민감한 공직 중 하나였다.

이 시기 그는 뉴욕 공화당의 정치 조직인 '스털워트(Stalwart)' 파벌의 핵심 인물이었으며, 상원의원 로스코 콘클링의 후원으로 자리 잡았다. 그러나 그는 관세청을 정치적 후원자에게 관직을 나누어 주는 엽관제(Spoils System)의 중심지로 만들었다는 비판을 받았으며, 행정 개혁을 추진하던 러더퍼드 헤이스 대통령에 의해 1878년 해임되었다.

1880년 공화당 전당대회에서는 당내 분열로 인해 타협의 산물로 제임스 A. 가필드가 대통령 후보로 지명되었고, 균형을 위해 콘클링 진영의 아서가 부통령 후보로 지명되었다. 가필드-아서 티켓은 승리하였지만, 가필드 대통령은 취임 4개월 만에 괴한에게 저격당했고, 수개월의 투병 끝에 1881년 9월 19일 사망했다. 다음 날 아서는 뉴욕 자택에서 조용히 대통령직을 승계했고, 9월 22일 워싱턴에서 공식 취임식을 치렀다.

3. 세간의 인식과 다른 개혁적 행보

아서의 대통령직 승계는 당초 많은 우려를 낳았다. 그가 뉴욕의 정치 브로커이자 조직 정치의 화신으로 알려졌기 때문이다. 뉴욕 타임스는 그를 '공공의 신뢰를 파괴한 자'라고 평하기도 했다. 그러나 아서는 대통령직에 오르자 예상과 달리 독립적이고 절제된 태도를 보였고, 정치적 후견인인 콘클링과도 거리를 두었다. 이는 행정부의 독립성과 품위를 지키려는 노력이었다.

아서의 최대 업적은 공무원 제도 개혁이었다. 대통령이 되기 전까지 아서는 전형적인 엽관제(Spoils System)의 수혜자였지만, 대통령으로서 그는 정반대 방향으로 움직였다. 1883년 1월, 상원은 「펜들턴 공직개혁법(Pendleton Civil Service Reform Act, 1883)」을 통과시켰고, 아서는 즉각 서명하여 이를 시행에 옮졌다. 이 법은 연방 공직 중 일정 비율(초기 10%)을 경쟁 시험제도를 통해 선발하고 공직자의 정치적 활동을 금지하며 공무원의 신분을 보장한다는 내용을 담고 있었다. 아서는 이를 적극 시행하였고, 미국의 현대 공무원 제도의 초석을 마련하였다.

아서는 국방력 강화를 위해 해군 현대화를 추진했다. 남북전쟁 이후 쇠퇴한 해군력은 국가 안보의 위협 요소였고, 이에 따라 아서는 철갑함 대신 강철 전함 건조를 승인하고 관련 예산을 확보했다. 이 계획은 후임 대통령 시대에 더욱 확대되며 해양 강국화의 기반이 되었다. 이른바 '신해군(New Navy)' 운동의 출발점이었다.

아서는 보호무역주의적 입장을 견지하면서도 관세율 인하 필요성을 인식했다. 1882년 그는 관세 위원회(Tariff Commission)를 구성하고 관세 개혁을 추진했지만, 당시 의회는 실질적인 개혁에는 소극적이었다. 결국 1883년에 타협된 관세법이 통과되었고, 관세는 평균 10~15% 정도 인하되었으나 개혁의 폭은 기대에 미치지 못했다.

아서는 인디언 통합을 위한 정책의 일환으로 도스법(Dawes Act)의 논의 기반을 마련했다. 도스법(Dawes Act)은 미국 연방정부가 원주민 부족의 공동 토지를 개인별로 분할 배분하여 미국식 농업사회에 동화시키려 했던 1887년의 동화정책 법안이다. 그러나 이 법은 원주민의 공동체와 문화, 토지를 파괴하고 백인 정착민에게 유리하게 작용했으며, 훗날 미국 역사에서 원주민 억압의 대표적인 법률로 평가된다. 또, 서부 개척을 장려하고 사기 분양 방지를 위해 토지 사기 규제를 강화했다.

대통령 재임 중 아서는 미국 대법원에 2명의 대법관을 임명하였다. 첫 번째는 매사추세츠 고등법원의 존경받는 법학자 호레이스 그레이였으며, 그는 1902년까지 재직했다. 두 번째 공석은 워드 헌트의 은퇴로 생겼고, 아서는 처음에 로스코 콘클링을 지명했으나 콘클링은 이를 거절했다. 이후 그는 사무엘

▎ 중국인의 배제를 비판하는 정치 만화, 1882년

블래치포드를 지명했고, 블래치포드는 1893년 사망할 때까지 근무했다.

1882년 의회는 중국인 노동자의 미국 이민을 10년간 금지하는 「중국인 배척법(Chinese Exclusion Act, 1882)」을 통과시켰고, 아서는 처음에는 거부권을 행사했다. 그러나 강력한 반중 정서와 의회의 압력에 밀려 수정된 법안에는 서명하였다. 이는 미국 역사상 최초의 인종 · 출신 국가를 근거로 한 이민 금지법이자, 이후 미국 이민정책에서 차별적 기준을 정착시키는 선례가 되었다.

아서는 미국이 중남미 지역에서 외교적 영향력을 확대하는 데 관심을 가졌다. 그는 범미주의(Pan-Americanism)를 지지하며, 미주국가 간 협력 회의 개최를 제안했지만 실제 성사는 후임 대통령 체스터 클리블랜드 시기로 넘어갔다.

캐나다와의 국경 지역에서의 어업 분쟁을 해결하기 위해 아서는 영국과 협상하여 해양 중립 수역을 설정하고 어업 협정 체결을 시도했으나, 이 역시 상원의 비준을 얻지 못하여 성사되지 않았다.

4. 건강 악화와 사망

아서 대통령은 재임 중 브라이트병(Bright's Disease)으로 알려진 만성 신장 질환을 앓았다. 병세는 점점 악화되었고, 그는 대통령의 직무를 수행하는 데 어려움을 겪었지만 이를 국민에게 알리지 않았다. 그러나 1883년 무렵 그의 병세는 외모와 건강 상태를 통해 알려지기 시작했고, 그는 워싱턴을 떠나 요양과 회복을 위한 여행에 나섰고 여행은 결과적으로 그의 건강에 도움이 되었다.

1884년 대선을 앞두고 아서는 재출마를 검토했으나 공화당 내에서 확고한 지지를 얻지 못했고 제임스 G. 블레인이 후보로 지명되었다. 블레인은 그해 11월 민주당 후보 그로버 클리블랜드에게 패배하였다.

1885년 퇴임 후 아서는 뉴욕시로 돌아가 변호사 업무에 복귀했지만, 건강 악화로 인해 활동은 제한적이었다. 1886년 여름을 코네티컷에서 보낸 후, 그는 자택으로 돌아왔고 점점 병세가 악화되었다. 11월 16일, 그는 자신의 개인 서류와 공식 문서 대부분을 불태우라고 지시했으며, 다음 날 뇌출혈로 의식을 잃었다. 1886년 11월 18일, 그는 57세의 나이로 사망하였다.

그의 장례식은 뉴욕시의 천상의 안식처 교회에서 비공개로 치러졌고, 대통령 클리블랜드와 전직 대통령 헤이스 등 저명인사들이 참석했다. 아서는 뉴욕주 알바니 외곽 메넌즈의 공동묘지에 안장되었으며, 그의 아내 곁에 묻혔다. 아서는 퇴임 후 불과 1년 반 만에 세상을 떠나 제임스 K. 포크에 이어 대통령 퇴임 후 생존 기간이 두 번째로 짧았던 대통령이 되었다. 그러나 그의 말년은 품위 있었으며, 정치를 떠나 조용한 생애를 마감했다.

5. 의외의 개혁 대통령

체스터 앨런 아서는 당초 뉴욕의 정치 조직 출신으로 정실주의의 상징처럼 여겨졌지만, 대통령이 된 후에는 예상을 깨고 독립적이고 개혁적인 행보를 보였다. 그의 가장 큰 업적은 1883년「펜들턴 공무원 개혁법」에 서명하여 공무원 채용을 시험과 자격 중심으로 바꾼 것이며, 이는 미국 행정제도의 근간을 세운 개혁으로 평가받는다. 또한 그는 해군의 현대화를 추진해 강철 군함 건조를 시작했고, 이후 미국 해양 대국의 기초를 마련했다. 외교적으로는 중국인 이민을 제한하는「중국인 배제법」에 서명하는 등 여론과 타협적인 태도를 보이기도 했다. 퇴임한 그는 재임 중 품위 있고 신중한 통치로 동시대인들의 존경을 받았으며, 후대에는 예상보다 더 개혁적인 대통령으로 재평가되고 있다.

그의 이름을 딴 동상과 기념비는 뉴욕 등지에 남아 있으며, 역사가들은 그의 대통령 임기를 '품위 있는 통치와 개혁의 시대'로 평가하고 있다. 현재 그는 뉴욕의 올버니 공동묘지에 안장되어 있다.

자리가 사람을 만든다는 말이 있다.

대통령이 되기 전의 아서는 부패 집단의 두목이었으나 대통령이 되어서는 개혁 시스템을 근본적으로 확립하였다.

괄목상대할 만하다.

대통령 일화 8: 체스터 A. 아서

「펜들턴 공무원 개혁법」

체스터 A. 아서 대통령이 「펜들턴 공무원 개혁법(Pendleton Civil Service Reform Act)」을 지지하고 서명하게 된 과정은, 그의 정치적 배경과 대비되며 미국 정치사에서 하나의 전환점이 된 사건이다.

아서는 원래 뉴욕 정치 조직의 핵심 인물이었다. 그는 관직을 정치적 후원자들에게 나누어 주는 '엽관제'의 수혜자이자 실천자였다. 뉴욕항의 세관장 시절, 그는 상원의원 로스코 콘클링의 후원 아래 충성심 있는 인물들에게 관직을 배분하며 정계에서 입지를 다졌다. 때문에 아서가 대통령이 되었을 때, 언론과 개혁 진영은 그가 절대 행정 개혁에는 나서지 않을 것이라고 확신했다.

하지만 상황은 뜻밖의 방향으로 흘러갔다. 1881년, 대통령이었던 제임스 A. 가필드는 관직을 요구하다 거절당한 인물의 총에 암살당했다. 이 사건은 미국 사회에 충격을 안겼고, 정실주의가 낳은 비극이라는 여론이 급속히 퍼졌다. 공직을 개인적 보답이나 정치적 수단으로 사용하는 엽관 체계에 대한 불신이 커졌고, 개혁을 요구하는 목소리는 점점 높아졌다.

그 중심에, 이제 막 대통령직을 승계한 체스터 아서가 있었다. 아서는 정치적으로도, 도덕적으로도 압박을 느꼈다. 많은 이들이 그가 가필드의 개혁 노선을 물리칠 것이라 예상했지만, 아서는 조용히, 그리고 점차 태도를 바꾸기 시작했다.

1882년 말, 오하이오주 상원의원 조지 펜들턴이 제출한 공직개혁 법안이 의회를 통과하자, 아서는 이 법안에 망설임 없이 서명했다. 이는 공무원 채용에 능력 기반 시험을 도입하고, 정권이 바뀌더라도 공무원의 자리를 보장하는 제도였다. 아서는 그 시행을 위해 독립적인 인사위원회(Civil Service Commission)를 설치하고 관련 예산을 집행하며 실질적인 개혁의 기반을 닦았다. 이를 통하여 정무직은 대통령이 지명하지만 청문 절차 등을 거치고 일반직은 시험과 규정에 따른 채용으로 이원화되었다.

당시 언론과 대중은 놀라움을 감추지 못했다. 엽관제에 충실했던 인물이 대통령이 되자 가장 상징적인 개혁 조치를 취한 것이다. 결국 체스터 아서의 「펜들턴법」 서명은, '정치 조직의 산물'이 '국가 행정의 개혁자'가 되는 드문 전환을 상징하는 장면이 되었다. 그 법안은, 미국이 능력주의에 입각한 공무원 제도로 나아가는 첫걸음이 되었고, 아서는 그 조용한 변화를 이끈 예기치 않은 주인공으로 역사에 남게 되었다.

22, 24대 그로버 클리블랜드
(Grover Cleveland)
1837~1908
두 번의 비연속 개혁 대통령

그로버 클리블랜드, 1892년

스티븐 그로버 클리블랜드(1837~1908)는 미국 역사상 처음으로 두 비연속 임기(제22 · 24대)를 수행한 대통령으로, 정직과 원칙을 중시한 보수적 개혁가였다. 뉴욕주 버팔로에서 변호사로 경력을 시작한 그는 버팔로 시장과 주지사직에서 부패 척결과 행정 개혁으로 명성을 쌓았고, 1884년 대선에서 민주당 후보로 당선되며 남북전쟁 이후 20년 만에 최초의 민주당 대통령이 되었다. 그는 재정 보수주의, 관세 인하, 금본위제 고수, 정실주의 타파 등 소신에 따라 통치를 이어갔지만, 1888년에는 선거인단에서 패배해 퇴임했다. 1892년 재선에 성공했으나, 두 번째 임기 초반 1893년 경제공황과 노동 파업 대응으로 여론의 지지를 잃었다. 또한 하와이 합병 반대 등 반제국주의 노선을 견지했지만 시대 흐름과 엇갈렸다. 그는 퇴임 후 프린스턴에서 은퇴 생활을 하다 1908년 별세했다.

1. 목사의 아들에서 변호사로

스티븐 그로버 클리블랜드(Stephen Grover Cleveland)는 1837년 3월 18일, 뉴

저지주 콜드웰(Caldwell, New Jersey)에서 장로교 목사 리처드 팔리 클리블랜드(1804~1853)의 아들로 태어났다. 어머니는 앤 닐 클리블랜드(1806~1882)는 메릴랜드 출신으로, 학식 있고 신앙심 깊은 집안에서 자랐으며, 검소하고 근면한 성품으로 자녀들을 엄격하게 교육했고, 특히 정직과 자립심을 강조했다. 가장의 갑작스러운 사망 이후 가세가 기울었을 때도 그녀는 가족을 지탱하며 자녀들에게 도덕적 모범이 되었다. 어린 시절 그의 가족은 뉴욕주 여러 도시를 옮겨 다녔고, 클리블랜드는 아버지의 사망 이후 학업을 중단해야 했다. 학비 부담으로 대학 진학을 포기한 그는 결국 1855년, 변호사였던 친척의 소개로 뉴욕주 버팔로에서 변호사 사무실에 견습생으로 들어가 법을 공부하였다.

그는 정규 법학 교육을 받지 않았지만, 독학으로 실력을 쌓아 1859년 뉴욕주 변호사 시험에 합격했다. 당시 그는 실무에 강했으며, 성실함과 신중함으로 법조계에 신뢰를 얻었다. 남북전쟁이 발발했을 때 징병 대상이 되었지만, 대리인을 고용하여 복무를 면제받았다. 이는 당시 합법적인 방식이었으나, 후일 정치 경력에서 비판의 근거가 되기도 했다. 그러나 클리블랜드는 이러한 논란 속에서도 원칙적이고 정직한 자세를 잃지 않았다. 이후 지방 검찰과 시 법률고문을 거쳐 정치계로 천천히 진입한다.

2. 청렴한 개혁가의 등장

클리블랜드는 1870년대 초 버팔로 시의 법률고문인 시 변호인으로 선출되며 처음으로 공직에 발을 들였다. 그는 이 시기부터 이미 철저한 공직 윤리와 절제된 세금 집행으로 주목을 받았다. 이후 1881년 버팔로 시장 선거에 출마하여 승리했고, 취임 이후 공공계약의 부정 척결, 불필요한 예산 지출 감축, 시의회와 대립을 마다하지 않는 강단 있는 행정으로 전국적 관심을 끌게 되었다.

▎ 클리블랜드는 관세 개혁자로 묘사되었다

1882년, 뉴욕주 민주당은 그를 주지사 후보로 내세웠고, 그는 공화당 후보를 큰 표차로 물리치고 주지사에 당선되었다. 주지사로서 클리블랜드는 정실주의에 기초한 인사 관행을 비판하고, 부패한 공직자를 해임하거나 거부권을 행사하는 등 실질적인 개혁을 단행했다. 특히 뉴욕주 의회의 부정한 거래와 압력에 굴하지 않는 단호한 태도는 그를 '청렴한 행정가'로 부상시켰다. 이러한 배경 속에서 그는 1884년 민주당 대통령 후보로 지명되기에 이른다.

3. 원칙과 갈등의 첫 임기

1884년 대선에서 클리블랜드는 민주당의 후보로 출마하여 공화당의 제임스 G. 블레인을 근소한 차이로 누르고 대통령에 당선되었다. 이는 남북전쟁 이후 민주당이 백악관을 되찾은 첫 사례였으며, 클리블랜드가 청렴성과 실무형 리더십으로 국민의 신뢰를 얻은 결과였다. 그는 대통령으로서 의회의 역할을 중시하며, 작은 정부를 지향하는 고전적 자유주의 노선을 고수했다.

그는 방대한 연방 지출을 경계하며 수백 건의 법안에 거부권을 행사했고, 특히 재정적 부담을 이유로 남북전쟁 참전 군인들에 대한 연금 확대 법안을 거부해 비판을 받기도 했다. 공직 임용에 있어 정치적 보은보다 실력을 중시했고, 불필요한 인사를 줄여 관료제를 정화하려는 의지를 보였다. 또한 정부 흑자의 누적 해소, 기업 특혜 폐지, 소비자 보호 등의 이유로 보호무역을 반대하며 관세 인하를 주장했는데, 이는 산업 보호를 주장하는 북부 공화당의 반발을 샀다.

이러한 원칙주의는 일부 대중과 정치권의 반발을 초래했고, 결국 그는 1888년 대선에서 공화당의 벤저민 해리슨에게 선거인단에서 패배하며 재선에 실패하였다. 다만, 그는 득표수에서는 여전히 다수의 지지를 받았고, 퇴임 후에도 청렴한 지도자로서 명성을 유지했다.

그로버 클리블랜드는 47세의 총각으로 백악관에 입성했으며, 여동생 로즈 클리블랜드가 첫 15개월간 백악관 여주인 역할을 맡았다. 그러나 그는 곧 21세의 프랜시스 폴섬(1864~1947)과 약혼했고, 1886년 백악관에서 결혼식을 올려 재임 중 결혼한 두 번째 대통령이자 백악관에서 결혼한 유일한 대통령이 되었다. 두 사람은 다섯 자녀를 두었는데, 장녀 루스는 1904년 디프테리아로 사망했다.

4. 경제공황과 보수주의의 충돌

1892년 대선에서 클리블랜드는 민주당 후보로 다시 출마했고, 해리슨 대통령을 누르고 재선에 성공했다. 미국 역사상 처음으로 두 번의 비연속 임기를 수행한 대통령으로 기록된 그는 두 번째 임기를 더욱 보수적인 정책 기조로 이끌었다. 그러나 그의 두 번째 임기 시작 직후 미국은 19세기 최대의 경제 위기 중 하나인 1893년 공황에 직면했다. 1893년 공황(Panic of 1893)은 미국 역사상 가장 심각했던 경제공황 중 하나로, 철도회사들의 파산, 대규모 실업, 금융 시스템 붕괴 등으로 사회 불만이 팽배해졌고, 대통령으로서의 리더십이 시험대에 올랐다.

1893년 공황의 배경은 19세기 후반 미국 경제의 급격한 성장과 이에 따른 과잉 투자, 통화정책의 혼란, 그리고 국제 금융시장 불안이 복합적으로 맞물려 있었다. 무엇보다 철도 산업의 과잉 확장이 중요한 요인 중 하나였다. 1880년대 미국 전역에서 철도 건설이 급속히 확대되었고, 이에 따라 막대한 자본이 투입되었지만, 수익성이 부족한 노선들까지 무리하게 개통되면서 기업들의 재정 상태가 취약해졌다. 이러한 불안은 1893년 2월, 필라델피아 & 리딩 철도회사가 파산하면서 수면 위로 드러났고, 이는 금융기관의 신뢰 위기로 이어졌다.

한편, 당시 미국은 금본위제를 유지하면서도, 1890년 제정된 셔먼 은매입법(Sherman Silver Purchase Act)에 따라 연방정부가 대규모 은을 매입하고 그 대가로 지급준비금을 은으로 지불하고 있었다. 이 정책은 은 지지자들을 달래기 위한 타협이었지만, 결과적으로 달러의 가치가 떨어졌고, 금 보유에 대한 수요가 급증하였다. 유럽 투자자들이 미국 자산에서 손을 떼고 금을 회수하려 하면서, 미국의 금 보유고는 급격히 줄어들었고, 이는 금본위제 유지를 위협하는 사태로 발전했다.

결국, 산업 과잉과 금융 불신, 통화정책의 모순, 국제금융 흐름의 불안이 복합적으로 작용하며 1893년의 대공황을 초래하게 된 것이다.

클리블랜드는 이러한 상황에서 금본위제 유지와 재정 균형 원칙을 고수했다. 그는 은을 추가로 화폐로 사용하려는 시도(프리 실버 운동)를 반대하며, 보수적인 투자자들의 신뢰 회복을 위해 국가 금 보유고를 유지하려 했다. 또한 공황 극복을 위해 J.P. 모건 등의 금융계와 협력하여 국채를 발행하는 조치를 취하기도 했으나, 이는 일반 국민들에게 월가와 결탁했다는 비판을 불러일으켰다.

1894년 시카고에서 발생한 풀먼 파업(Pullman Strike) 당시, 그는 연방군을 동원해 철도 운행을 재개시켰는데, 이는 노동계의 반발과 폭넓은 비난을 야기했다. 이런 강경한 노선은 노동자 및 진보주의자들과 멀어지게 만들었으며, 민주당 내부에서도 점차 그의 영향력은 약화되었다. 은본위제와 대중주의를 주장하는 윌리엄 제닝스 브라이언이 당을 주도하게 되면서, 클리블랜드는 정당 내부에서도 고립되었다.

1893년, 경제공황과 자유 은화 논쟁이 한창이던 시기, 클리블랜드 대통령은 입천장의 통증과 궤양으로 진료를 받았다. 조직 검사를 통해 악성 가능성이 있는 상피종 진단을 받은 그는, 국민들의 불안을 방지하려고 수술을 비밀리에 진행했다. 7월 1일, 휴가를 가장해 친구의 요트 오나이다호에 탑승한 그는 항해 중 입을 통해 정교한 수술을 받았고, 위턱(상악골)과 구개의 일부를 절제했다. 수술 후 그는 치과 보철물로 외모와 언어를 회복했고, 언론에는 "치아 두 개를 뽑았다."는 간단한 내용만 전해졌다. 수술 사실은 수년간 비밀에 부쳐졌고, 1917년이 되어서야 외과의에 의해 공개되었다. 훗날 분석 결과 클리블랜드의 종양은 전이 가능성이 낮은 유두상 암종(Papillary Carcinoma)으로 확인되었다. 이 사건은 대통령 개인의 건강을 둘러싼 역사상 가장 은밀한 위기관리 사례 중 하나이다.

5. 고독한 원칙주의자의 퇴장과 역사적 평가

1897년 대통령직에서 물러난 클리블랜드는 뉴저지주 프린스턴에 정착하여 정치적 활동보다는 개인적인 삶을 선택했다. 그는 프린스턴 대학의 이사로 활동했으며, 정기적으로 시사 문제에 대한 견해를 언론에 기고하기도 했다. 그의 생애에서 가장 유명한 명언 중 하나는 "공익은 항상 우선되어야 한다(The public interest is paramount)."라는 말로, 그의 정치철학을 잘 대변한다.

그는 1908년 6월 24일, 심장발작으로 사망하였다. 클리블랜드는 불필요한 정부 확대에 반대하고, 엄격한 재정 정책과 청렴한 공직 문화를 강조한 점에서 중도적 또는 보수적 성향의 유권자와 학자들로부터 꾸준한 평가를 받아왔다. 특히 그는 '정직함'과 '정무적 용기'라는 측면에서 가장 모범적인 대통령 중 하나로 평가되며, 인기와 대중영합주의보다 원칙을 중시한 리더십은 미국 정치사에서 드문 사례다. 그러나 경제공황기에 정부의 역할을 최소화하려 했던 점, 노동 문제에 대한 경직된 태도는 현대적 기준에서는 비판받기도 한다.

클리블랜드는 정직성과 원칙을 바탕으로 정실주의와 부패에 맞서 싸운 보수적 개혁가이며 정치적 고립 속에서도 공익을 우선한 신념의 지도자이다.

23대 벤저민 해리슨(Benjamin Harrison)
1833~1901
관세는 양날의 검

벤저민 해리슨, 1896년

벤저민 해리슨(1833~1901)은 미국 제23대 대통령(1889~1893)으로, 제9대 대통령 윌리엄 헨리 해리슨(1773~1841)의 손자이자 건국의 아버지 벤저민 해리슨 5세의 증손자였다. 남북전쟁에서는 연방군으로 복무했으며 1876년 주지사 선거에서 낙선한 뒤 1881~1887년 연방 상원의원으로 활동했다.

공화당 소속인 그는 1888년 대선에서 대중투표에는 패했으나 선거인단 승리로 현직 대통령 그로버 클리블랜드를 누르고 백악관에 입성했다. 그의 행정부는 맥킨리 관세와 셔먼 반독점법 등 경제 입법의 분수령이 되었고, 국유림 보호와 해군 현대화, 서부 여섯 개 주의 연방 편입, 적극적인 외교 정책을 추진하였다.

그러나 연방 지출이 사상 처음으로 10억 달러를 돌파했으며, 연방 교육 예산 확보나 흑인 참정권 보장 같은 정책은 실패했다. 1890년 중간선거에서 공화당이 참패했고, 1892년 대선에서는 클리블랜드와 재격돌에서도 패했다.

퇴임 후 그는 국제 중재 사건에서 베네수엘라를 대리했고, 1901년 인디애나폴리스 자택에서 사망했다.

▌ 벤저민 해리슨, 1850년경

1. 대통령의 손자

벤저민 해리슨은 1833년 8월 20일 오하이오강 유역의 개척지인 오하이오주 노스벤드(North Bend, Ohio)에서 태어났다. 그의 조부는 제9대 미국 대통령인 윌리엄 헨리 해리슨(1773~1841)이었고, 증조부는 미국 독립선언의 서명자이자 버지니아 주지사인 벤저민 해리슨 5세였다. 정치인이었고, 오하이오주 하원의원을 지낸 아버지 존 스콧 해리슨(1804~1878)과 어머니 엘리자베스 어빈 해리슨(1810~1850)의 열 자녀 중 둘째로 태어났다.

벤저민은 엄격한 장로교 가정에서 어린 시절부터 독실한 기독교적 가치관과 책임 의식을 갖게 되었다. 그는 시골 환경에서 자연과 더불어 자랐으며, 교육에 있어서 부모로부터 큰 관심과 지원을 받았다. 1852년 오하이오 마이애미대학교(Miami University)를 졸업한 후, 신시내티의 벨라미 스토러 판사 밑에서 법학을 공부했다. 그러나 정식 수료 전에 고향인 오하이오주 옥스퍼드로 돌아와 1853년 10월 20일 캐롤라인 스콧(1832~1892)과 결혼하여 두 자녀를 두었다.

결혼 후 해리슨은 아버지의 농장인 '더 포인트(The Point)'로 돌아가 법학 공부를 마쳤고, 1854년 오하이오주에서 변호사 자격을 취득했다. 같은 해에 상속받은 재산을 매각해 아내와 함께 인디애나주 인디애나폴리스로 이주했다.

2. 남북전쟁과 군복무

남북전쟁이 발발하자 해리슨은 북군 측에 서서 복무를 자원했다. 1862년, 에이브러햄 링컨 대통령의 신병 모집 명령에 따라 벤저민 해리슨은 인디애나 북부에서 자원병을 모집해 제70 인디애나 보병연대를 창설했고, 주지사 올리버 모튼의 지명으로 대령으로 임관했다. 그는 켄터키와 테네시에서 정찰과 철도수비 임무를 수행하다가 1864년부터 셔먼 장군의 애틀랜타 전역에 참여했다. 그는 여러 전투에서 여단을 지휘하며 레사카, 케네소 마운틴, 피치트리 크릭 등에서 싸웠고, 포병 진지를 직접 점령하거나 탄약 부족 시 전장에서 탄약을 회수해 병사들에게 나눠주는 등 리더십을 발휘했다.

애틀랜타 함락 후 해리슨은 인디애나로 돌아가 링컨의 재선을 위해 선거운동에 참여했고, 이후 내슈빌 전투에서 남군의 존 벨 후드 장군의 군대를 상대로 결정적 승리를 이끌었다. 그는 병사들과 직접 소통하며 "어서, 얘들아(Come on, boys)!"라는 구호로 병사들의 사기를 북돋운 지휘관으로 기억된다. 전쟁 후반기인 1865년 명예 준장(Brevet Brigadier General)으로 승진하였다. 비록 해리슨은 전쟁을 '고귀하지 않은 일'이라 여겼지만, 그의 군복무는 그를 존경받는 인물로 만들었으며 이후 정치 경력의 중요한 기반이 되었다.

3. 정치 입문과 연방 상원의원 시절

남북전쟁 후, 해리슨은 인디애나폴리스에서 변호사로 활동하며 명성을 쌓고 공화당 내 입지를 넓혔다. 1876년 인디애나 주지사 선거에 출마했으나 낙선했으며, 이후 여러 차례 선거에 도전하며 정치 기반을 다졌다.

그는 대법원이 내전 중에도 시민이 민간 법원의 재판을 받을 권리가 있으며, 군사 재판은 평화로운 지역에서는 허용되지 않는다고 판결한 '엑스 파르테 밀리건' 사건에서 연방정부를 대리해 승소하며 법률가로서도 두각을 나타냈다. 1877년 대철도파업 당시에는 민병대를 조직해 중재자로 활약했고, 1880년 공화당 전당대회에서는 제임스 A. 가필드의 지명을 도우며 정치적 입지를 강화했다.

1881년 인디애나주의 연방 상원의원으로 선출되며 본격적으로 워싱턴 정치 무대에 진입했다. 상원에서 그는 민권 옹호, 보호무역 지지, 참전 군인 연금 확대 등 공화당 전통을 충실히 따르며 노력하고 균형 잡힌 보수 정치인으로 명성을 얻었다. 연방정부 역할 확대와 교육 · 경제 정책에도 적극적이었다.

상원에서 참전 군인을 위한 부양 연금 법안을 통과시켰지만 클리블랜드 대통령의 거부로 무산되었고, 새로운 주의 연방 편입 시도도 민주당의 반대로 좌절되었다. 1887년 선거구 조정으로 인해 상원 재선에 실패한 그는 인디애나폴리스로 돌아가 변호사 업무에 복귀했으나 정치적 영향력을 유지했다.

4. 적극적인 정책 실행

1888년 대통령 선거에서 해리슨은 민주당의 현직 대통령 그로버 클리블랜드에 맞서 공화당 후보로 지명되었다. 당시 쟁점은 관세 문제와 경제 정책이

해리슨과 '10억 달러 의회(Billion-Dollar Congress)'가
흑자 예산을 낭비하는 풍자만화,
퍽(Puck) 잡지, 1892년

었다. 해리슨은 고율 관세를 지지하며 산업 보호를 주장했고, 클리블랜드는 자유무역을 선호했다. 결국 해리슨은 전체 득표에서는 패했지만 선거인단 투표에서는 승리했다. 유사한 사례는 이후 조지 W. 부시와 도널드 트럼프 등에서도 반복된다. 그는 1889년 3월 4일 제23대 미국 대통령으로 취임했다.

당시는 빠른 경제 성장과 함께 연방정부의 역할이 강화되는 시기였다. 1890년 제정된 셔먼 반독점법(Sherman Antitrust Act)은 독점 기업을 규제하기 위한 첫 연방법으로, 대기업의 카르텔 행위를 억제하려 했으며, 후임 대통령들에 의해 더 강하게 시행되었다.

같은 해 통과된 맥킨리 관세법(McKinley Tariff)은 역사상 최고 수준의 보호관세를 도입한 법안으로, 국내 산업 보호를 목표로 했지만, 소비자 물가 상승과 국민 반발을 야기하며 논란을 낳았다.

해리슨은 「셔먼 은 매입법(Sherman Silver Purchase Act)」을 지지했으며, 이는 정부가 대량의 은을 매입해 화폐로 전환하는 법이었다. 이는 통화 팽창을 유도해 서부와 농촌 유권자들에게 인기를 끌었지만, 인플레이션과 재정 불안정 우려도 높였다.

▎ 1892년에 건조된 미국 최초의 전함 USS 텍사스

해리슨은 공화당 전통에 따라 흑인의 참정권 보호에 관심을 보였고, 남부에서의 유색인 유권자 탄압을 막기 위한 연방 선거법을 지지했지만 민주당의 강력한 반대로 법안은 상원에서 좌절되었다.

그는 남북전쟁 참전 군인들에게 더 넓은 연금 혜택을 제공하는 법을 통과시켜, 북부 유권자들에게 지지를 받았으나, 동시에 연방 예산 지출을 크게 증가시켜 '억만 달러 의회(Billion-Dollar Congress)'라는 비판도 받았다.

해리슨 재임기 중에는 노스다코타, 사우스다코타, 몬태나, 워싱턴, 아이다호, 와이오밍 등 서부 지역 여섯 개 주가 새롭게 연방에 가입하면서 국토 확장이 이루어졌다.

노스다코타 – 1889년 11월 2일

사우스다코타 – 1889년 11월 2일

몬태나 – 1889년 11월 8일

워싱턴 – 1889년 11월 11일

아이다호 – 1890년 7월 3일

와이오밍 – 1890년 7월 10일

미국은 과학기술과 해군력 모두에서 현대화를 추진했다. 취임 당시 미국 해군은 실전 배치된 군함이 단 두 척에 불과했지만, 해리슨 임기 동안 7척 이상의 현대식 군함이 건조되거나 건조가 시작되었다.

해리슨 대통령은 강철 선체, 중장비 포탑, 장거리 항해력을 갖춘 전함들을 건조함으로써 미국 해군을 낡은 목조 범선 중심 체제에서 강철 증기 전함 중심의 현대 해군으로 전환시키는 토대를 마련했다. 해리슨은 대통령으로서 최초로 목소리가 녹음된 인물로, 1889년 왁스 축음기를 이용한 36초 분량의 음성이 현재까지 전해진다. 또한 그는 백악관에 처음으로 전기를 설치했다.

5. 확장적 외교

해리슨은 국무장관 제임스 G. 블레인과 협력해 미주국가들과의 경제 협력을 강화하고자 했으며, 1889년 워싱턴 D.C.에서 제1차 미주 국제회의를 주최했다. 비록 통화나 관세 통합에는 성과가 미미했지만, 이후 범미연합(Pan American Union)으로 발전한 정보 센터 설립을 이끌며 중남미 외교의 기반을 마련했다.

그는 라틴아메리카 8개국과 상호 관세 협정을 체결해 미국 수출 시장을 확대했고, 아이티 해군 기지 건설을 시도했지만 외교적 반발로 무산되었다. 유럽과의 통상 분쟁에서는 미국산 돼지고기 수입 금지를 둘러싸고 강경하게 대응해 대부분의 금수 조치를 철회시켰다.

태평양 지역에서는 사모아를 둘러싼 분쟁에서 미국의 입지를 강화하고 보호령 체제를 확립했으며, 캐나다와의 어업권 분쟁도 국제 중재를 통해 해결되었다. 1891년 칠레 '볼티모어 사건'에서는 강경한 대응으로 사과와 배상을 받아냈다.

퇴임 직전인 1893년, 하와이 합병 조약에 서명하며 진주만 해군 기지 확보를 시도했으나 후임 클리블랜드가 이를 철회했다. 그러나 이후 미국의 태평양 진출과 해양 강국으로서의 기반을 닦는 데 기여했다.

6. 재선 실패

해리슨은 재임 중 활발한 국내 순회로 대중과 소통했다. 1889년 뉴욕에서 열린 조지 워싱턴 취임 100주년 기념식에서 연설했고, 필라델피아, 뉴잉글랜드, 시카고 등지에서도 연설을 이어갔다. 1891년에는 전례 없는 5주간의 서부 순회 여행을 기차로 진행했다. 그는 버지니아나 메릴랜드로 가서 사냥을 즐겼고, 여름에는 디어 파크와 케이프 메이 포인트에서 가족과 휴가를 보냈다.

1892년 대선에서 해리슨은 경제 불황과 당내 반발 속에 재선에 도전했지만, 관세 문제와 노동 갈등, 부인 캐롤라인의 사망으로 유세에 어려움을 겪으며 클리블랜드에게 패배했다. 그는 전임자와 후임자가 같은 첫 번째 대통령으로 남았다.

퇴임 후 인디애나로 돌아간 해리슨은 변호사로 복귀해 강연과 집필, 외교 자문 활동을 이어갔다. 첫 부인의 사망 후 그녀의 친정 조카였던 메리 스콧 로드(1858~1948)와 1896년에 재혼해 딸을 얻었으나, 딸인 메리 스콧 해리슨 맥키가 강력하게 반발하여 연락이 단절되는 등 자녀들의 반발도 있었다. 1901년 폐렴으로 사망했으며, 인디애나폴리스의 크라운 힐 묘지에 안장되었다.

7. 안정적인 법률가 대통령

벤저민 해리슨은 역사적으로 정중하고 원칙 있는 법률가형 대통령으로 평가된다. 카리스마 있는 리더십은 다소 부족했지만, 행정 능력과 헌법적 이해, 정직한 인품으로 존경받았다.

그의 재임 중 제정된 셔먼 반독점법은 현대 미국 경제 정책의 기초가 되었으며, 외교 영역에서의 영향력 확대와 주 신설, 퇴역군인 복지 확대 등도 주요 업적으로 꼽힌다. 다만 과도한 예산 지출, 공화당 내 갈등, 민권 정책의 미완성 등은 한계로 지적된다.

오늘날 해리슨은 대체로 중간 이상의 대통령으로 평가되며, 19세기 말 미국이 산업화와 제국주의 시대로 진입하는 과도기에 안정적인 전환을 이끈 지도자 중 한 명으로 여겨진다.

벤저민 해리슨은 참전 군인 연금을 확대하고 관세를 인상했다.
신흥 산업 보호와 선거 개혁을 시도했지만, 경제적 불안을 야기했다.

25대 윌리엄 매킨리(William McKinley)
1843~1901
산업과 제국의 탄생

윌리엄 매킨리 대통령, 1900년

윌리엄 매킨리(1843~1901)는 미국의 제25대 대통령(1897~1901)으로, 보호무역주의와 금본위제를 옹호하며 경제 회복을 이끈 공화당 정치인이었다. 남북전쟁에 참전한 마지막 대통령으로, 전쟁 후 변호사로 활동하다 연방 하원의원과 오하이오 주지사를 지냈다. 1896년 대선에서 윌리엄 제닝스 브라이언을 물리치고 당선되었으며, 딩글리 관세와 금본위제법을 통해 산업 발전을 도모했다. 1898년 스페인-미국 전쟁을 통해 푸에르토리코, 필리핀, 괌을 미국 영토로 편입하고 쿠바의 독립을 이끌었다. 하와이도 이 시기 합병되었다. 1900년 재선에 성공했으나 1901년 무정부주의자에게 피격되어 사망했고, 시어도어 루스벨트가 대통령직을 승계했다. 매킨리는 미국 제국주의와 산업 확장의 상징적 인물로 평가된다.

1. 유년기와 교육, 남북전쟁 경험

윌리엄 매킨리는 1843년 1월 29일 윌리엄 매킨리 시니어(1807~1892)와 낸시 앨리슨(1809~1897)의 아홉 자녀 중 일곱 번째로 오하이오주 나일스(Niles, Ohio)

❚ 매킨리의 부인 아이다 색스턴 매킨리

에서 태어났다. 그의 가문은 스코틀랜드계 이민자 후손으로, 신앙심이 깊은 감리교 집안이었다. 그의 가족은 그가 어릴 때 마운트 유니언(Mount Union)으로 이사했다. 그는 오하이오주 칼리지 몇 군데에서 짧게 공부했으나 건강과 재정 문제로 중퇴했다. 이후 교사로 잠시 일하다가 남북전쟁이 발발하자 1861년 북군에 사병으로 입대했다. 전장에서의 헌신으로 그는 점차 진급하여 소위가 되었고, 이후 셰넌도어 계곡에서의 주요 전투에 참전하며 크룩, 셰리던 등 장군들의 참모로 활약했다.

당시 그의 상관이던 러더퍼드 B. 헤이스 소령(훗날 대통령)과 서로 간의 인정과 존경으로 평생 친밀한 관계가 되었다. 전쟁 말기에는 중위로 진급했다.

2. 법조계 진출과 초기 정치활동

전쟁 후 매킨리는 오하이오주에서 법학을 공부해 1867년 변호사 자격을 취득했고, 캔턴(Canton)에서 개업했다. 그는 1871년 아이다 색스턴(1847~1907)과 결혼했고, 두 딸을 낳았으나 두 아이 모두 영유아기에 사망하여 부부는 큰 고통을 겪었다. 아내 아이다는 이후 만성 편두통과 신경쇠약, 그리고 간질로 오랜 기간 병을 앓으며 지냈고, 매킨리는 일생 동안 그녀를 헌신적으로 돌보았다. 그런 가운데 아이다는 남편이 점점 더 성공을 거두고 있던 법조계와 정치 분야에서 경력을 계속 쌓기를 고집했다.

매킨리는 1876년 공화당 소속으로 연방 하원의원에 당선되며 정계에 진출했다. 그는 보호무역주의자로 알려졌으며, 특히 미국 제조업 보호를 위해 높은 관세를 주장했다. 그는 1890년 '매킨리 관세법'을 주도하며 전국적 명성을 얻었으나, 과도한 관세 인상이 물가를 자극해 역풍을 맞았고, 이로 인해 1890년 재선에 실패했다. 「매킨리 관세법」은 산업 보호를 명분으로 수입품에 대해 전반적인 고율의 관세를 부과했으며, 특히 섬유, 철강, 설탕, 농산물 등 미국 내 생산품과 경쟁 관계에 있는 품목에 높은 세율을 적용했다. 평균 관세율이 49.5%에 달했는데 매킨리는 이 법을 통해 국내 산업과 노동자를 보호하고, 외국 상품의 유입을 억제하여 자국 제조업의 성장을 촉진하고자 했다. 그러나 결과적으로 소비자 물가 상승과 국민 불만을 초래했고, 1890년 중간선거에서 공화당의 대패로 이어지는 계기가 되었다. 이 법은 독점 재벌의 이익을 대변하고, 서민과 농민의 부담을 가중시켰다.

하지만 이 실패는 오히려 그의 이름을 전국에 알리는 계기가 되었고, 그는 1891년 오하이오 주지사 선거에서 승리해 주지사로 재기했다. 매킨리는 주지사로서 기업과 노동계의 균형을 추구하는 온건한 개혁가로 활동했고, 그의 차분한 성품은 정치적으로도 신뢰를 쌓는 데 큰 자산이 되었다.

3. 1896년 대선과 공화당의 귀환

1896년 대통령 선거는 미국 정치사에서 중요한 분수령이었다. 당시 미국은 1893년 공황으로 인한 사회적 혼란 속에 있었고, 민주당은 '은본위제'를 주장한 윌리엄 제닝스 브라이언을 후보로 내세워 팽배한 대중 불만을 대변했다. 반면 공화당은 금본위제와 보호무역을 주장하는 안정 지향 노선을 채택했으며, 매킨리는 그 대표 주자로 나섰다.

매킨리 캠페인은 마크 해나(Mark Hanna)가 총괄했으며 그는 공화당의 자금 조달 및 조직의 귀재였다. 그는 전례 없이 조직적이고 강력한 선거 전략을 수립해 대기업과 동북부 산업계로부터 막대한 후원을 이끌어 냈다. 매킨리는 철저히 조직된 '앞마당 캠페인(Front Porch Campaign)'을 통해 자신의 집에서 연설을 이어가며 안정과 질서를 강조했고, 결국 브라이언을 꺾고 대통령에 당선되었다.

이 선거는 도시 대 농촌, 자본 대 노동, 질서 대 급진이라는 대립 구도 속에서 공화당의 대승을 이끌었으며, 미국 정치의 보수적 전환점이 되었다.

4. 보호무역과 전쟁의 그림자

매킨리 대통령은 경제 회복과 산업 보호를 도모하며, 금본위제를 확립하고 보호무역주의를 강화했다. 그는 1897년 대통령에 취임한 직후 고율의 딩글리 관세법(Dingley Tariff Act)을 통과시켜 수입 장벽을 높이고, 미국 제조업과 노동자를 외국 경쟁으로부터 보호하고자 했다. 이는 국내 산업의 성장과 고용 창출을 통해 경제 회복을 촉진했다.

또한 매킨리는 1896년 대선에서 민주당의 자유은화(Free Silver) 공약에 맞서 금본위제(Gold Standard)를 강력히 옹호했고, 1900년 금본위제법(Gold Standard Act)을 제정하여 미국의 통화를 금에 고정시켰다. 이는 금융시장의 안정을 가져왔고, 외국과의 무역 신뢰도를 높이는 효과도 있었다. 금본위제 도입은 특히 도시 중산층과 산업계의 지지를 얻는 데 중요한 기반이 되었다.

이러한 경제 정책 덕분에 매킨리 집권기에는 1893년 공황 이후의 경기 침체에서 벗어나 미국 경제가 다시 활력을 되찾는 전환점이 마련되었다. 그는 '미국의 번영을 회복한 대통령'이라는 이미지를 굳혔고, 이를 기반으로 1900년 대선에서 재선에 성공했다.

한편, 매킨리는 흑인 유권자들의 지지를 받았지만, 남부 백인과의 화해를 우선시하며 인종 문제에 대해서는 개입을 피하려 했다. 린치나 인종 폭력 사건이 발생해도 공개적인 비판을 자제했고, 1898년 노스캐롤라이나 윌밍턴에서 흑인 정치 세력이 폭력적으로 축출된 사태에도 연방 개입을 거부했다. 1898년 11월 10일, 노스캐롤라이나 윌밍턴(Wilmington, North Carolina)에서 백인 우월주의자 수백 명이 무장을 하고 거리로 몰려나와, 선출된 흑인-백인 연합 시 정부를 강제로 몰아냈고, 흑인 신문사인 더 데일리 레코드(The Daily Record)를 불태우며 수십 명의 흑인을 살해했다. 이들은 지역 내 영향력 있는 흑인들과 백인 공화당 · 민주 연합 세력을 강제로 축출하고, 백인 민주당 중심의 시 정부를 세웠다.

이 사태의 배경에는 재건 이후 형성된 흑인들의 정치 참여와 경제력 성장에 대한 백인 지배층의 불만과 공포가 있었으며, 언론과 정치인을 동원한 조직적 증오 선동이 폭력을 불렀다.

사건 이후 윌밍턴에서는 흑인 유권자와 공직자들이 대거 제거되었고, 남부 전역의 흑인 투표권 박탈과 「짐 크로우 법」 제정으로 이어지는 흐름이 강화되었다. 이러한 매킨리의 태도는 흑인 사회의 실망을 불러왔고, 그의 민권에 대한 무관심은 비판 대상이 되었다.

▌ 매킨리 저격에 대한 화가의 상상 그림

▌ 매킨리는 1900년 자신의 번영과 승리의 업적으로 윌리엄 제닝스 브라이언을 누르고 쉽게 재선에 성공했다

임기 초반 가장 중요한 이슈는 스페인과의 전쟁이었다. 쿠바의 독립운동과 스페인의 강경 진압, 언론의 선동적 보도(황색 언론)가 미국 여론을 자극했고, 1898년 2월 미국의 2급 전함인 메인호(USS Maine)가 아바나 항에서 폭발하자 반전 성향이던 매킨리조차 군사 개입을 피할 수 없게 되었다.

그는 결국 의회에 전쟁을 요청했고, 1898년 미국–스페인 전쟁이 발발했다. 전쟁은 불과 4개월 만에 미국의 승리로 끝났고, 그 결과 미국은 필리핀, 괌, 푸에르토리코를 스페인으로부터 할양받으며 열강으로 발돋움하게 되었다. 쿠바는 명목상 독립했지만 미국의 보호령처럼 관리되었다.

매킨리는 이 시기를 미국의 세계적 역할 확대의 전환점으로 인식했고, 필리핀을 포함한 새로운 영토에서 미국식 질서와 문명을 전파해야 한다는 명분을 내세웠다. 그러나 이 과정은 반제국주의자들의 격렬한 비판과 필리핀 내 무장 저항을 불러왔고, 미–필리핀 전쟁이 이어졌다.

5. 두 번째 임기와 암살

매킨리는 1900년 대선에서 부통령 후보로 시어도어 루스벨트를 지명하고,

다시 민주당의 브라이언과 대결했다. 그는 경제 회복과 승전 효과를 기반으로 안정과 번영을 내세웠고, 루스벨트의 인기와 결합해 재선에 성공했다. 매킨리는 두 번째 임기에서 미국의 세계 무대 진출과 라틴아메리카, 동아시아와의 무역 확대에 더욱 주력하려 했다. 특히 중국 시장을 겨냥한 '개항(Open Door)' 정책은 미국 외교의 새로운 전환을 상징했다.

1901년 매킨리는 팬아메리칸 박람회에서 연설하며 대중과의 접촉을 즐겼으나, 경호 책임자 코텔류는 유럽 내 무정부주의자들의 암살 사례를 돌아보며 만일의 사태를 걱정했다. 9월 6일, 무정부주의자 레온 촐고츠는 줄을 서서 대기하다가 매킨리에게 권총을 두 발 발사했고, 그는 복부에 중상을 입었다. 촐고츠는 산업 자본주의와 정부 권력에 반대하는 무정부주의 사상을 지닌 인물로, 매킨리를 억압과 불평등의 상징으로 간주했다. 그는 노동자 계층의 빈곤과 대기업의 권력을 비판하며, 정부가 국민의 적이라는 신념 아래 대통령을 제거함으로써 자신이 정의를 실현한다고 믿었다. 매킨리는 초기엔 회복세를 보였으나, 의사들의 과도한 낙관과 미흡한 의료 조치로 인해 상처가 감염되며 상태가 악화되었다. 매킨리는 죽음을 받아들이며 가족과 작별했고, 9월 14일 새벽에 사망했다. 시어도어 루스벨트가 대통령직을 승계했고, 촐고츠는 재판 후 처형되었다.

6. 국제화의 초석

윌리엄 매킨리는 대중적 카리스마는 부족했지만, 조용하고 신중한 지도력으로 변화의 시대를 이끈 대통령이었다. 그는 미국을 보호무역에서 세계무역으로, 고립주의에서 국제주의로 이끄는 과도기의 리더였다. 그의 재임 중 미국은 경제공황을 벗어나 번영을 회복했고, 미국의 해외 진출과 식민지 확장을 통해 세계 강국으로 부상하는 발판을 마련했다.

그러나 그의 후임인 시어도어 루스벨트가 활력과 개혁을 바탕으로 대중의 주목을 받으면서 매킨리의 역사적 존재감은 빠르게 희미해졌다.

1950년대 이후 매킨리에 대한 학문적 평가는 점차 호의적으로 변했으나, 대통령 순위 조사에서는 중간 수준에 머물렀다. 이는 그가 여론을 주도하기보다는 따랐고, 뚜렷한 카리스마보다는 신중함과 절제를 중시했기 때문이라는 분석이 있다. 역사가들은 그의 친기업적 · 산업 중심적 정책이 미국의 현대화를 이끌었다고 본다.

매킨리는 대통령직을 개인의 메시지와 캠페인을 통해 국민과 직접 소통하는 방식으로 전환시키려는 시도를 했다. 이 점은 후일 현대적 대통령 리더십의 선례로 평가되기도 한다.

그는 필리핀, 괌, 푸에르토리코, 하와이 등을 편입시켜 미국의 영향력을 확대했으며, 이는 종종 '미국 제국'의 시작으로 평가된다. 필리핀 독립을 제외하면 이들 영토는 대부분 오늘날까지 미국 영토로 남아 있다.

그의 암살 이후 대통령 경호가 공식 임무로 설정되며 비밀경호국(Secret Service)의 역할이 시작되었다. 오늘날 매킨리는 신중하고 점진적인 리더십을 통해 미국이 20세기로 접어드는 문턱에서 국내의 안정과 국제적 확장을 이끈 대통령으로 재조명되고 있다. 그는 의연하고 절제된 태도로, 미국 역사에서 중요한 전환기의 가교 역할을 한 인물이었다.

매킨리는 미국의 산업 경쟁력을 강화하고 영향력을 해외로 확장한 유능한 대통령이었다.

반면 빈곤층 등 일부 소외계층에게는 극도의 적개심을 갖게 하였다.

대통령은 힘든 자리인 것이다.

26대 시어도어 루스벨트
(Theodore Roosevelt)
1858~1919
강력한 진보 지도자

시어도어 루스벨트 대통령,
1904년

시어도어 루스벨트(1858~1919)는 미국 제26대 대통령(1901~1909)으로, 강력한 리더십과 개혁 정신으로 20세기 미국의 방향을 제시하였다. 병약한 어린 시절을 보냈지만, 철저한 자기 단련과 끊임없는 실천을 통해 이를 극복했고, 젊은 시절부터 자연주의자, 작가, 역사학자, 군인, 정치인으로 다방면에 걸쳐 활약했다. 그는 뉴욕주 주지사와 해군 차관보를 지낸 후, 1898년 미국-스페인 전쟁에서 '러프 라이더스'를 이끌고 전쟁 영웅으로 떠오르며 전국적인 명성을 얻었다. 이후 윌리엄 매킨리 대통령의 부통령으로 지명되었고, 매킨리 암살 후 42세의 나이로 대통령직을 승계하며 미국 역사상 최연소 대통령이 되었다.

재임 중 루스벨트는 '스퀘어 딜(Square Deal)' 정책을 통해 독점 기업 해체, 소비자 보호, 노동권 강화, 환경 보존에 앞장섰고, 연방정부의 적극적 개입을 통해 공공의 이익을 실현하고자 했다. 또한 파나마 운하 건설, 해군력 증강, 러일전쟁 중재 등을 통해 미국의 국제적 위상을 크게 높였다.

▌ 11세의 루스벨트, 1870년

1. 병약한 소년에서 강인한 청년으로

시어도어 루스벨트는 1858년 10월 27일, 뉴욕 맨해튼 이스트 20번가 28번지에서 태어났다. 그는 사교계 명사였던 어머니 마사 스튜어트 불록(1835~1884)과 자선가이자 사업가였던 시어도어 루스벨트 시니어(1831~1878) 사이에서 태어난 네 자녀 중 둘째였으며, 위로는 누나 안나(Anna, '바미'라고 불림), 아래로는 남동생 엘리엇과 여동생 코린이 있었다. 루스벨트 가문은 부계와 모계 모두 미국 동부의 유력한 명문가였다.

어릴 적 루스벨트는 극심한 천식과 허약한 체질로 고통받았지만, 아버지의 격려와 자신의 결단력으로 체력 단련에 힘쓰며 이를 극복해 나갔다. 이러한 경험은 그가 평생 강조한 '강인한 삶(The Strenuous Life)'이라는 철학의 기반이 되었다. 그는 자연과 동물에 깊은 애정을 가졌으며, 어린 시절 직접 미니 '자연사 박물관'을 만들어 박제 기술을 익히고 조류학에 몰두하기도 했다.

대부분의 교육은 가정에서 홈스쿨링으로 이루어졌고, 1876년 하버드대학교에 입학해 과학, 철학, 수사학에 흥미를 보였다. 그는 조류학 논문을 쓰고, 복싱과 조정 같은 체육 활동에도 적극적으로 참여했으며, 동아리 활동과 학생 신문 편집에도 열정을 보였다. 1880년 우등으로 졸업했지만, 지나치게 형식적이고 단절된 교육 방식에 대해 비판적인 인식을 가졌다.

졸업 후 컬럼비아 로스쿨에 진학했지만 법률보다 정치에 더 큰 흥미를 느껴 중도에 학업을 포기했다. 이후 뉴욕시 공화당 조직에서 활동을 시작하며 정계에 입문했고, 1881년 뉴욕주 하원의원에 당선되면서 본격적인 정치 경력을 시작했다. 그는 나중에 "나는 권력을 쥔 사람 중 하나가 되기로 결심했다."고 회고했다.

2. 비극과 재건, 서부에서의 변신

루스벨트는 뉴욕주 하원의원에 당선된 후 정직과 개혁을 외치며 부패한 정치조직인 타마니 홀에 맞섰고, 빠르게 전국적인 명성을 얻었다. 1880년, 루스벨트는 보스턴 사교계 출신의 앨리스 해서웨이 리(1861~1884)와 결혼했다. 그들은 1884년 2월 첫딸을 낳았는데, 앨리스는 출산 이틀 만에 신부전으로 사망했다. 같은 날 오전, 루스벨트의 어머니도 장티푸스로 세상을 떠났다. 같은 집에서 몇 시간 간격으로 아내와 어머니를 잃은 그는 극심한 충격에 빠졌고, 일기장에 큰 X를 남긴 뒤 "내 삶에서 빛이 사라졌다."고 적었다. 루스벨트는 당시 태어난 딸 앨리스를 누나 바미(Bamie)에게 맡겼고, 세 살이 되었을 때에야 직접 양육을 시작했다. 상실의 충격 속에서도 그는 뉴욕시 정부의 부패를 규명하는 입법 조사 활동에 몰두하기도 했으나 정치적 야망을 접고 서부 다코타로 떠났다. 그곳에서 그는 목장을 운영하며 카우보이로서 자연 속에서 삶을 이어갔고, 이 경험은 그를 대중에게 강인한 개척자로 각인시켰다. 다코타에서의 시간은 단순한 휴식이 아니라 루스벨트의 정신적 재건의 시간이었고, 그의 인생 후반을 지탱하는 내면의 근원이 되었다.

1886년 12월 2일, 시어도어 루스벨트는 어린 시절 친구였던 에디스 커미트

캐로우(1861~1948)와 런던에서 결혼했다. 루스벨트와 에디스는 슬하에 다섯 자녀를 두었다. 또한 루스벨트는 첫 번째 결혼에서 태어난 딸 앨리스를 함께 키웠으나, 앨리스는 계모 에디스와 자주 갈등을 겪었다.

3. 개혁가로서의 귀환과 국가적 영웅으로의 도약

시어도어 루스벨트는 1886년 뉴욕 시장 선거 출마를 계기로 공적 생활에 복귀했지만, 결과는 3위에 그쳤고 정치 경력의 회복 가능성에 회의를 느꼈다. 이후 그는 역사서『서부 개척의 승리(The Winning of the West)』집필에 전념하며 문필가로서 명성을 쌓았다.

1888년 루스벨트는 벤저민 해리슨 대통령에 의해 미국 공무원 위원회에 임명되었고, 엽관주의와 맞서 싸우며 공직사회의 개혁에 앞장섰다. 그는 위원장으로서 부패와 비효율을 강력히 비판하며 법 집행에 엄격했고, 이에 대한 반발도 있었지만 대통령의 신임을 유지했다.

1894년에는 뉴욕시 경찰 위원회 위원장이 되어 경찰 제도를 근본적으로 개혁했다. 인사 시스템을 능력 위주로 바꾸고, 부패와 관련된 술집을 단속했으며, 야간 순찰로 경찰 감시를 강화했다. 기자 제이콥 리스와의 협업은 루스벨트에게 사회 개혁에 대한 영감을 주었고, 이민자와 빈민의 삶에 대한 관심을 불러일으켰다.

1897년 루스벨트는 해군 차관보로 임명되어 미국 해군력 강화에 힘썼다. 그는 스페인과의 전쟁을 준비하면서 독자적으로 해군에 명령을 내리기도 했고, 마닐라만 전투에서의 미국 승리에 중요한 역할을 했다.『1812년 해군전쟁사』와 같은 저술 활동을 통해 정책전문가이자 학자로서의 면모도 드러냈다.

1898년 스페인-미국 전쟁이 발발하자 루스벨트는 차관보직을 사임하고 '러프 라이더스(Rough Riders)'라는 이름의 자원 기병대를 창설하여 직접 참전했다. 그는 케틀 힐과 산후안 힐 전투에서 용맹하게 싸우며 전쟁 영웅으로 떠올랐고, 이후 '대령'으로 불리기를 원했다. 전쟁 후에는 군인들의 귀환을 요청했고, 그는 이 전투를 자신의 삶에서 가장 위대한 날로 회상했다. 그의 활약은 루스벨트가 전국적인 인물로 부상하는 계기가 되었다.

4. '공정한 기회'와 힘의 외교

1900년, 윌리엄 매킨리 대통령의 러닝메이트로 공화당 부통령 후보에 지명된 루스벨트는 대중적 인기를 바탕으로 당선에 성공했다. 그러나 1901년 매킨리가 암살당하면서 그는 42세의 나이로 미국 역사상 최연소 대통령에 오르게 되었다. 루스벨트는 전통적 대통령 리더십과는 다른 혁신적인 방식을 도입했다. 그는 백악관을 대중과 언론을 향한 '강력한 연단(Bully Pulpit)'으로 활용했고, 대통령직을 단순한 행정 관리가 아닌 적극적 활동의 중심으로 탈바꿈시켰다.

대통령 재임 중 루스벨트는 '공정한 기회(Square Deal)'를 기치로 대기업의 독점, 불공정한 시장, 노동자 착취 등의 문제에 과감히 개입했다. 그는 강력한 반트러스트 정책으로 대기업 해체에 나섰고, 노사분규에는 연방정부의 중재를 이끌어 내어 노동자의 권익을 보호했다. 소비자 보호와 식품 안전 법안도 그의 주도로 제정되었으며, '순수식품 · 의약품법'과 '육류 검사법'은 미국 사회에 실질적인 변화를 가져왔다.

특히 그는 자연 보호에 앞장섰다. 루스벨트는 230개 이상의 국립공원, 보호구역, 숲을 지정하며 환경보전 정책을 체계화했다. 산업화로 파괴되어 가던 자연을 보존하는 것을 연방정부의 책임으로 인식한 그는, 자연 자원을 후손에게 남길 유산으로 여겼다. 이는 이후 미국 환경 정책의 초석이 되었다.

하워드 태프트와 루스벨트 사이의 격렬한 싸움,
영국 풍자 잡지 펀치, 1912년 5월 8일

외교에서도 루스벨트는 강력한 개입주의를 지향했다. 그는 "부드럽게 말하되, 큰 몽둥이를 들라(Speak softly and carry a big stick)."는 철학을 통해 미국의 위상을 강화하고자 했다. 파나마 운하 건설은 대표적 사례로, 콜롬비아와의 협상이 결렬되자 파나마의 독립을 지지하여 운하 건설권을 확보했다. 그는 라틴아메리카에 대한 미국의 개입 권리를 주장하는 '루스벨트 수정주의(Roosevelt Corollary)'를 통해 먼로주의를 확장했고, 러일전쟁의 중재로 1906년 노벨 평화상을 수상하며 국제 지도자로서의 입지를 다졌다. 미국 해군력의 상징으로 전 세계를 순항한 '대백함대(Great White Fleet)' 역시 그의 외교 전략의 일환이었다.

5. 퇴임 후의 왕성한 활동

루스벨트는 3선 불출마를 선언하고, 자신의 정책을 계승할 후계자로 전쟁장관 윌리엄 하워드 태프트를 선택했다. 그는 태프트를 적극적으로 지지하며 공화당 후보 지명을 도왔고, 태프트는 1908년 대선에서 민주당의 브라이언을 꺾고 당선되었다.

그러나 태프트는 루스벨트보다 온건하고 소극적인 정치 스타일로 개혁 세력의 기대를 충족시키지 못했다. 특히 1909년 페인-알드리히 관세법은 진보와 보수 양측 모두의 불만을 불러왔고, 공화당 내부 분열을 심화시켰다. 루스벨트는 한동안 거리를 두기 위해 해외 순방에 나섰지만, 결국 태프트에 대한 실망이 커지며 두 사람의 관계는 멀어졌다.

루스벨트는 태프트 행정부의 보수적 정책에 실망해 공화당 대통령 후보 지명을 다시 노렸다. 예비선거에서 다수 주에서 승리했으나, 공화당 전당대회에서는 남부의 조직표로 태프트가 지명되자 루스벨트는 이를 '도난당한 지명'이라 비판하며 탈당했다.

그는 곧 '진보당(Progressive Party)'을 창당하고 대선에 출마했으며, 강력한 정부 개입을 통한 반독점, 노동 보호, 정치 개혁 등을 주장했다. '숫사슴(Bull Moose)'처럼 건강하다고 말한 데서 유래해 새 당은 '숫사슴당'으로도 불렸다.

진보당은 북부의 개혁 세력 일부를 결집했지만, 남부에서는 인종 문제로 확장을 이루지 못했다. 대선에서 루스벨트는 민주당 우드로 윌슨에 이어 2위를 차지했고, 현직 대통령 태프트는 3위에 그쳤다. 이 선거는 공화당 분열을 보여준 대표적 사례이다.

6. 말년, 전쟁, 그리고 영원한 유산

정계에서 물러난 이후에도 루스벨트는 미국의 대외정책에 지속적인 영향력을 행사했다. 제1차 세계대전이 발발하자 그는 조기 개입을 주장했고, 아들 4명 중 셋이 참전했다. 막내 퀜틴은 전사했으며, 이 일은 그에게 큰 상처로 남았다. 말년에도 그는 여전히 왕성한 저술과 연설을 이어갔으며, 미국의 도덕적 지도력을 강조하는 정치철학을 유지했다.

1919년 1월 6일, 루스벨트는 뉴욕 새거모어 힐 자택에서 심장마비로 별세했다. 그의 죽음에 대해 루스벨트의 아들 커밋은 형제들에게 전하는 부고에 "늙은 사자가 죽었다(The old lion is dead)."라고 썼다. 이는 그가 여전히 미국 정계의 상징이었음을 단적으로 보여준다.

시어도어 루스벨트는 대통령직을 통해 미국의 정부 기능을 강화하고, 연방정부의 역할을 재정의했다. 그는 강한 지도력, 도덕적 열정, 그리고 시대를 앞서간 진보적 비전으로 20세기형 대통령의 표준을 세웠다. 그의 개혁과 정책은 미국 사회에 깊은 구조적 변화를 가져왔으며, 자연 보호, 소비자 권익, 노동자 복지, 대외정책 등 모든 영역에서 그의 발자취는 뚜렷하다.

그의 얼굴은 러시모어산의 네 대통령 중 한 명으로 새겨져 있으며, 이는 그가 미국 역사 속에서 차지한 위상을 상징적으로 보여준다. 루스벨트는 단순히 강인한 지도자가 아니라, 미국 민주주의의 방향을 재설계한 인물이었으며, 그 유산은 오늘날에도 여전히 살아 숨 쉬고 있다.

시어도어 루스벨트는 강력한 리더십과 개혁 정신으로 현대적 대통령상을 정립한 진실한 진보주의자였다.

그는 국내 개혁과 제국주의 외교를 통해 20세기 미국의 방향을 결정지었다.

대통령 일화 9: 시어도어 루스벨트

총에 맞고도 연설을 계속한 강철 사나이

1912년, 제26대 대통령이자 진보주의 개혁가였던 시어도어 루스벨트는 제3당 '진보당(Bull Moose Party)' 후보로 다시 대선에 도전하고 있었다. 당시 그는 위스콘신주의 밀워키에서 한 유세 장소에 도착했는데, 연설장에 도착하자마자 한 청년이 갑자기 그에게 권총을 발사했다. 총알은 루스벨트의 코트 안주머니에 있던 안경집과 두꺼운 연설문을 관통하고 그의 가슴에 박혔다.

현장에 있던 보좌관들은 급히 병원으로 이송하려 했지만, 루스벨트는 "나는 아직 말할 수 있다.(I am able to speak)"라고 말하며 무대에 올랐다. 그리고 피를 흘리면서도 90분 넘게 연설을 이어갔다. 그는 중간에 청중에게 이렇게 말했다. "여러분, 저에게 총을 쏜 사람은 정치에 대한 광적인 생각을 가졌을 뿐입니다. 이 나라는 그렇게 쉽게 무너지지 않습니다."

이 사건은 그의 강인한 체력, 정신력, 그리고 리더십의 상징으로 미국인들의 뇌리에 각인되었고, 그는 '강철 같은 사나이'로 불리게 되었다. 이후 병원으로 이송된 루스벨트는 생명은 건졌지만, 총알은 몸 안에 남아 평생 함께했다.

27대 윌리엄 하워드 태프트
(William Howard Taft)
1857~1930
대법원장을 지낸 대통령

윌리엄 하워드 태프트 대통령, 1908년경

윌리엄 하워드 태프트(1857~1930)는 미국의 제27대 대통령(1909~1913)이자 제10대 연방대법원장(1921~1930)으로, 미국 역사상 유일하게 행정부와 사법부의 수장을 모두 지냈다.

오하이오주 신시내티 출신으로, 예일대학교와 신시내티 로스쿨을 졸업한 태프트는 법률가로 경력을 시작해 연방 판사, 필리핀 총독, 국방장관 등 다양한 공직을 역임했다. 시어도어 루스벨트의 지지를 받아 1908년 대통령에 당선되었으며, 반독점 소송 강화, 공직개혁 등 성실한 행정을 펼쳤으나 대중과의 소통 부족과 당내 분열로 인해 1912년 재선에 실패했다.

퇴임 후에는 평생의 꿈이던 대법원장에 임명되어 사법 제도 개혁과 대법원의 기능 강화에 헌신했으며, 이 시기의 업적은 높이 평가된다.

1. 어린 시절과 교육

윌리엄 하워드 태프트는 1857년 9월 15일, 오하이오주 신시내티(Cincinnati, Ohio)의 유복한 가정에서 태어났다. 그의 아버지 알폰소 태프트(1810~1891)는 첫 부인이 아들 둘을 낳고 사망하자 1853년 12월에 하워드의 어머니인 루이사 마리아 토리 태프트(1827~1907)와 재혼하였다. 아버지는 법률가이자 외교관, 정치인으로, 율리시스 그랜트 대통령의 내각에서 법무장관과 국무장관을 지냈다. 이런 배경 속에서 태프트는 조기에 공직에 대한 인식을 형성하게 된다.

어린 시절 태프트는 똑똑한 아이는 아니었지만, 매우 성실하게 공부했다. 그의 부모는 까다롭게 자녀들을 교육했으며, 실패를 용납하지 않았다. 태프트는 신시내티의 우드워드 고등학교를 다녔고, 1874년에는 예일대학교에 입학했다. 예일대학교에서 그는 비록 체격이 크고 다소 뚱뚱했지만, 쾌활한 성격으로 인기를 끌었다. 그는 교내 헤비급 레슬링 챔피언으로도 유명했고, 한 급우는 그를 "가장 똑똑한 사람"이 아니라 "열심히 일해서 성공한 사람"이라고 평가했다.

태프트는 아버지가 공동 창립한 예일대학교의 비밀결사인 해골과 뼈(Skull and Bones)의 회원이 되었으며, 그 결사의 회원 중에는 미래 대통령인 조지 H. W. 부시와 조지 W. 부시가 있다. 1878년 예일대학교를 졸업할 때 그는 121명의 동창 중 2등으로 졸업했다. 이후 그는 신시내티 로스쿨에 다녔고, 1880년 법학 석사 학위를 받았다. 로스쿨 시절 그는 신시내티 커머셜(The Cincinnati Commercial) 신문에서 일하며 기자로서 지방법원을 담당했고, 아버지의 사무실에서 법률 서적을 읽으며 실질적인 법률 지식을 쌓았다. 로스쿨을 졸업할 즈음, 그는 콜럼버스로 가서 변호사 시험을 보았고, 그 시험을 쉽게 합격했다.

2. 초기 경력과 사법계에서의 성장

태프트는 1880년부터 오하이오주 법무부 검사로 일하며 경력을 시작했다. 1887년에는 신시내티 고등법원의 판사로 임명되며 젊은 나이에 사법 분야에

▌ 헬렌 태프트와 두 자녀, 1892년

서 두각을 나타냈다. 그는 법률과 헌법에 대한 해박한 지식, 신중하고 공정한 태도로 명성을 쌓았다.

1890년 벤저민 해리슨 대통령이 그를 미연방 법무차관보로 임명했고, 이후 태프트는 필리핀 위원회 위원장을 맡으며 식민지 행정 경험도 쌓았다. 당시 태프트는 필리핀에서 교육, 인프라, 행정 개혁에 적극적으로 나서며 현지인들로부터도 어느 정도 인정을 받았다. 그러나 그는 식민지 지배에 대해 제국주의적 시각을 가졌으며, 필리핀의 자치를 제한적으로만 허용했다.

그는 이후 필리핀 총독으로도 활동하며 미국의 해외 영토 통치 모델을 만들었다. 이 시기의 실용적 행정 능력과 보수적 신념은 그를 점점 정치권의 중심 인물로 떠오르게 했다.

태프트는 1886년 6월 19일, 신시내티의 명망 있는 가문 출신인 헬렌 헤론(1861~1943)과 결혼했다. 그들의 결혼은 단순한 정서적 결합을 넘어 지적이고 정치적인 파트너십이 되었다. 태프트는 아내의 조언을 높이 평가했고 그녀를 '가장 솔직한 비평가'로 여겼다. 그녀는 사교계에서 인맥을 형성하고, 남편의 연설까지 조언하며 그의 정치적 기반을 다지는 데 기여했다.

부부는 세 자녀를 두었으며, 장남 로버트 태프트는 훗날 미국 상원의원으로 활동하며 정치 명문가의 전통을 이었다. 태프트는 44년간의 결혼생활 동안 아내에게 깊이 헌신했고, 그녀 역시 남편의 정치적 · 개인적 발전을 위해 헌신적인 동반자 역할을 했다. 넬리 태프트는 미국 역사에서 가장 영향력 있는 퍼스트레이디 중 한 명으로, 남편을 대통령의 자리로 밀어 올린 견인차 역할을 한 인물로 평가받는다.

태프트는 일생의 꿈이었던 연방대법관이 되고 싶어 했고, 시어도어 루스벨트 대통령이 그에게 국무장관직을 제안했을 때 이를 거절하고 사법 분야에 머물렀다. 그러나 루스벨트는 그의 충직함과 행정 능력을 높이 평가했고, 끝내 그를 국방장관으로 등용했다.

국방장관 재임 중(1904~1908), 태프트는 파나마 운하 건설 추진과 필리핀 · 쿠바 문제 해결, 군의 전문화 등 다양한 과제를 성실하게 수행했다. 그는 루스벨트 행정부 내에서 신뢰받는 실무형 참모로 자리 잡았고, 루스벨트는 자신이 대통령직을 물려줄 유일한 인물로 태프트를 선택하게 된다.

1908년 미국 대선은 시어도어 루스벨트가 재선 불출마를 선언하고 윌리엄 하워드 태프트를 후계자로 지지하면서 본격화되었다. 루스벨트는 태프트를 합리적 계승자라 여겨 전폭 지원했으며, 당 조직을 장악해 그를 공화당 후보로 지명하는 데 결정적 역할을 했다. 태프트는 중서부 진보주의자를 러닝메이트로 원했으나 당은 보수 성향의 제임스 셔먼을 부통령 후보로 택했다.

민주당은 세 번째로 윌리엄 제닝스 브라이언을 후보로 내세웠고, 루스벨트의 개혁들이 사실은 브라이언의 제안에서 비롯됐다며 자신들이 진정한 개혁 계승자임을 주장했다. 브라이언은 정치 자금 투명성과 은행 예금 보증제 도입 등을 주장했으나, 태프트는 기부 공개를 선거 이후로 미루자고 했고, 대신 우편 저축 제도를 제안했다.

태프트는 선거 초반 루스벨트의 집을 방문해 조언을 구하며 독립성 부족 비판을 자초했고, 루스벨트는 이후 사실상 캠페인을 함께 이끌었다. 그러나 태프트는 자신의 정책을 법률적 기반 위에 안정시키려는 성향을 보이며 루스벨트보다 조심스러운 자세를 견지했다.

공화당 캠페인은 히치콕 주도로 대기업과 밀접하게 연계되었고, 태프트는 골프 등 사적인 활동에 집중해 일부 참모들의 불만을 샀다. 루스벨트는 태프트의 무기력함을 보완하기 위해 적극 개입했고, 대중은 이를 "시어도어의 조언을 받아라(TAFT: Take advice from Theodore)."라고 풍자했다. 금주 문제도 캠페인에 등장했지만, 루스벨트와 태프트는 당 강령에서 중립을 유지하기로 합의했다.

결과적으로, 태프트는 루스벨트의 후광과 공화당 조직력에 힘입어 1908년 대선에서 승리했다.

3. 개혁과 달러 외교

태프트는 대통령 취임 후 법과 질서를 중시하고 헌법적 원칙에 입각한 행정을 펼쳤다. 그는 대중적 인기보다 법률적 정당성을 우선했는데, 가장 두드러진 업적은 반독점 정책이었다. 그는 셔먼 반독점법에 따라 루스벨트보다 더 많은 소송을 제기했고, 스탠더드 오일과 아메리칸 타바코 같은 대기업의 해체를 이끌었다. 기업의 규모보다 법 위반 여부를 기준으로 삼은 점이 특징이었다.

반면 관세 정책에서는 정치적 실패를 경험했다. 페인-올드리치 관세법을 지지했지만 실질적인 고율 관세 유지로 인해 진보 진영의 비판을 받았고, 공화당 내 진보 세력이 등을 돌리는 계기가 되었다. 공직개혁과 재정 건전화 노력도 있었으나 대중의 공감을 얻지 못했고, 의회와의 소통 부족으로 정치적 고립을 자초했다.

그의 행정 스타일은 철저한 법률 우선주의였다. 국민감정이나 정치적 타협보다는 법과 절차를 중시했으며, 정치를 사법적 연장선으로 보는 경향이 강했

▌ 가쓰라–태프트 밀약의 태프트와 가쓰라

다. 그는 진정성 있게 원칙주의를 견지하였지만, 정치적 설득력에서는 한계를 드러냈다.

그의 외교 정책의 핵심은 '달러 외교(Dollar Diplomacy)'였다. 태프트는 군사력 대신 경제력을 활용해 국익을 도모하고자 했고, 중남미와 동아시아에서 미국 자본의 진출을 통해 영향력을 확대하려 했다. 니카라과, 온두라스, 아이티 등에서 금융 개입과 친미 정권 지원이 이뤄졌지만, 이는 현지의 반발과 미국의 제국주의 이미지 확산으로 이어졌다. 니카라과에서는 결국 무력 개입까지 감행했다.

태프트는 동아시아에서도 경제력을 중심으로 영향력을 확대하려는 전략을 추진하였으며, 특히 중국의 철도 건설권 확보와 일본과의 세력 균형 유지에 초점을 맞추었다.

태프트는 만주 철도 건설에 미국 기업이 참여하도록 추진함으로써, 중국의 주권과 시장 접근을 보장하는 '문호 개방(Open Door) 정책'을 지키려 했다. 그러나 일본과 러시아의 강력한 반대로 이러한 시도는 성과를 거두지 못했다. 그는 대통령 취임 전 전쟁장관 시절, 일본 총리 가쓰라 타로와의 비공식 회담을 통해 미국은 일본의 한국 지배를 묵인하고, 일본은 미국의 필리핀 지배를 인정하는 이른바 '가쓰라 – 태프트 밀약'의 틀을 형성했고, 대통령이 된 후에도 이 기조를 유지했다.

1910년 일본의 한국 병합 당시, 미국은 공식적인 반대 입장을 취하지 않았고, 한국의 독립운동에 대해서도 외교적 대응을 하지 않았다. 이는 당시 미국이 아시아 정책에서 이상주의보다는 필리핀 수호와 일본과의 관계 안정이라는 현실적 이익을 우선시했음을 보여준다.

태프트의 외교는 군사적 충돌을 줄이려는 의도가 있었지만, 결과적으로 경제력을 통한 영향력 행사가 현지에서는 강압적이고 제국주의적 방식으로 받아들여졌다. 이러한 접근은 비판을 불러왔고, 후임 대통령 우드로 윌슨은 이를 공식적으로 폐기하였다.

4. 대법원장으로서의 완성

대통령직에서 물러난 윌리엄 하워드 태프트는 교수와 변호사로 활동하다가, 1921년 워런 G. 하딩 대통령에 의해 미국 연방대법원장으로 임명되었다. 그는 미국 역사상 유일하게 대통령과 대법원장을 모두 지내게 되었으며, 대법원장직은 태프트 본인이 가장 자랑스럽게 여긴 공직이었다.

그는 1921년부터 1930년까지 대법원장으로 재임하면서, 법원의 행정 체계와 판결 절차를 정비하고, 각급 법원의 협력 강화를 위해 '법관 회의 제도(Judicial Conference)'를 도입하는 등 사법부의 현대화에 크게 기여했다. 연방정부 권한 확대에는 신중한 태도를 보였고, 주권과 질서, 안정성을 중시하는 보수적 입장에서 판결을 내렸다. 노조나 사회주의 운동에 대해서도 제한적인 입장을 취했다.

태프트는 대통령 시절보다 대법원장으로서 더 큰 만족을 느꼈으며, 사법부의 독립성과 헌법적 질서 수호에 전념했다. 그러나 점차 건강이 악화되었다. 과거에는 150kg이 넘는 체중으로 역사상 가장 체격이 큰 대통령으로 불렸지만, 대법원장 재임 중에는 식이요법과 운동을 통해 110kg 수준까지 감량했다. 그는 매일 자택에서 국회의사당까지 걸었고, 그가 자주 이용한 다리는 후에 '태프트 다리(Taft Bridge)'로 명명되었다.

고령과 지병으로 쇠약해진 그는 1929년 후버 대통령의 취임식에서 선서를 잘못 낭독하며 기억력 감퇴를 드러냈고, 이후 판단력과 체력 모두 급속히 약해졌다. 후임 대법원장이 자신이 우려하던 인물이 될까 걱정하던 그는, 후버가 찰스 에반스 휴즈의 임명을 확약하자 비로소 1930년 2월 사임을 결정했다.

퇴임 직후 건강은 급격히 나빠졌고, 그는 1930년 3월 8일 워싱턴 D.C. 자택에서 심장병과 고혈압 등으로 72세의 나이로 사망했다. 태프트는 국회의사당 원형홀에 안치된 뒤, 알링턴 국립묘지에 묻힌 최초의 미국 대통령이자 대법원장이 되었다.

5. 대통령과 대법원장을 모두 역임

윌리엄 하워드 태프트는 미국 역사상 유일하게 대통령과 대법원장을 모두 역임한 인물로, 행정부와 사법부 양쪽에서 뚜렷한 족적을 남겼다. 그러나 그의 대통령 재임기는 전임자 루스벨트의 강한 존재감에 가려 상대적으로 평가절하되었다. 태프트는 루스벨트보다 더 많은 반독점 소송을 제기하고 진보적 정책도 시행했지만, 언론과 대중과의 소통에 소극적이었고 정치적 유연성도 부족해 대중들로부터 공로를 인정받지 못했다.

반면 대법원장으로서는 높은 평가를 받는다. 그는 법원 행정과 절차를 근본적으로 개혁하고, 1925년 '판사법'을 통해 연방대법원의 업무 조율 권한을 강화했다. 보수적이면서도 제도 개혁에 헌신한 그는 미국 사법부의 현대화를 이끈 인물로 평가된다.

비록 종종 체중이나 과장된 '욕조 일화' 같은 주변적 요소로 회자되지만, 태프트의 본질적인 공헌은 사법 개혁과 법치주의의 확립에 있다. 그는 생전 "국민의 인정을 받으려면 기다릴 수 있다."고 말했으며, 오늘날 그는 대통령보다는 대법원장으로서 더욱 깊이 기억되고 있다.

태프트는 성실한 법률가 대통령으로 국가발전을 위하여 헌신했으나 본인을 알리는 노력은 게을리했으므로 국민들은 그의 진가를 알지 못했다.

일본과의 거래를 통해 한국이 일본에 합병되는 과정에 협력했다는 점에서 한국인들은 그를 증오할 만하다. 안타까운 일이다.

28대 우드로 윌슨(Woodrow Wilson)
1856~1924
이상주의적 국제주의자

우드로 윌슨 대통령, 1914년

토머스 우드로 윌슨(1856~1924)은 학자 출신의 정치가로 제28대 미국 대통령(1913~1921)을 지냈다. 그는 프린스턴대학교 총장을 역임한 후 뉴저지 주지사로 활동했으며, 진보주의 개혁으로 주목을 받았다. 1912년 대선에서 윌리엄 하워드 태프트와 시어도어 루스벨트를 꺾고 당선된 그는 남북전쟁 이후 처음으로 남부 출신 대통령이 되었다. 재임 초기에는 세법 개정, 연방준비제도 설립, 반독점법 강화 등 '신자유주의(New Freedom)' 개혁을 통해 경제적 공정성과 경쟁 촉진을 꾀했다. 그러나 연방정부 내 인종차별 정책 시행과 여성 참정권 반대는 큰 논란을 낳았다. 제1차 세계대전이 발발하자 중립을 선언했지만, 1917년 독일의 잠수함 공격으로 참전을 결정했다. 전쟁 후에는 '14개 조항'을 발표하고 국제연맹 창설을 주도했으나, 미국 상원의 반대로 연맹 가입은 무산되었다. 1919년 뇌졸중으로 국정에서 사실상 물러났고, 이후 민주당은 대선에서 패배했다.

▌ 윌슨, 1870년대 중반

1. 학자에서 국가 지도자로

토머스 우드로 윌슨(Thomas Woodrow Wilson)은 1856년 12월 28일 버지니아주 스턴턴에서 스코틀랜드 · 아일랜드계 이민자 집안에서 태어났다. 아버지 조셉 윌슨(1822~1903)과 어머니 제시 자닛 우드로(1826~1888)의 4남매 중 셋째이자 유일한 아들이다. 아버지는 남부를 지지한 장로교 목사였으며, 윌슨은 조지아와 사우스캐롤라이나 등지에서 자라며 남부 장로교 문화 속에서 성장했다. 프린스턴대학교에서 정치철학과 역사를 전공하며 토론과 학생 자치활동에 적극 참여했고, 버지니아대학교 로스쿨에 진학했으나 건강 문제로 중퇴한 뒤 독학으로 조지아에서 변호사 자격을 취득했다. 그러나 법률 실무보다 학문에 매력을 느껴 존스홉킨스대학교에서 정치학 박사 학위를 받고 '의회정부' 논문 등을 발표하며 정치학자로서 명성을 쌓았다. 그는 미국 대통령 중 유일한 정치학 박사 학위 소지자이다. 윌슨은 '행정학 연구'(1887) 논문을 통해 미국 행정학의 기틀을 마련하고, 대통령제와 헌법 구조에 대한 비판적 분석으로 주목받았다.

1902년, 프린스턴대학교 이사회는 행정력이 부족했던 패튼을 대신해 토머스 우드로 윌슨 교수를 총장으로 임명했다. 윌슨은 대학의 교육 수준 향상을 목표로 입학 기준을 높이고, '신사의 C'라 불리는 느슨한 성적 문화를 없애려 노력했으며, 학문 중심의 학과제도와 핵심 교양 과정을 도입했다. 그는 소규모 세미나식 수업과 지도교수 제도를 도입했고, 자선가들의 기부를 유치해 학교 재정을 강화했다. 또한 그는 교수진 구성에서 종교적 다양성을 추구했으나, 아프리카계 미국인의 입학은 거부했다.

총장직 초기에는 존 히번 교수와 가까운 협력 관계였지만, 1912년 대학 운영 방안에 대한 갈등으로 두 사람은 결별했고, 히번은 훗날 총장이 되었다. 한편 윌슨은 1906년 건강 문제로 시력을 잃고, 이후 점차 완고하고 비타협적인 성향을 보이게 되었다. 그해 버뮤다에서 만난 사교계 여성 메리 펙과의 관계는 사적 편지로 이어졌으며, 훗날 정치적 약점으로 이용되었다.

윌슨은 프린스턴 내 사회 엘리트의 중심이던 상류층 식사 클럽을 해체하려 했고, 학생들을 단과대학(Quadrangles) 체제로 재배치하고자 했으나, 동문들의 강한 반발로 무산되었다. 후반기에는 대학원 건물의 입지 문제를 두고 대학원장 앤드류 웨스트와 갈등했고, 이는 전직 대통령이자 이사였던 그로버 클리블랜드와의 대립으로 이어졌다. 결국 이사회는 대학원이 캠퍼스 외곽에 위치하는 조건으로 승인했다.

이러한 연이은 좌절과 갈등으로 윌슨은 점차 정계 진출을 모색하기 시작했다. 1908년 민주당 전당대회를 앞두고 일부 인사에게 정치적 관심을 내비쳤으며, 비록 지명은 받지 못했지만 정치적 가능성을 여는 계기가 되었다. 훗날 맥조지 번디는 윌슨이 프린스턴에 남긴 교육적 이상을 "단순한 엘리트의 터전이 아닌, 진정한 지적 공동체로의 변모"라고 평가했다.

1883년 그는 조지아 출신 장로교 목사의 딸 엘렌 액슨(1860~1914)과 약혼하고 1885년 결혼했다. 엘렌은 화가로서 재능이 뛰어났지만, 결혼 후 남편을 지원하며 예술 활동을 접고 내조에 전념했다. 두 사람 사이에는 세 딸이 있었고, 모두 훗날 저명한 인사들과 결혼했다. 엘렌은 윌슨의 학문과 정치 경력에 있어 중요한 정신적 동반자가 되었다.

2. 뉴저지 주지사에서 대통령 당선까지

1910년, 우드로 윌슨은 뉴저지 주지사로 당선되었다. 그는 정치적 후견인들의 지원으로 민주당 후보가 되었지만, 당선 이후 당파적 이해관계에 얽매이지 않고 기업 규제, 주의회 개혁, 공직자 윤리 강화, 노동권 보호 등 진보주의적 개혁을 추진했다. 이로 인해 '깨끗한 정치인'으로 명성을 얻었고, 단숨에 전국적 인물로 부상해 1912년 민주당 대선 후보로 지명되었다. 같은 해 대선은 공화당이 윌리엄 태프트와 시어도어 루스벨트로 분열되며 4자 구도로 치러졌고, 윌슨은 상대적으로 낮은 득표율로 승리하며 제28대 대통령이 되었다.

취임 후 그는 진보적 개혁 입법을 강력히 추진했다. 국무장관으로는 윌리엄 제닝스 브라이언을, 재무장관에는 사위 윌리엄 깁스 맥아두를 임명했다. 대통령이 직접 의회에 국정연설을 하는 관행을 정착시키며 현대적 리더십을 확립했고, '신자유(New Freedom)'라는 구호 아래 관세 인하(언더우드 세법), 연방소득세 도입, 연방준비제도 창설을 통해 금융 구조를 개편했다. 또한 연방거래위원회법과 1914년 클레이튼 독점금지법(Clayton Antitrust Act of 1914)을 통해 기업 독점을 견제했고, 아동노동 금지, 8시간 노동제, 선원법 등을 추진해 노동권을 확대했으며, 연방 농장대출법으로 농민 지원책도 마련했다.

한편, 윌슨은 제국주의와 달러 외교를 거부하며 도덕적 외교를 내세웠지만 현실에서는 라틴아메리카에 빈번히 개입했다. 그는 니카라과를 사실상 보호국으로 만들고, 도미니카 공화국과 아이티에 미군을 주둔시켰으며, 멕시코에서는 독재자 우에르타를 인정하지 않고 항구도시 베라크루스를 점령했다. 이후 반정부군 지도자 판초 비야가 뉴멕시코를 습격하자 윌슨은 존 퍼싱 장군을 보내 비야를 추격하게 했으나, 긴장 고조로 인해 철수했다.

유럽에서는 1914년 제1차 세계대전(1914~1918)이 발발하자 미국의 중립을 선언하고 평화 중재를 시도했다. 그는 "생각과 감정 모두에서 공정해야 한다."

윌슨과 내각, 1916년

고 강조하며 전쟁 개입을 자제했으나, 독일이 무제한 잠수함 작전을 재개하고 1915년 루시타니아호를 격침해 128명의 미국인이 사망하자 미국 여론은 악화되었다. 이에 윌슨은 독일에 항의하고 '서식스 약속'을 이끌어 내 잠수함 전쟁 제한을 약속받았다. 동시에 1916년 국방법과 해군법을 통과시켜 군 증강에 나섰다.

1914년에는 아내 엘렌이 사망했고, 윌슨은 상실감에 빠졌으나 1915년 남부 출신의 미망인 에디스 골트(1872~1961)를 만나 연말에 재혼했다. 에디스는 이후 정치적으로도 큰 영향을 미치며 윌슨의 중요한 동반자가 되었다.

3. 제1차 세계대전과 국제연맹

1916년, 우드로 윌슨은 '우리를 전쟁에서 지켜낸 대통령'이라는 구호를 내세워 재선에 성공했다. 민주당은 8시간 노동제, 아동노동 금지, 여성 보호, 최저임금 등 진보 입법을 강조했다. 동부에서는 에번스 휴즈가 앞서고 남부와 서부에서는 윌슨이 앞서 결과가 불투명했다. 승부는 캘리포니아에서 갈렸는데 캘리포니아에서 근소한 차이로 승리했다.

그러나 독일의 무제한 잠수함 작전 재개와 '치머만 전보' 사건으로 여론은 개전 쪽으로 급변했고, 윌슨은 1917년 4월 의회에 선전포고를 요청했다. 이후 미국은 본격적으로 병력을 징집하고, 해군을 증강했으며, 퍼싱 장군의 미국 원정군은 유럽 전선에서 결정적 역할을 했다. 1918년 전세가 역전되며 11월 독일이 항복했고, 미국은 11만 명이 넘는 전사자를 냈다.

전후 윌슨은 '14개 조항'을 바탕으로 평화 질서를 설계하고자 파리강화회의에 참석했다. 그는 국제연맹 창설을 핵심 목표로 삼았고, 실제로 이를 베르사유 조약에 포함시켰다. 그러나 미국 상원은 조약 비준을 거부했다. 특히 국제연맹이 미국의 전쟁 참여를 강제할 수 있다는 우려가 반대를 불렀고, 윌슨은 타협을 거부한 채 전국 순회 연설에 나섰다. 그러던 중 1919년 뇌졸중으로 쓰러져 사실상 국정 수행이 불가능해졌고, 이후 부인 에디스 윌슨이 비공식적으로 대통령직을 대신했다.

국내에서는 전시 통제로 물가 상승과 실업, 파업이 격화됐고, 급진세력에 대한 '적색 공포(Red Scare)'가 확산되었다. 법무장관 팔머는 대대적 단속을 벌였고, 사회 불안이 심화됐다. 한편, 윌슨은 여성 참정권을 지지하며 1920년 제19차 수정 헌법 통과에 기여했으며, 금주법은 거부권에도 불구하고 시행되었다.

4. 인종차별

우드로 윌슨 대통령은 미국 역사상 가장 교육 수준이 높은 인물 중 하나이지만, 인종 문제에 있어서는 퇴행적인 행태를 보였다. 윌슨 행정부는 1913년 취임 직후, 여러 부처에서 흑백 분리 정책(Segregation)을 도입했다. 재무부와 우체국 등 주요 연방 기관은 화장실, 식당, 작업 공간 등을 인종에 따라 분리했고, 이는 당시 민간 영역보다 오히려 퇴보한 조치였다.

또한, 흑인 공직자에 대해 사진을 인사 서류에 첨부하도록 지시함으로써 인종에 따른 채용과 승진 차별이 제도화되었다. 일부 부처에서는 흑인 직원들이 해고되거나 하급직으로 강등되기도 했다. 이는 남부 출신 백인 유권자의 지지를 받으려는 정치적 계산과, 윌슨 자신의 엘리트주의적이고 백인 우월적인 인식이 결합된 결과로 볼 수 있다.

윌슨은 버지니아에서 태어난 남부 백인으로, 남북전쟁과 재건 시대를 보수적으로 해석한 역사관을 갖고 있었다. 그가 역사학자로서 집필한 저서 『미국 국민의 역사(A History of the American People)』에서는 쿠 클럭스 클랜(KKK)의 활동을 질서 회복을 위한 반응으로 묘사하는 등 명백히 인종 편향적 서술을 담고 있다.

더욱 상징적인 사건은, 백악관에서 1915년 상영된 최초의 장편 영화인 「국가의 탄생(The Birth of a Nation)」을 윌슨이 시청하고 "역사를 번개처럼 생생하게 만들었다."는 평가를 했다는 증언이다. 이 영화는 흑인을 야만적으로 묘사하고, KKK를 영웅화한 내용으로 악명이 높으며, 미국 내 KKK의 부흥을 촉진한 계기가 되었다. 윌슨의 인종차별 정책에 대해 흑인 사회는 격렬히 반발했다. 특히 북부 흑인 언론과 지식인들, 그리고 W.E.B. 두보이스를 비롯한 NAACP(전미유색인지위향상협회) 인사들은 공개적으로 항의했다. 두보이스는 한때 윌슨을 지지했던 인물이었지만, 차별 정책에 크게 실망해 등을 돌렸다.

5. 이상주의의 빛과 그림자

1921년 퇴임한 윌슨은 건강이 악화된 채 워싱턴 D.C.에서 은둔 생활을 하다 1924년 2월 3일 사망했다. 그는 진보주의 개혁을 선도한 대통령으로 평가받

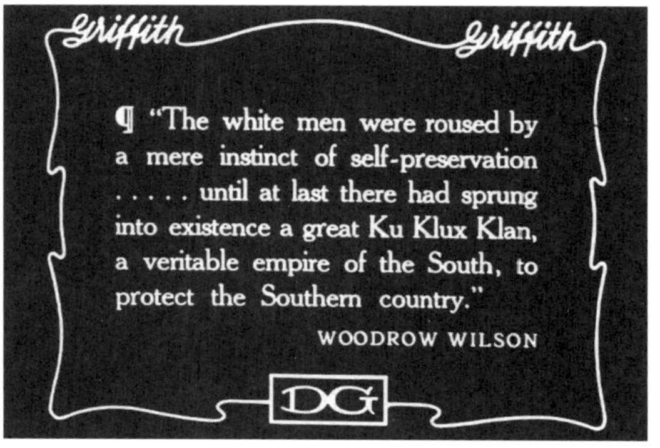

▌ 1892년에 건조된 미국 최초의 전함 USS 텍사스

는다. 노동 보호, 금융 개혁, 반독점 정책 등 민주주의 확대에 기여했으며, 연방준비제도·연방거래위원회 설립과 누진소득세 도입은 루스벨트와 존슨 시대에도 영향을 미쳤다.

그러나 인종 문제에 있어선 심각한 비판을 받는다. 남부 출신이자 보수주의자로서 인종 분리를 방조하거나 정당화했으며, 흑인 공무원을 해고하거나 차별하고, 1915년 백악관에서 인종차별 영화 「국가의 탄생」을 상영하게 해 논란이 일었다. 연방기관에 인종 분리를 도입하고, 흑인 외교관과 병사의 기회를 차단했으며, 도시 폭동에도 실질적 대응을 하지 않았다.

윌슨주의는 이상주의 외교의 기초를 놓았으나, 라틴아메리카 개입과 베르사유 조약 비준 실패 등 한계도 분명했다. 오늘날 그의 유산은 국내 개혁의 선구자와 인종차별의 상징이라는 양면적 평가 속에 재조명되고 있다. 2010년대 이후 그의 이름을 딴 기관과 학교에서는 개명 논의도 이어지고 있다. 2020년에는 그의 이름을 딴 프린스턴대학교의 '윌슨 스쿨(Woodrow Wilson School)'도 개명되었다.

우드로 윌슨은 진보주의 개혁을 추진했고, 이상주의 외교를 추진하였지만 성과를 보지 못하고, 인종차별과 권위주의적 통치로 인격의 미숙함을 드러냈다.

29대 워런 G. 하딩(Warren G. Harding)
1865~1923
정상으로의 복귀, 부패의 오명

워런 G. 하딩, 1920년

워렌 개말리얼 하딩(1865~1923)은 1921년부터 사망한 1923년까지 재임한 미국 제29대 대통령이다. 오하이오 매리언에서 신문업으로 성공한 후 정계에 입문하여 주 상원의원, 부지사, 연방 상원의원을 거쳤고, 1920년 공화당 전당대회에서 절충 후보로 지명되어 대통령에 당선되었다. '정상으로의 복귀'를 내세운 그는 앤드루 멜런, 허버트 후버, 찰스 에번스 휴즈 등 유능한 인사를 중용하고, 워싱턴 해군 군축 회의를 성사시켰다. 그러나 사망 후 티팟 돔 스캔들과 측근의 부패, 낸 브리튼과의 혼외정사 등으로 명성이 추락했다. 하딩은 재임 당시 가장 인기 있는 대통령 중 한 명이었으나, 이후 역사적 평가에서 오랫동안 하위권에 머물렀다. 최근 일부 학자들은 그의 재정 정책과 국제 외교 성과 등을 재평가하기 시작했다.

1. 오하이오의 언론인, 정치에 입문하다

워런 개말리얼 하딩(Warren Gamaliel Harding)은 1865년 11월 2일, 오하이오주 블루밍그로브(Blooming Grove, Ohio)에서 아버지 조지 트라이언 하딩(1843~1928)

과 어머니 피비 엘리자베스 딕슨 하딩(1843~1910)의 8남매 중 장남으로 태어났다. 그의 가족은 보통의 농촌 중산층이었고, 부친은 군의관 겸 지역 신문 편집자였다. 하딩은 지역 학교에서 교육을 받고 오하이오 센트럴 칼리지(Central College of Ohio)를 졸업한 후, 신문 사업에 뛰어들었다. 그는 19세에 지역 신문인 『마리온 데일리 스타(The Marion Daily Star)』를 인수하여 발행인 겸 편집인으로 활동했고, 이를 통해 지역사회에서 명성을 얻었다.

그는 공화당 활동에 적극 참여하며 지방 정치의 요직들을 맡았고, 1899년 오하이오주 상원의원으로 당선되며 정계에 본격적으로 입문했다. 이후 부지사(1903~1905)를 지낸 그는 차분하고 유순한 언변, 원만한 성격으로 당내의 조정자 역할을 맡았고, 주류 정치인들에게 신뢰를 얻었다.

1914년 연방 상원의원에 당선된 하딩은 화합과 온건함을 중시하는 보수주의자로 알려졌으며, 논쟁을 피하고 중립적 태도를 유지하는 자세로 '무해한 정치인'이라는 평가를 받기도 했다. 이러한 특성은 공화당 내 당파를 초월한 지지를 끌어낼 수 있는 자질로 인정되었고, 1920년 공화당 전당대회에서 타협의 후보로 떠올라 대선 후보 지명을 받게 되었다.

워런 하딩은 지역 은행가 에이모스 클링의 딸 플로렌스 클링(1860~1924)을 만나 1891년 결혼했다. 플로렌스는 한 차례 결혼과 이혼을 거친 후 피아노 교사로 생계를 이어갔으며, 하딩의 여동생을 가르치며 인연이 닿았다. 그러나 그녀의 아버지 에이모스는 하딩의 인종적 배경에 대한 의혹과 하딩이 운영하는 신문의 편집 방향에 불만을 품고 결혼을 반대하며 신문 보이콧 운동까지 벌였다. 결혼 후 자녀는 없었지만, 하딩은 아내를 '공작부인'이라 부르며 애정을 표현했다. 플로렌스는 하딩의 신문 사업과 정치 경력에 적극적으로 관여해 경영과 전략에 기여했으며, 남편을 백악관까지 이끈 주요 인물 중 하나이다.

2. 국가의 정상 상태 회복

1920년 대통령 선거는 제1차 세계대전과 윌슨 행정부의 국제주의에 대한 반감, 사회적 피로감이 누적된 시점에서 치러졌다. 하딩은 '정상으로의 복귀(Return to Normalcy)'를 내세워 안정과 회복을 강조하며 민주당의 제임스 M. 콕스를 큰 표차로 꺾고 대통령에 당선되었다. 이 선거에서 라디오 방송이 본격적으로 유세에 활용되기 시작했다.

1921년 3월 제29대 대통령에 취임한 하딩은 경제 회복과 재정 건전성 회복을 핵심 과제로 삼았다. 긴급 관세법 제정, 예산국 신설, 도스 예산국장 임명 등을 통해 지출 통제에 나섰고, 재무장관 앤드루 멜런은 고소득층 세율 인하로 세수 증가를 유도했다. 포드니-맥컴버 관세법은 보호무역을 강화했지만 국제 무역에는 부정적 영향을 미쳤다. 경기 회복은 1922년부터 가속화되었고, 실업률은 12%에서 3%대로 급감했다.

하딩은 고속도로 건설, 라디오 · 항공 규제 마련 등 신산업을 장려하고, 정부 지출을 줄이며 근로시간을 일 8시간으로 단축시켰다. 파업에 대해서는 가처분 명령 등 강경 대응을 취했으며, 친기업적 노선을 유지했다.

흑인 인권에 있어 하딩은 린치 반대 입장을 공개 표명하고, 흑인 고등교육 지원을 약속했으며, 일부 내각직에 흑인 임명을 지시했다. 그러나 1922년 반린치법은 남부 민주당의 필리버스터로 무산되었다. 이민정책에서는 1921년 '퍼센트 법'으로 동 · 남유럽계 이민을 제한했으나, 인도적 집행으로 일부 추방을 유예했다. 전쟁 반대 발언으로 수감된 유진 뎁스를 사면하고 백악관에 초청했으며, 23명의 정치범도 함께 사면했다.

외교적으로는 국제연맹 가입을 거부하고, 워싱턴 해군 군축 회의를 주최해 미국 · 영국 · 일본의 전함 비율을 5:5:3으로 제한하는 조약을 체결해 국제적 명성을 얻었다. 찰스 에번스 휴즈 국무장관은 실용주의 외교를 펼치며, 국제

연맹에는 비참여 원칙을 지키되 인도주의 분야는 제한적으로 참여했다. 독일과의 배상 문제는 이후 도스 계획으로 연결되었고, 러시아와는 공식 수교 없이 구호 협정을 통해 간접 협력했다.

라틴아메리카에선 군사 개입을 줄이려 했지만 도미니카 · 아이티 등지의 미군 주둔은 지속되었다. 콜롬비아에는 파나마 보상금 2,500만 달러를 지급했고, 멕시코에는 외교 승인을 유보하다 1923년 조건부로 승인했다. 하딩의 외교는 고립주의와 실용주의를 절충한 성격을 띠었다.

3. 치명적 스캔들

워런 G. 하딩 대통령의 임기는 수많은 스캔들과 개인적 논란으로 얼룩졌다. 그는 오하이오 출신의 친구들과 지인들을 정부 요직에 대거 기용했는데, 이들 중 일부는 무능하거나 부패했다. '오하이오 패거리(Ohio Gang)'라 불린 이들은 공직에서 사익을 추구하며 국가 신뢰를 훼손했다. 가장 악명 높은 사건은 내무장관 앨버트 B. 폴이 연루된 티팟 돔 스캔들이었다. 티팟 돔 스캔들(Teapot Dome Scandal)은 워런 G. 하딩 대통령 행정부 시절 발생한 미국 역사상 가장 악명 높은 부패 사건 중 하나였다. 내무부 장관 앨버트 폴은 원래 해군의 비축용이던 석유 매장지, 특히 와이오밍주의 '티팟 돔'을 입찰 없이 특정 민간 석유회사에 몰래 임대하고, 그 대가로 거액의 뇌물을 수수했다. '티팟 돔'은 와이오밍주에 위치한 미 해군 전략 석유 비축 매장지의 이름으로, 암석 지형이 찻주전자(Teapot)를 닮아 붙여진 이름인데, 원래는 전시 비상시를 대비한 해군 연료 공급원으로 보존되어야 할 자산이었다.

이 사건은 언론과 의회 조사를 통해 폭로되었고, 결국 폴은 유죄 판결을 받아 연방 내각 장관으로는 처음으로 수감되었다. 하딩 대통령은 스캔들이 본격

1923년 7월 알래스카 대통령 열차에 탄 하딩과 비서관 후버, 월리스, 워크, 하딩 부인 일행

적으로 드러나기 전 사망했지만, 그의 행정부는 부패와 무능의 상징으로 남게 되었다. 티팟 돔 사건은 정부 자산의 사적 이용과 정경유착의 위험성을 보여주며, 이후 공직자 윤리와 행정 투명성에 대한 개혁 요구를 촉진하는 계기가 되었다.

또 다른 중대한 부패는 재향군인국장 찰스 R. 포브스가 병원 건설과 계약을 통해 공금을 착복한 사건이었다. 하딩은 그를 사임시켰지만 유럽으로 도피하도록 사실상 방조해 비판을 받았다. 법무장관 해리 M. 도허티 또한 측근 제스 스미스와 함께 주류 밀수 단속권 판매, 기소 무마 등 각종 비리에 연루되었고, 결국 하딩 사후 사임했다.

하딩의 사생활 역시 논란의 대상이었는데, 그는 두 명의 여성과 혼외 관계를 맺었다. 캐리 필립스(1873?~1960)와는 수년간 관계를 유지했고, 낸 브리튼(1896~1991)과의 관계에서는 사생아가 태어났으며, 2015년 DNA 검사를 통해 이 사실이 입증되었다. 이처럼 하딩은 직접적으로 형사 처벌을 받은 바는 없으나, 부패한 인사 기용과 감시 실패로 인해 역사적으로 가장 부정적인 평가를 받는 대통령 중 한 명으로 남게 되었다.

1923년, 그는 이러한 정치적 압박 속에서 '대국민 신뢰 회복'과 정책 방향 재

워렌과 플로렌스 하딩, 1922년경. 플로렌스 하딩은 남편의 명예를 극도로 보호했다

정립을 위한 전국 순방에 나섰고, 이른바 '이해의 여정(Voyage of Understanding)'이라 불리는 일정 중 캘리포니아를 방문했다. 그러나 건강이 악화되어 8월 2일, 샌프란시스코 팰리스 호텔에서 심장마비로 사망했다. 향년 57세였다. 부통령 캘빈 쿨리지가 후임으로 대통령직을 승계했다.

4. 온건한 인물이 남긴 양면의 유산

하딩의 재임기간은 경제 안정과 전후 복구, 군비 축소와 기업 성장 측면에서 일정한 성과를 거두었지만, 그의 리더십과 인사 스타일은 대통령직의 한계를 드러낸 사례로 평가된다. 그는 강력한 개혁가도, 사상가도 아니었으며, 자신의 한계를 인지하고 '국가의 조정자' 역할에 만족하는 온건한 지도자였다. 그러나 오하이오 패거리(Ohio Gang)로 불리는 측근들의 부패와 관리 실패는 하딩 개인의 정치적 유산을 심각하게 훼손했다.

그럼에도 불구하고 하딩은 인간적으로는 호감형 정치인이었으며, 언론과 친숙하고 대중과의 소통에도 능했다. 라디오 방송을 활용한 대중 유세, 정제된 언어 사용, 평범한 시민으로서의 이미지는 훗날 정치 커뮤니케이션의 전형이 되기도 했다. 그러나 하딩은 정책 조정에는 익숙했으나 강한 통치력이나 위기 관리 능력은 부족했다. 정치에 있어 그는 능숙한 연설가이자 친화력 있는 중재자였지만, 결단력과 통제력은 부족했고, 그로 인해 주요 국정 이슈에서 흔들리는 모습을 보였다.

그는 사망 당시에는 세계적으로 애도받을 만큼 인기가 높았지만, 이후 티팟돔 사건 등 각종 스캔들이 폭로되며 역사적 평가가 급락했다. 초기 언론과 정치인들은 하딩을 '평화의 인물'로 추모했지만, 윌리엄 앨런 화이트나 사무엘 홉킨스 애덤스 같은 작가들이 그를 조롱하거나 무능한 대통령으로 묘사했고, 낸 브리튼의 폭로는 대중적 신뢰에 큰 타격을 주었다.

1930~60년대에는 혼혈 루머까지 제기되며 그의 성향을 의심받았고, 학자들은 하딩을 늘 대통령 평가 최하위에 놓았다. 그러나 로버트 머레이, 로버트 페렐, 존 딘 등은 일부 전통적 서술을 비판하며 하딩의 성과를 재조명하려 했다. 전쟁 피해가 적고 경제 지표가 개선되었다는 점에서 그의 재임기에 대한 재평가도 진행 중이다. 그럼에도 불구하고, 측근 부패에 대한 방관과 책임 회피는 여전히 그의 최대 오점으로 남는다.

결과적으로 하딩은 "좋은 사람이 항상 좋은 지도자는 아니다."라는 교훈을 남긴 인물로, 그의 상당한 업적에도 불구하고 통치자로서의 책임을 다하지 못한 대통령으로 기록되고 있다.

워런 하딩은 전후 미국 사회의 피로감 속에서 정상으로의 복귀를 도모하고 경제 회복과 안정에 기여했다.

그러나 측근들의 부패와 여성관계로 명예가 손상되었다.

30대 캘빈 쿨리지(Calvin Coolidge)
1872~1933
겸손하고 위엄 있는 대통령

캘빈 쿨리지 대통령, 1924년

캘빈 쿨리지(1872~1933)는 미국의 제30대 대통령(1923~1929)으로, 1923년 하딩 대통령의 사망으로 승계한 후 1924년 대선에서 당선되어 1929년까지 재임했다. 매사추세츠 주지사 시절 보스턴 경찰 파업에 강경 대응 하며 전국적 명성을 얻었다. 그는 '작은 정부'와 자유방임 경제를 신조로 한 보수주의자였다. '조용한 칼'로 불릴 만큼 말수가 적고 절제하는 성품이었으며, 정부 지출 축소, 세금 감면, 부채 감축 등을 통해 1920년대 경제 호황을 이끌었다. 인디언 시민권법에 서명하고 여성 참정권을 지지했으나, 인종 · 노동 문제에는 소극적이었다. 1928년 재출마를 사양하고 은퇴했다. 대공황을 둘러싼 평가에서 긍정과 비판이 엇갈리나 조용하지만 원칙 있는 지도자로 기억된다.

1. 신중한 지도자의 형성기

존 캘빈 쿨리지(John Calvin Coolidge Jr.)는 1872년 7월 4일, 미국 독립기념일에 버몬트주의 작은 시골 마을 플리머스 노치(Plymouth Notch)에서 형제 중 장남으로 태어났다. 어릴 때부터 '조용한 칼 (Silent Cal)'이라는 별명이 암시하듯 조용하고 내성적인 성격을 지닌 그는, 도덕적 절제와 책임감을 중시하던 퀘이커적 분위기에서 성장했다. 그의 부친 존 쿨리지 1세(1845~1826)는 지역 정치인으로 재무관, 우체국장, 치안판사 등을 역임했으며, 어린 캘빈에게 공공 봉사와 윤리의식을 일깨워 주었다. 그러나 어머니 빅토리아 무어(1846~1885)는 쿨리지가 12세가 되던 해 병으로 세상을 떠났고, 이는 그의 성격에 깊은 영향을 끼쳤다.

어릴 적부터 그는 라틴어, 웅변, 논리학 등에 흥미를 보였으며, 말수는 적었으나 표현은 분명했다. 버몬트 아카데미를 거쳐 앰허스트 칼리지(Amherst College)에 진학한 그는, 문학, 철학, 고전학을 전공하고 1895년 수석으로 졸업하였다. 이 시기 그는 연설 동아리에서 활동하며 논리적 사고력과 표현 능력을 연마했고, 이러한 능력은 훗날 대통령이 되어서도 그의 절제된 언어 스타일로 나타났다.

졸업 후 그는 매사추세츠주 노스햄프턴에 정착하여 법률 견습을 시작했고, 1897년 변호사 자격을 취득하여 본격적인 법률가로 활동했다. 1899년에는 시의회 의원에 출마하며 정계에 첫발을 들였다. 이후 시의 법률 자문위원, 시 의장, 주 하원의원, 주 상원의원, 주 부지사, 주지사 등으로 점차 공직 경력을 쌓았다. 그는 늘 성실하고 정직한 공직자로 명성을 얻었고, 불필요한 정치적 수사는 삼가며 효율과 원칙을 중시했다.

1919년 매사추세츠 주지사로서 그는 전국적인 주목을 받는 사건을 맞이한다. 바로 '보스턴 경찰 파업'이었다. 당시 경찰들은 낮은 임금과 열악한 근무환경 개선을 요구하며 파업을 벌였고, 그로 인해 도시 전체가 무정부 상태에 빠졌다. 쿨리지는 경찰들의 복직을 거부하고, 주 방위군을 동원하여 질서를 회복시켰다. 이때 그는 "공공안전은 파업 대상이 될 수 없다(Public safety is not to be struck)."는 유명한 어구로 원칙적이고 단호한 입장을 밝히며 전국적 영웅으로 부상했다.

그의 단호한 행보는 1920년 공화당 대통령 후보 경선에서 워런 G. 하딩의 러닝메이트로 낙점되게 만든 결정적 계기가 되었다. 쿨리지는 '평범한 미국인'을 대변하는 인물로 인식되었고, 하딩과 함께 '정상으로의 복귀(Return to Normalcy)'를 외치며 승리를 거두었다.

2. 뜻밖의 취임

쿨리지는 1921년 부통령으로 취임했지만, 당시 부통령직은 형식적인 위치에 불과했고, 하딩 대통령은 그에게 실질적인 국정 운영 기회를 거의 주지 않았다. 그러던 중 1923년 8월, 하딩이 갑작스레 사망하면서 쿨리지는 예기치 못한 방식으로 대통령직을 승계하였다. 그는 당시 아버지의 버몬트 농장에서 여름 휴가 중이었고, 등유 램프 아래에서 부친의 주재하에 간소하게 대통령 취임 선서를 했다. 이 장면은 미국 역사상 가장 검소하고 상징적인 취임식 중 하나로 남았다.

쿨리지는 대통령으로서 부패로 얼룩진 하딩 행정부와의 단절을 신속히 선언했다. 특히 하딩 행정부의 핵심 스캔들인 '티팟 돔 사건(Teapot Dome Scandal)'의 여파 속에서 그는 정직성, 절제, 재정 건전성을 내세우며 행정부의 신뢰 회복에 나섰다. 그는 부패한 인사들을 물러나게 하고, 재무장관 앤드루 멜런과 협력하여 연방 예산 축소, 세금 감면, 정부부채 감축 등의 정책을 추진했다.

1924년 대선에서 그는 '조용한 지도자'로서 국민들의 신뢰를 얻어 대통령에 당선되었다. 선거운동 역시 화려한 언변이나 군중 동원 없이, 검소하고 차분한 이미지로 승부했고 이는 중산층과 보수적 유권자들의 지지를 받았다.

3. 절제의 리더십

쿨리지 재임 시 미국은 '광란의 20년대(Roaring Twenties)'로 불리는 경제 호황을 누렸다. 쿨리지는 정부의 시장 개입을 최소화하며 "비즈니스가 미국의 사업이다(The business of America is business)."라는 철학 아래 기업 친화적 정책을 유지했다. 상무부 장관 허버트 후버에게 산업 정책을 위임했고, 항공 · 라디오 등 신산업을 장려했다. 연방 규제는 약화되었고, 연방거래위원회 등은 유명무실했다. 그는 세금을 줄이고 정부 지출과 부채를 감축하는 멜런의 '과학적 과세' 이론을 채택했으며, 1924 · 1926 · 1928년 세법 개정을 통해 고소득층의 세금을 대폭 인하했다. 농업 지원에 반대하며 맥너리-하우겐 농장 구제 법안을 두 차례 거부했으며, 농업은 독립적 사업이어야 한다고 주장했다. 1927년 미시시피 대홍수 당시 연방 지원에 소극적이었고, 지역 방문도 거부했다. 그는 재산 소유자가 비용을 부담해야 한다고 보았으며, 의회의 홍수 대응법안에도 조용히 서명했다. 전반적으로 쿨리지는 정부 개입을 최소화하는 원칙을 유지했다.

그는 전통적인 자유방임주의(Laissez-Faire) 경제철학을 충실히 따랐고, 노조에 대한 적대적 태도와 느슨한 금융 규제는 기업 성장에 날개를 달아주었다. 그러나 이러한 정책은 농민, 도시 빈민, 노동자 같은 사회적 약자들에 대한 무관심으로 비판을 받기도 했다. 흑인, 여성, 이민자 등 다양한 계층에 대한 배려 역시 미약했으며, 그는 사회 개혁이나 복지 확대보다는 질서, 균형, 절약을 중시하는 방향을 고수했다.

그러나 캘빈 쿨리지는 인종적 편견이 없었으며, 쿠 클럭스 클랜(KKK)을 혐오하고 KKK단원에게는 공직을 주지 않았다. 그는 아프리카계 미국인의 시민권을 지지하며, 첫 연방 연설에서 이들의 권리는 헌법에 따라 '신성'하다고 강조했다. 린치를 연방법으로 금지하려 했지만 의회의 반대로 무산되었다.

쿨리지가 원주민에게 미국 시민권을 부여하는 법안에 서명한 후 오세이지 족과 함께 있는 모습

1924년 인디언 시민권법에 서명해 보호구역 거주 원주민에게 시민권을 부여했고, 하워드대 졸업식 연설에서 흑인의 교육과 군복무 기여를 칭찬했다. 또 그는 관용과 이민자의 공헌을 강조하며 인종적 편견을 거부했다.

외교 정책에 있어 캘빈 쿨리지는 세계문제에 깊이 정통하지 않았고, 외교보다는 국내 상거래와 기업 중심의 '현상 유지'에 집중했다. 고립주의자는 아니었으나 유럽 개입을 꺼렸고, 국제연맹(League of Nations) 가입을 반대했다. 그는 미국의 주권이 침해되지 않는다는 조건하에 국제 법원(Permanent Court of International Justice) 참여를 지지했지만, 상원의 미온적 대응으로 무산되었다. 1924년, 쿨리지는 부통령 찰스 도스를 독일의 배상금 문제를 해결할 도스 계획(Dawes Plan)의 대표로 임명했고, 이는 독일 경제 회복에 기여했다. 해군 군비 축소를 시도한 제네바 해군 회의는 합의 실패로 끝났지만, 국무장관 켈로그 주도의 1928년 켈로그-브리앙 조약(Kellogg-Briand Pact)은 전쟁을 국제 정책 수단으로 사용하지 않는다는 원칙을 세웠다. 쿨리지는 소련을 인정하지 않았고, 멕시코 혁명 정부를 승인하며 무기 금수 조치를 해제했다. 니카라과, 아이티 점령을 유지했고, 도미니카 공화국에서는 철수했다. 1928년 그는 쿠바

하바나에서 열린 미주 회의에 참석하며 중남미와의 관계 개선을 시도했으며, 이는 그가 임기 중 유일하게 해외를 방문한 사례였다. 캐나다와는 세인트 로렌스 수로 건설 계획을 승인해 양국 간 경제 협력을 강화했다.

4. 조용한 위엄의 상징

1928년, 공화당과 국민들은 쿨리지의 재출마를 기대했으나, 그는 간단한 성명으로 "나는 출마하지 않겠다(I do not choose to run)."는 뜻을 밝혔다. 이는 그의 절제된 성향을 잘 드러내는 장면이었으며, 권력에 연연하지 않는 품격 있는 정치인의 모습으로 많은 미국인들의 존경을 받았다.

대통령직을 떠난 뒤 그는 매사추세츠 노스햄프턴으로 돌아가 집필 활동에 전념했다. 그는 자서전과 칼럼을 통해 보수주의, 신앙, 공공의 도덕에 대한 자신의 철학을 조용히 전달했다. 대중의 기대를 선동하거나 후계자를 세우는 정치적 움직임 없이, 그는 차분하게 미국 사회를 지켜보았다.

그러나 1929년 10월 주식시장의 붕괴와 함께 대공황(Great Depression)이 시작되면서, 쿨리지 시대의 경제 정책이 도마 위에 오르게 된다. 규제 완화와 금융기관의 방임이 지나쳤다는 비판이 제기되었고, 일부 평론가들은 쿨리지가 대공황을 촉발한 구조적 원인을 방치했다고 지적했다. 반면, 그의 시대는 정부의 간섭을 최소화하면서도 재정 건전성과 경제 효율성을 동시에 확보했던 '균형의 시대'로도 평가받았다.

1933년 1월 5일, 쿨리지는 자택에서 심장마비로 세상을 떠났다. 향년 60세였다. 당시 프랭클린 D. 루스벨트가 대통령에 당선되어 뉴딜정책을 준비 중이던 시기였고, 쿨리지의 죽음은 자유시장 경제의 상징이자 '작은 정부' 시대의 마무리를 의미하는 상징적 사건이 되었다.

5. 훌륭한 인격과 리더십의 한계

오늘날 캘빈 쿨리지는 미국 역사상 가장 말수가 적고 검소했던 대통령, 그리고 권력보다 원칙을 중시한 지도자로 회자된다. 그는 진보적 개혁이나 사회운동과는 거리가 있었지만, 국정 운영에 있어 엄격한 도덕성과 재정 책임을 고수한 인물로 기억된다. 조용하지만 강직했던 그의 통치는 '절제의 정치'가 지닌 의미와 가치를 되새기게 만든다. 무리한 개혁이나 대중영합주의가 아닌, 원칙과 질서를 중시한 그의 리더십은 혼란의 시대를 지나온 미국인들에게 심리적 안정감을 제공했다.

캘빈 쿨리지는 순수하고 성실한 성격으로 미국 정계에 입문해, 강직한 도덕성과 절제의 미덕을 통해 대통령직에까지 올랐다. 그는 경제적 번영기 동안 '작은 정부'와 자유시장 철학을 실현했으나, 사회적 약자에 대한 무관심과 규제 부재로 비판을 받기도 했다. 퇴임 후에도 품격 있게 은퇴하며, 조용한 위엄을 지닌 지도자로 미국 정치사에 독특한 족적을 남겼다.

최고지도자는 인격도 중요하지만 국민들의 삶의 질에 미치는 그의 역량이 더 중요할 수 있다.

쿨리지는 자신의 원칙을 성실히 준수했으나 대공황의 길을 닦는 결과를 초래했다.

31대 허버트 후버(Herbert Hoover)
1874~1964
기술관료의 성공과 실패

허버트 후버, 1928년

허버트 클라크 후버(1874~1964)는 1874년 아이오와주 웨스트 브랜치에서 태어났다. 스탠퍼드대학교를 졸업한 그는 광산 엔지니어로서 국제적인 명성과 부를 얻었다. 제1차 세계대전 발발 이후에는 벨기에 구호위원회를 조직해 독일 점령지에 식량을 공급했고, 미국 식량청장에 임명되어 국민 식량 절약 운동을 주도했다. 전후에는 유럽 수백만 명에게 식량을 제공한 미국 구호청을 지휘했다.

하딩과 쿨리지 행정부에서 상무부 장관을 지낸 그는 항공 · 라디오 산업 육성과 1927년 미시시피 대홍수 대응을 통해 전국적인 명성을 얻었다. 1928년 대통령에 당선되었지만, 취임 첫해에 대공황이 발발하면서 그의 경제 정책은 무기력하다는 비판을 받았다. 특히 멕시코계 미국인 수백만 명을 강제 추방한 조치는 오랫동안 비난의 대상이 되었다.

1932년 대선에서 프랭클린 D. 루스벨트에게 패한 후 은퇴했으나, 이후 31년간 각종 공공 임무에 참여하며 활약을 이어갔다. 트루먼과 아이젠하워 행정부에서 '후버 위원회'를 이끌며 행정 개혁에 기여했다.

1. 자수성가한 광산 엔지니어

허버트 클라크 후버는 1874년 아이오와주 웨스트 브랜치(West Branch, Iowa)에서 퀘이커교도 가정에서 태어났다. 아버지 제시 클라크 후버(1846~1880)는 대장장이이자 농기구 가게 주인이었고, 어머니 훌다 랜달 민손(1848~1884)은 신앙심 깊은 여성으로 지역 신앙 공동체의 중심이었다. 어린 시절 후버는 후두기관지염(Croup)으로 생사의 고비를 넘겼고, 성경 외에는 독서에 큰 흥미를 보이지 않았다. 6세 때 아버지를, 10세 때 어머니를 잃고 고아가 된 후버는 친척 집을 전전하다 오리건주의 외삼촌 가정에 정착해 근면과 교육의 가치를 배웠다. 정규 고등학교에 다니지 못한 그는 낮에는 부동산 사무실에서 일하고 밤에는 회계와 수학을 배우며 실무 능력을 길렀고, 1891년 스탠퍼드대학교 개교 첫해에 입학해 지질학을 전공했다. 졸업 후 후버는 세계 각지에서 광산 기술자와 관리자, 투자자로 활약했다. 서호주 금광에서는 탁월한 경영으로 주니어 파트너로 빠르게 승진했고, 이후 중국 톈진으로 발령되어 의화단 반란을 직접 겪었다. 그는 중국-영국 합작 광산을 실질적으로 통제하며 국제 무대에서 존재감을 키웠고, 세계 곳곳의 광산에서 일하며 경영 악화, 노동 갈등, 안전 문제 등을 기술과 조직력으로 해결해 '병든 광산의 의사'로 불렸다. 1914년까지 그는 막대한 부를 축적한 독립 금융가가 되었다.

후버는 스탠퍼드 시절 만난 동급생 루 헨리(1874~1944)와 1898년 결혼했으며, 1944년 그녀가 사망할 때까지 46년간 결혼생활을 이어갔다. 루는 국제 구호 활동과 백악관에서의 여성 지위 향상 등 다방면에서 후버를 도운 동반자였다. 두 사람 사이에는 아들 둘이 있었고, 가족은 런던과 미국 스탠퍼드 · 워싱턴 D.C.를 오가며 살았다. 후버는 퀘이커교 가정에서 성장하였으나 성인이 된 뒤로는 종교 활동에 거의 참여하지 않았고, 그의 형 시어도어는 광산공학 교수로서 자연 보호에 헌신했다.

2. 실용적인 인도주의자

제1차 세계대전은 허버트 후버의 삶의 전환점이었다. 전쟁 발발 직후, 그는 유럽에 발이 묶인 수만 명의 미국인을 돕기 위해 귀환위원회를 조직하고 이끌었으며, 이후 벨기에 구호위원회(CRB)를 설립해 독일군 점령하의 벨기에와 북부 프랑스에 식량을 공급했다. 후버는 개인 기부와 정부 자금을 조달해 CRB를 국제 구호기구로 성장시켰고, 연합국과 독일을 오가며 식량 운송 허가를 얻는 외교적 임무도 수행했다. 1917년 미국의 참전 이후, 윌슨 대통령은 후버를 미국 식량청(U.S. Food Administration)의 청장으로 임명했다. 그는 배급을 피하고 자발적 절약을 독려했으며, '고기 없는 월요일', '밀 없는 수요일' 같은 캠페인을 통해 미국 내 식량을 절약했다. 전후에는 미국 구호청(ARA) 수장으로서 14개국 1,500만 명의 어린이를 포함해 수천만 명에게 식량을 제공했다. 후버는 볼셰비즘에 반대했음에도 기근에 시달리던 소련에까지 식량을 보냈고, 사회주의 리얼리즘의 선구자이자 혁명적 작가인 막심 고리키로부터 '러시아인의 생명을 구한 공로로 역사에 남을 것'이라는 찬사를 받았다. 그는 이 시기 기록을 후버 전쟁 컬렉션으로 남겼으며, 이는 오늘날의 후버 연구소로 발전했다. 전쟁과 구호를 통해 후버는 국제적 명성과 정치적 기반을 다졌다.

3. 상무장관과 정치적 성장

허버트 후버는 상무장관 재직 중 단순한 기술관료를 넘어 연방정부의 기능 확장에 크게 기여했다. 그는 통계 수집, 산업 효율성 제고, 인프라 개발, 자원 관리 등 다양한 분야에서 근대 행정의 틀을 정립했으며, 노동 · 자본 · 정부 간 협력을 중시하는 조합주의적 접근을 통해 정부 주도의 경제 조정 모델을 구상

▍ 라디오 수신기를 듣고 있는 후버, 1925

했다. 특히 라디오 방송 시스템, 항공 산업 제도화, 자동차 규범과 산업 표준화에 주도적 역할을 했고, 무역사무소 개설, 영화 수출, 주택 소유 장려 캠페인 등으로 '능률의 아이콘'으로 부상했다.

1927년 미시시피 대홍수는 후버의 정치적 입지를 강화한 계기였다. 당시 그는 연방의 제한된 권한 속에서도 민간 중심의 구호 활동을 이끌며 1,700만 달러를 모금하고 100여 개 구호소를 조직했다. 이 과정에서 리더십과 자금 조달 능력을 입증했으나, 흑인 난민에 대한 차별적 대우를 묵인한 점은 비판을 받았다. 그럼에도 이 경험은 후버가 1928년 대선에 출마하는 결정적 기반이 되었다.

후버는 상무장관으로서의 명성과 공화당의 번영 이미지를 등에 업고 공화당 대통령 후보로 지명되었다. 당시 쿨리지는 후버에게 회의적이었지만 당내 통합을 위해 공개적 반대를 자제했다. 전당대회에서는 첫 투표에서 과반을 확보했고, 러닝메이트로는 찰스 커티스 상원의원이 선정되었다. 민주당 후보 앨 스미스는 가톨릭 신자이자 금주법 반대론자로 보수층의 반발을 샀고, 후버는 금주법에 대해 원칙적 지지 입장을 유지하며 중도 이미지를 강조했다. 그는 남부 백인의 지지를 얻기 위해 흑인 공화당원 배제를 활용한 '백합 전략'을 구사했고, 선거에서 득표율 58%, 선거인단 444명을 획득하며 대승을 거두었다. 특히 남부 5개 주를 탈환해 '단단한 남부'에 균열을 냈지만, 선거구 재조정이

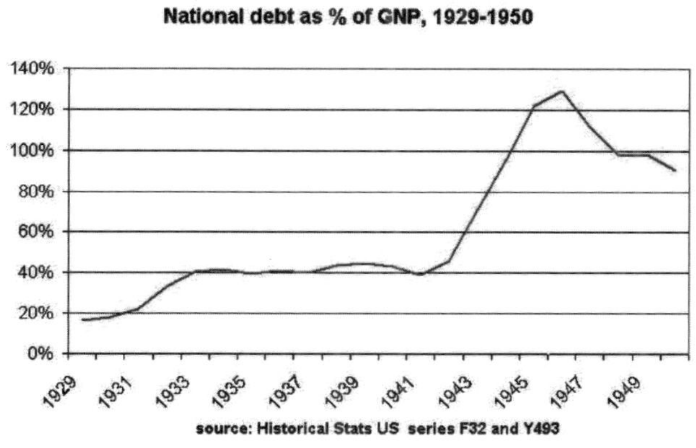

GNP 대비 국가 부채 비율, 1929~1950
후버 정권하에서 GNP 대비 국가 부채가 20%에서 40%로 증가했다.
미국 역사 통계(1976)

1920년 인구조사를 반영하지 못한 점은 일부 비판을 받았다.

4. 대공황의 격랑

1929년 미국 제31대 대통령에 취임한 허버트 후버는 자조와 자원봉사를 기반으로 한 공공-민간 협력을 핵심 통치 철학으로 내세웠다. 그는 연방정부의 강제적 개입을 피하고 민간과 지방 정부의 자율적 대응을 강조했으며, 농산물 가격 안정을 위해 농업 마케팅법을 통과시키고 연방 농업 위원회를 설립하는 등 일부 조정 장치를 마련했다. 그러나 같은 해 10월, '검은 화요일' 주식시장 붕괴로 시작된 대공황이 미국은 물론 세계 경제를 깊은 침체로 몰아넣었고, 후버의 임기는 이 전례 없는 위기와 맞물려 크게 흔들렸다.

경제 위기 초기에 후버는 기업과 노동계에 임금 유지 및 파업 자제를 요청하고, 이자율 인하와 공공지출 확대 등을 시행했다. 그러나 실업자 구제와 같은 연방의 직접 개입은 거부하여 실업과 빈곤의 심화로 이어져 국민의 불만을 자초했다. 보호무역을 강화한 스무트-홀리 관세법은 세계 각국의 보복관세를 유발해 국제무역을 위축시켰고, 대공황을 오히려 악화시켰다. 상황이 심각해진 1931년 이후 그는 재건금융공사(RFC)를 설립해 금융기관을 지원하고 공공사업법으로 대규모 예산을 집행했지만, 이미 때는 늦었다. 여기에 1932년의 대규모 증세는 대중의 부담과 정치적 반발을 더욱 키웠다.

민권 문제에서는 흑인의 연방직 임명을 늘렸지만, 남부 백인의 지지를 고려한 '백합화 전략'을 고수했고, 멕시코계 미국인 약 100만 명의 강제 송환은 '인종 청소' 논란을 낳았다. 1929년 대공황 시기, 워싱턴 D.C.와 캘리포니아 등 각지에서 "미국 일자리를 진짜 미국인에게(American jobs for real Americans)."라는 구호 아래 멕시코계 이민자와 미국 시민권자들이 집중적으로 강제 이송 또는 송환당했다. 이 정책은 후버 대통령의 노동장관 윌리엄 도악(William Doak)의 주도로 진행되었으며, 법 절차를 거치지 않고 주 · 지방 정부와 대기업들이 현장 검문과 공권력에 의한 체포 · 이송을 주관했다.

이들은 별도의 법적 절차 없이 기차, 트럭 등으로 가족과 분리되어 국외로 강제 이동되었으며, 자산과 사회적 기반을 잃고 정체성과 사회적 상실을 겪는 등 심각한 상처를 남겼다. 역사학자들은 이 프로그램이 단순한 경제 위기의 대응을 넘어 인종 청소(Ethnic Cleansing)에 가까웠다고 평가한다. 최근 트럼프 대통령의 반이민 정책을 보면 유사한 느낌이 든다.

금주법 관련해서는 위커샴 위원회를 통해 제도적 검토는 진행했으나 개정을 거부하면서 비판 여론에 직면했다.

대외정책에서는 고립주의와 비간섭 원칙을 유지하며, 클라크 메모를 통해 라틴아메리카 내정 불간섭을 천명하고 '바나나 전쟁'을 단계적으로 마무리했다. 그는 런던 해군 조약 체결과 군축 제안을 주도했지만, 일본의 만주 침공에는 스팀슨 독트린을 발표하는 수준에 그쳤다.

가장 큰 정치적 타격은 1932년 '보너스 군대' 사건이었다. 제1차 세계대전 참전용사들의 시위에 대해 군대를 동원한 강경 진압은 전국적인 공분을 샀고, 후버의 대중적 이미지를 치명적으로 훼손했다. 결국 그는 1932년 대선에서 민주당의 프랭클린 D. 루스벨트에게 참패를 당했다. 후버는 전국 48개 주 중 여섯 개 주에서만 승리했으며, 득표율은 39.6%로 추락했다. 이 선거는 자조 중심의 후버 모델이 대공황의 시대적 요구를 충족하지 못했음을 상징하는 역사적 패배로 기록되었다.

5. 정치적 복권

1933년 재선에 실패한 허버트 후버는 공직에서 물러난 뒤에도 미국 정치와 국제 문제에 지속적으로 목소리를 냈다. 그는 루스벨트의 뉴딜을 '전체주의적'이라며 강하게 비판했고, 『자유에 대한 도전』(1934) 등 20여 권의 저술로 보수적 신념을 전파했다. 1936년과 1940년 공화당 대선 후보를 노렸지만 지명받지 못했고, 당내 영향력은 제한적이었다.

제2차 세계대전 당시 후버는 고립주의를 지지하며 미국의 참전에 반대했고, 아메리카 퍼스트 위원회에 관여했다. 한편 유럽 전쟁 피해자들을 돕기 위해 구호 기금을 설립하며 인도주의 활동을 계속했다. 소련과의 동맹에 반대하며 루스벨트를 강하게 비판하기도 했다.

전후에는 해리 트루먼 대통령의 요청으로 점령지 식량조사단장을 맡아 유럽을 시찰했고, 1947년에는 '후버 위원회'를 이끌며 정부 조직 개편과 행정 효율화에 기여했다. 트루먼과의 협력은 초당적 우정의 상징으로 평가된다.

아이젠하워 행정부에 대해서는 뉴딜 해체 미비를 비판했고, 닉슨의 반공 노선은 지지했다. 케네디 시절 직책 제안을 고사했으나 피그스만 침공 실패 후 그를 옹호하기도 했다.

후버댐, 1941년경

후버는 생애 말기까지 활발한 저술 활동을 이어갔으며, 사후 출간된 미완성 유작 『배신당한 자유』(2012)에서는 루스벨트의 대외정책과 소련과의 협력을 신랄하게 비판했다. 그는 대공황기의 대통령에서 보수주의 지식인으로 변모하며 생을 마쳤다.

6. 엇갈리는 평가의 부지런한 기술자

허버트 후버는 생애 마지막 2년간 대장 종양 등으로 투병하다가 1964년 10월 20일 뉴욕에서 90세로 사망했다. 그는 1944년 사망한 아내 루 헨리 후버와 함께 고향인 아이오와 웨스트 브랜치에 안장되었으며, 퇴임 후 가장 오랜 기간 생존한 대통령으로 기록되었다.

재임 말기와 퇴임 이후 오랫동안 후버는 대공황의 책임자로 비판받았으나, 시간이 지나면서 그의 인도주의적 업적과 행정 개혁 기여가 재조명되었다. 제1차 세계대전과 전후 구호활동에서 수천만 명을 구한 공로는 국제적 명성을 안겨주었다. 그는 뉴딜 정책에 강하게 반대한 보수주의자로 남았으며, 대공황 대응의 한계로 인해 대통령으로서는 부정적 평가가 우세하다. 그러나 일부는 그를 '성실한 신념인'으로 보며 지적 역량과 도덕성을 인정한다.

후버는 후버댐, 대통령 도서관, 스탠퍼드 후버 연구소 등 여러 기관과 장소에 이름을 남겼고, 소행성과 '후버볼'이라는 운동까지 그의 이름을 따랐다. 그는 실패한 대통령과 위대한 인도주의자라는 상반된 이미지가 공존하는 복합적인 인물로 평가된다.

허버트 후버는 대공황에 무력했으나 국제 구호와 행정 혁신에 헌신한 인도주의자이자 뛰어난 행정가였다.

그러나 멕시코계 시민을 추방한 것은 큰 과오이다.

유능한 대통령도 시대적 격랑을 타개할 능력을 갖추는 것은 행운일 뿐이다.

다만 성실하게 최선을 다하여 노력하고 봉사하면 훌륭한 것이다.

대통령 일화 10: 허버트 후버

"나는 건조한 사람이다.": 금주법

미국의 금주법(Prohibition)은 1920년 제18차 수정 헌법과 이를 시행한 볼스테드법(Volstead Act)에 따라 시작되었다. 이는 주류의 제조, 판매, 운송을 전면 금지한 조치로, 당시 여성 기독교 금주연합(WCTU)과 개신교 근본주의자들의 도덕적 요구에 따른 정치적 산물이었다. 목표는 가정의 파괴를 막고 노동자의 생산성을 높이며 범죄를 줄이는 것이었지만, 현실은 달랐다.

금주법은 밀 주조와 밀매의 급증, 조직범죄 성장, 부패한 경찰과 공직자, 지하 술집의 확산 등 심각한 부작용을 낳았다. 국민 대다수는 법을 무시하고 음주를 계속했고, 알 카포네와 같은 범죄 조직은 막대한 부를 축적하며 치안을 위협했다. 금주법은 도덕주의적 이상과 사회 현실 사이의 괴리를 드러내는 대표 사례가 되었다.

허버트 후버는 1929년 대통령에 취임할 당시 금주법에 찬성하는 '건조한(dry)' 정치인이었으며, "나는 건조한 사람이다. I am for the dry law."라는 유명한 발언을 통해 입장을 분명히 했다. 그는 이 문제를 제도적으로 검토하기 위해 '위커샴 위원회'를 설립했다. 위원회는 1931년 보고서를 통해 금주법의 실효성 부족과 부작용을 지적하며 개정 또는 폐지를 권고했지만, 후버는 이를 받아들이지 않고 법 집행 강화를 주장했다.

후버의 이 같은 태도는 점차 국민 여론과 괴리를 보였고, 대중은 그를 현실 감각이 없는 도덕주의자 엘리트로 인식하기 시작했다. 특히 대공황의 고통 속에서도 술 한잔조차 마음 놓고 마시지 못하는 현실은 후버 행정부에 대한 불만을 키웠다. 결국 금주법은 1933년 제21차 수정 헌법을 통해 공식 폐지되었다. 허버트 후버는 이로 인해 시대 변화에 둔감하고 비타협적인 보수주의자의 상징으로 각인되었으며, 금주법에 대한 강경한 지지 입장은 그의 정치적 패배와 불신을 상징하는 일화로 남게 되었다.

32대 프랭클린 D. 루스벨트
(Franklin Delano Roosevelt)
1882~1945
공황과 전쟁을 이긴 불굴의 지도자

루스벨트 대통령 공식 사진, 1944년.

프랭클린 D. 루스벨트(1882~1945)는 미국의 제32대 대통령으로, 1933년부터 사망한 1945년까지 4선에 걸쳐 12년간 재임했다. 그는 미국에서 유일한 3선, 4선 대통령이다. 그는 대공황과 제2차 세계대전이라는 두 차례의 국가적 위기를 성공적으로 이끈 미국 역사상 가장 영향력 있는 대통령 중 한 명이다. 1921년 소아마비로 하반신이 마비되었으나 정치적 의지를 꺾지 않았고, 1929년 뉴욕 주지사에 당선되며 복귀했다. 1932년 대선에서 승리한 그는 취임 직후 뉴딜 정책을 통해 실업자와 농민을 구제하고 금융 · 산업 개혁을 추진했다. 1936년 재선에 성공했으나 1937년 경기 후퇴와 사법 개혁 실패로 일부 정책 추진이 어려워졌다. 그러나 1940년 3선에 성공했고, 1941년 일본의 진주만 공격을 계기로 미국을 제2차 세계대전에 참전시켰다. 전시경제 동원, 유럽 우선 전략, 국제연합 구상 등으로 연합국 승리에 기여했고, 1945년 재임 중 사망했다.

1. 명문가의 후예

프랭클린 델러노 루스벨트(Franklin Delano Roosevelt)는 1882년 1월 30일, 뉴욕주 하이드파크(Hyde Park, New York)의 명문가에서 태어났다. 아버지 제임스 루스벨트(1828~1900)는 하버드 로스쿨을 졸업했으나 가문의 유산 덕분에 일찍 은퇴한 자산가였고 첫 결혼에서 아들 하나를 얻고 1876년에 사별하였다. 아버지는 어머니 사라 델러노(1854~1941)와 재혼하였는데, 그녀는 선박업과 무역으로 부를 이룬 델러노 가문 출신이었다. 루스벨트는 유럽을 자주 여행하며 외국어, 문화, 예절을 익혔고, 요트와 승마 등 상류층 스포츠에도 능했다. 그의 초기 교육은 대부분 가정교사를 통해 이루어졌으며, 이후 엄격한 기독교 학교인 그로턴 스쿨에서 공부했는데, 이곳의 교장 엔디콧 피바디는 루스벨트에게 평생 영향을 준 인물이다.

그로턴을 졸업한 루스벨트는 하버드대학교에 진학해 학생 신문인 『하버드 크림슨』의 편집장을 맡았고, 사교 활동에 열정적이었고, 재학 중 12촌인 시어도어 루스벨트 대통령의 정계 활동에 매료되었다. 1903년 졸업 후 컬럼비아 법학대학원에 진학했으나, 뉴욕주 변호사 시험에 합격하자 곧 자퇴하고 법률 회사에 입사했다.

1905년, 루스벨트는 대통령 시어도어 루스벨트의 조카인 엘리너 루스벨트(1884~1962)와 결혼했다. 어머니 사라의 반대가 있었지만 결혼은 성사되었고, 시어도어 루스벨트가 주례를 맡았다. 결혼 초기 어머니의 지나친 간섭은 엘리너에게 큰 심리적 부담이 되었다. 프랭클린은 전통적인 남편으로서 자녀 양육을 아내에게 전담시켰고, 엘리너는 다시 이를 보모에게 맡겼다. 이들은 여섯 명의 자녀를 두었으며, 그중 한 명은 유아기에 사망했다.

1918년, 엘리너는 남편이 비서 루시 머서와 외도를 저질렀다는 사실을 알게 되었고 이후 부부의 관계는 정치적 파트너십 중심으로 변화되었다. 엘리너는 독립적인 사회운동가로 변모해 여성 권익과 시민 운동에 앞장서게 된다. 프랭클린은 루시 머서와의 관계를 비밀리에 이어갔고, 비서 마거리트 '미시' 레핸드, 노르웨이의 메르타 공주와의 관계도 언급되었다.

2. 불굴의 의지와 정치적 부활

1910년, 프랭클린 D. 루스벨트는 뉴욕주 상원의원 선거에 민주당으로 출마해 공화당 우세 지역에서 승리하면서 정치에 입문했다. 그는 유권자들과의 활발한 접촉과 현장 유세로 주목받았으며, 당선 후에는 민주당의 태머니 홀에 맞서 개혁적 이미지를 다졌다. 1912년 대선에서 우드로 윌슨을 지지해 민주당 내 입지를 넓혔고, 1913년 윌슨 대통령에 의해 해군 차관보로 임명되었다.

해군 차관보로서 그는 제1차 세계대전 중 군수 체계 정비와 해군 전력 확대에 기여했고, 해군 항공대 창설에도 관여했다. 1920년 대선에서는 제임스 콕스의 러닝메이트로 부통령 후보에 나섰으나, 공화당의 하딩 · 쿨리지 조에 패배했다. 이 선거를 통해 그는 전국적 인지도를 얻었고, 아내 엘리너도 정치 무대에 등장하게 되었다.

그러나 39세인 1921년 여름, 루스벨트는 소아마비로 하반신이 마비되었다. 그는 정치 은퇴 대신 재기를 결심했으며, 재활에 힘쓴 끝에 서서 움직이는 모습을 연출할 수 있게 되었다. 휠체어는 공개석상에서 드러나지 않도록 조심했다. 그는 조지아주 웜 스프링스에 재활센터를 세우고 소아마비 치료에 헌신했으며, 이곳은 이후 정치적 지지기반의 거점이 되었다.

1928년 뉴욕 주지사 선거에서 승리한 그는 농민 구제, 공공전력 개발, 실업자 지원 등 진보적 정책을 추진했고, 1929년 대공황 발생 후 긴급구호국을 설치해 사회복지 정책을 펼쳤다. 라디오를 통한 '노변 담화'로 대중과 소통했고, 시버리 위원회를 통해 뉴욕시의 부패를 척결하며 개혁적 명성을 쌓았다. 1930년 주지사 재선에 성공한 그는 더욱 강력한 개혁 노선을 펼치며 민주당의 유력 대권 후보로 부상했고, 1932년 대통령 선거 도전을 위한 기반을 다지게 되었다.

3. 네 번의 대선 승리와 역사적 전환점들

루스벨트는 미국 역사상 유일하게 네 차례 대통령에 당선되어, 대공황과 제2차 세계대전이라는 중대한 위기 속에서 미국을 이끌었다. 그의 첫 승리는 1932년 대공황 와중에 이루어졌으며, 당시 뉴욕 주지사로서 실업자 구제와 공공사업을 추진한 성과가 주목받았다. 그는 민주당 전당대회에서 존 낸스 가너를 부통령 후보로 지명하는 조건으로 지지를 얻고 후보로 확정되었고, '뉴딜(New Deal)'이라는 개혁 구호 아래 금융 개혁, 농민 구제, 금주법 폐지 등을 공약해 48개 주 중 42개 주에서 승리하며 대통령에 당선되었다. 이 승리는 '뉴딜 연합'과 '제5차 정당제'의 출현을 예고했다.

1933년 마이애미 방문 중 암살 위협을 받았으나, 그는 다치지 않았고 시카고 시장 안토니 세르막이 대신 희생되며 사건은 큰 반향을 불러일으켰다. 1936년 재선에서는 여전히 높은 실업률과 기업 반발에도 불구하고 사회보장법 제정과 노동자 권리 보장 등의 뉴딜 성과로 60.8% 득표율, 46개 주에서 승리하며 압승했다. 이는 흑인, 노동자, 이민자 등 비전통적 유권자들의 민주당 지지로 이어져 뉴딜 연합을 공고히 했다.

1940년 선거는 미국 역사상 첫 3선 도전이었다. 조지 워싱턴 이래의 전통을 깨는 결정이었지만, 유럽 전쟁의 긴장이 고조되던 시기였기에 루스벨트는 국가 안보를 명분으로 재출마를 선언했다. 전쟁 개입 반대 입장을 유지하면서도 구축함-기지 교환 협정 등 외교적 리더십을 통해 신뢰를 얻어, 공화당 윌키 후보를 누르고 55% 득표로 3선에 성공했다. 1940년 9월, 미국은 구식 구축함 50척을 영국 해군에 무상 임대하고 이에 대한 대가로, 영국령 서반구 식민지(캐나다와 남미 사이)에 위치한 8곳의 해군 · 공군기지 사용권을 미국에 99년간 제공한다는 내용의 영미 간 구축함-기지 교환 협정을 맺어 미국 본토의 방위를 강화했다. 이는 추축국의 승리를 저지하는 전략적 수단으로 활용되었다.

1944년, 루스벨트는 건강이 악화된 상황에서도 네 번째 대통령 선거에 도전했다. 그는 민주당 부통령 후보로 중도 성향의 해리 S. 트루먼을 지명해 당내 균형을 꾀했고, 공화당 후보 토머스 듀이는 그의 건강 문제와 행정부의 부패를 집중적으로 비판했다. 이에 맞서 루스벨트는 "전쟁 중에는 말을 바꾸지 않는다."는 구호로 국민들에게 안정성과 일관성을 호소했으며, 전후 세계 질서와 유엔 창설에 대한 비전도 제시했다. 결국 그는 53.4%의 득표율과 432명의 선거인단을 확보하며 승리했고, 미국 역사상 유일하게 네 번 대통령에 오른 지도자가 되었다.

4. 대공황을 넘고 세계대전을 이끈 대통령

프랭클린 D. 루스벨트는 1933년 대통령에 취임하면서 미국 역사상 가장 심각한 경제 위기인 대공황에 직면했다. 그는 '구호, 회복, 개혁(Relief, Recovery, Reform)'을 중심축으로 한 뉴딜 정책을 통해 국가 재건에 나섰고, 연방정부의 역할을 대폭 확대함으로써 미국 사회와 정치에 구조적 변화를 가져왔다. 루스벨트는 초당적인 인사를 내각에 기용하며 강력한 행정 리더십을 발휘했고, 직접 주요 결정을 내리는 방식으로 행정을 이끌었다.

1933년 취임 직전, 그는 마이애미에서 암살 위기를 겪었지만 침착한 대응으로 대중의 신뢰를 얻었다. 이후 그는 '은행 휴무일' 선포와 긴급은행법을 통해 금융 시스템을 안정시키고, 연방예금보험공사(FDIC)와 증권거래위원회(SEC)를 창설했다. 민간 보존단(CCC), 공공사업국(PWA), 농업조정국(AAA) 등 대규모 구호 및 공공사업 프로그램은 일자리를 창출하고 사회기반시설을 확충했으며, 테네시강 유역 개발 공사(TVA)는 지역 재건의 상징이 되었다. 1935년부터 제2차 뉴딜이 시작되면서 사회보장법이 제정되어 노령 연금과 실업 수당 제도가 탄생했고, WPA와 NYA는 수백만 명의 고용을 창출했다. 노동자의 단결권과 단체교섭권을 보장한 전국노동관계법은 미국 노동운동의 전환점이 되었다.

1936년 대선에서 루스벨트는 노동자, 농민, 도시빈민, 지식인, 소수자층으로 구성된 '뉴딜 연합'의 지지를 받아 압도적 승리를 거두었고, 이는 민주당의 장기 지배 기반을 공고히 했다. 두 번째 임기(1937~1941)는 뉴딜의 지속과 한계를 보여주는 시기였다. 루스벨트는 대법원이 뉴딜 법안을 잇달아 위헌으로 판단하자 이를 개혁하려는 사법절차개혁법안(Judicial Procedures Reform Bill of 1937)을 제안했으나 정치적 반발로 실패했고, 정치적 입지가 약화되었다. 그럼에도 불구하고 그는 1941년까지 대법관 7명을 임명하면서 사법부의 이념적 구성을 바꿨다. 공정근로기준법을 비롯한 노동 입법, 주택법, 조직개편법 등은 행정 효율성과 복지 기반을 강화했다.

한편, 1937년 경기 침체로 경제가 다시 악화되자 루스벨트는 공공지출 확대를 단행했고, 뉴딜의 효과에 대한 논란이 지속되었다. 보수 민주당과 공화당의 연합으로 의회 내 개혁 입법은 제약을 받았지만, 실업률은 장기적으로 하락했고, GNP는 꾸준히 성장했다. 민간보존단과 공공사업진흥국(WPA)을 통한 환경 보호 및 인프라 확충도 이 시기의 중요한 성과였다.

루스벨트의 세 번째 임기와 네 번째 임기(1941~1945)는 제2차 세계대전이라는 전대미문의 위기 속에서 미국의 세계적 리더십을 확립한 시기였다. 그는 '네 가지 자유' 연설을 통해 민주주의와 인권의 가치를 내세우며 전쟁의 대의

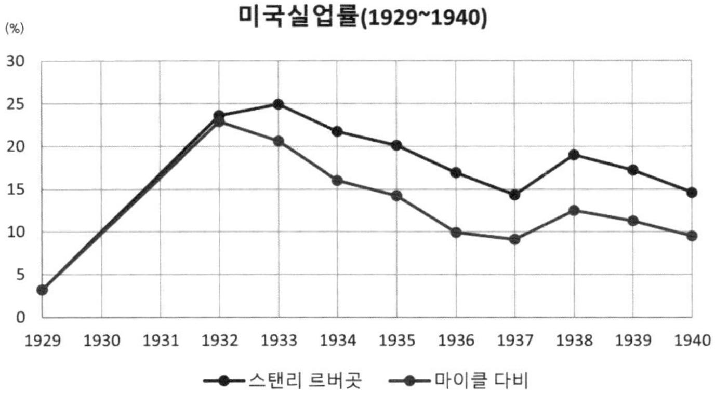

▌ 스탠리 르버곳과 마이클 다비가 추계한 실업률 추이(1929~1940)

를 선포했고, 무기대여법을 통해 연합국에 군수물자를 지원했다. 1941년 일본의 진주만 공격으로 미국이 본격적으로 참전하면서, 루스벨트는 '유럽 우선 전략'을 채택하고 처칠과 협력해 전시 전략을 수립했다. 연합군의 전략을 조율하며 아이젠하워를 연합군 최고사령관에 임명했고, 노르망디 상륙작전의 성공을 통해 독일 패망을 앞당겼다. 아시아 태평양 전선에서도 섬 점령 전략으로 일본을 압박했고, 전시 생산과 동원 능력은 미국을 세계 최강국으로 만들었다.

국내적으로는 군수 산업의 급성장으로 실업률이 급감했고, 여성과 흑인의 경제활동 참여가 증가했다. 전시경제 조정과 과세 확대를 통해 전쟁 비용을 충당했으며, 전쟁동원처 설립과 G.I. 빌 통과 등은 전후 미국 중산층 확대의 토대를 마련했다. 1945년 1월 20일 루스벨트는 네 번째 대통령 임기에 돌입했으나 건강 악화로 1945년 4월 서거했다. 그는 미국 사회의 근본적 개혁과 세계 전쟁의 지도자로서 미국을 새로운 시대의 중심으로 이끌었으며, 이후 대통령직의 위상을 크게 확장시키는 유산을 남겼다.

정부 지출은 1932년 허버트 후버 정부의 국민 총생산(GNP) 대비 8.0%에서

10.2%로 증가했다. GNP 대비 국가 부채비율은 후버 정부 초기의 16%에서 1933년 40%로 두 배가 넘게 증가했으며, 이 국가 부채비율은 1941년 가을까지 40%대를 유지하다가 전쟁 발발 이후 급격히 증가했다. 1936년의 GNP는 1932년에 비해 32% 증가했고, 전쟁 직전인 1940년에는 58% 더 높았다. 즉, 1932년부터 1940년까지 경제는 58% 성장했으며, 전쟁 5년 간인 1940년부터 1945년까지 56% 성장했다. 루스벨트의 첫 번째 임기 동안 실업률은 극적으로 감소했다. 1938년 실업률은 증가했지만 1938년 이후로는 계속해서 감소했다. 루스벨트의 임기 동안 일자리는 1,831만 개로 증가했으며, 연평균 5.3% 증가했다.

한편, 루스벨트의 인종 정책은 공과가 교차한다. 그는 뉴딜 정책으로 흑인과 이민자층에게 실질적 혜택을 제공했지만, 린치 방지법에는 소극적이었고, 내각에 흑인을 임명하지 않았다. 1941년에는 공정고용실천위원회(FEPC)를 설치해 방산업계의 인종차별을 제한했으나, 전체적으로 민권 진전에 한계가 있었다. 가장 논란이 된 조치는 1942년 행정명령 9066호로, 약 11만 명의 일본계 미국인을 강제 수용소에 억류시킨 사건이다. 유대인에 대해서도 루스벨트는 난민 수용에 소극적이었고, 나치 아우슈비츠 수용소의 가스실, 철도 노선, 철도차량 기지에 대한 폭격 요청을 거부함으로써 전후 역사적 비판에 직면했다.

5. 고립주의에서 국제주의로

프랭클린 D. 루스벨트 대통령의 외교 정책은 재임 초기부터 제2차 세계대전 말기까지 미국의 외교 노선을 고립주의에서 국제주의로 전환시키는 과도기적 성격을 띤다. 1933년 취임 당시 루스벨트는 국내 대공황 대응에 집중하는 가운데, 외교적으로는 '좋은 이웃 정책'을 통해 라틴아메리카 국가들과의 관계를

영국 국왕의 미국 방문 당시 USS 포토맥을 타고 워싱턴 D. C.에서 버지니아주 마운트 버넌으로 향하는 조지 6세, 엘리자베스 왕비와 함께 있는 루스벨트 부부, 1939년 6월 9일

개선하려 했다. 미국은 무력 개입을 지양하고 쿠바, 파나마 등과의 불평등 조약을 폐기하며 상호 존중에 기반한 외교를 시도했다. 같은 해 그는 소비에트 연방과도 외교를 정상화했으나, 무역과 채무 문제로 실질적인 신뢰 형성에는 실패했다.

1930년대 중반, 미국 내 고립주의 정서가 강화되면서 루스벨트는 중립법 통과를 수용할 수밖에 없었고, 이에 따라 이탈리아의 에티오피아 침공이나 스페인 내전, 일본의 중국 침략 등에 미국은 실질적 대응을 하지 못했다. 그러나 독일의 팽창과 나치의 유대인 박해가 심화되면서 미국 여론과 대통령의 인식에도 변화가 일었다. 루스벨트는 군비 증강을 추진하고, 영국과 비공식 접촉을 강화했으며, 무기 구매국이 현금을 지불하고 직접 수송하는 '현금과 수송(Cash and Carry)' 방식의 무기 판매, 구축함-기지 교환 협정 등으로 연합국 지원을 시작했다. 1940년부터는 초당적 내각을 구성하고, 선택적 병역제를 도입하며 전쟁 준비에 착수했다.

루스벨트는 독일의 핵 개발 가능성에 대응해 맨해튼 계획을 승인했고, 이는 후일 핵무기의 탄생으로 이어졌다. 그는 또한 미국, 영국, 소련, 중국을 '4대

경찰'로 규정하며 전후 세계의 평화유지 구상을 제시했다. 테헤란 회담에서는 유럽 전선 개척과 소련의 대일전 참전을 조율했고, 얄타 회담에서는 국제연합 창설과 안전보장이사회 구성에 합의했다. 그러나 동유럽에서는 현실적 한계로 소련의 영향력 확대를 사실상 용인하며, 이후 냉전의 씨앗을 남겼다.

6. 세계적 리더의 과로 사망

프랭클린 D. 루스벨트는 제2차 세계대전 말기인 1945년 초부터 건강이 급격히 악화되었다. 얄타 회담 이후 육체적으로 심하게 지친 그는 하원 연설조차 앉은 채로 해야 했고, 3월 말 휴식을 위해 조지아주 웜 스프링스로 향했다. 4월 12일, 초상화를 그리던 중 갑작스러운 두통과 함께 쓰러져 오후 3시 35분, 뇌출혈로 별세했다. 철저히 숨겨졌던 건강 상태는 사후에야 알려졌다. 장례는 백악관에서 치러졌고, 뉴욕 하이드파크 생가 내 장미 정원에 안장되었다. 트루먼 대통령은 그를 기려 공식 행사들을 준비했다.

루스벨트는 미국 역사상 가장 위대한 대통령 중 한 명이다. 그는 대공황과 제2차 세계대전이라는 전대미문의 이중 위기를 헤쳐 나가며 국가의 방향과 세계 질서를 결정짓는 중대한 전환점을 이끌었다. 뉴딜 정책은 실업자와 빈곤층을 구제하고, 연방정부의 적극적인 경제 개입과 사회보장 제도의 틀을 마련하며 미국 자유주의의 근간이 되었다. 대통령 권한의 확대와 행정부 중심의 통치 구조 역시 그의 유산으로, 이는 이후 린든 B. 존슨 등 민주당 대통령에게 계승되었다. 또한 루스벨트는 제2차 세계대전의 전략적 지도자로서 미국의 세계적 리더십을 확립했으며, 국제연합 창설 등 전후 질서 구축에도 핵심적 역할을 했다.

그러나 그는 일본계 미국인 강제수용, 유대인 난민 수용 문제, 3선과 4선 도전 등으로 비판을 받기도 했다. 특히 인권 문제에서는 시대의 한계를 벗어나지 못한 부분이 지적된다. 그럼에도 불구하고 프랭클린 D. 루스벨트의 업적과 영향력은 미국 대통령사와 세계사에 깊이 각인되어 있다. 그의 생가와 대통령 도서관은 역사적 기념물로 보존되고 있으며, 루스벨트의 이름은 동전, 우표, 군함, 기념관, 교육기관 등 다양한 방식으로 기려지고 있다.

프랭클린 D. 루스벨트는 대공황과 제2차 세계대전을 이끌며 미국의 현대적 국가 체제를 구축한 대통령이다.

한편 인권 문제와 권력 집중에 대한 비판도 있다.

33대 해리 S. 트루먼(Harry S. Truman)
1884~1972
결단, 냉전의 개막

해리 S. 트루먼 대통령, 1945년

해리 S. 트루먼(1884~1972)은 1884년 미주리주에서 태어나 제1차 세계대전에 참전한 뒤 정치에 입문해 미주리주 카운티 판사와 상원의원을 지냈다. 그는 제2차 세계대전 중 트루먼 위원회를 이끌며 군수산업의 낭비를 줄이는 데 기여했고, 1945년 루스벨트 대통령 사망으로 제33대 대통령(1945~1953)에 취임했다. 그는 맨해튼 프로젝트를 이어받아 히로시마와 나가사키에 원자폭탄 투하를 승인했고, 전후 냉전의 시작과 함께 트루먼 독트린과 마셜 플랜, NATO 창설 등으로 미국의 국제주의 외교를 주도했다. 한국전쟁 참전으로 공산주의 확산을 저지했고, 국내적으로는 군대의 인종 분리를 철폐하는 행정명령을 내렸다. 1948년에는 예상을 뒤엎고 재선에 성공했지만, 이후 행정부 내 부패와 전후 경제난으로 인한 여론 악화로 1952년 재출마를 포기했다. 퇴임 후에는 대통령 도서관을 세우고 회고록을 출간했다.

1. 초기 생애, 군복무

해리 S. 트루먼은 1884년 5월 8일 미주리주 라마(Lamar, Missouri)에서 아버지 존 앤더슨 트루먼(1851~1914)과 어머니 마사 엘렌 영 트루먼(1852~1947) 사이에서 장남으로 태어났다. 그의 이름은 외삼촌 해리슨 영을 따서 지어졌고, 중간 이니셜 'S'는 두 조부의 이름을 기념하기 위한 상징적인 표기이다. 그의 가족은 주로 영국계였지만 스코틀랜드-아일랜드, 독일, 프랑스계 혈통도 일부 있었다.

어린 시절 그는 여러 차례 이사를 다니며 주로 농촌에서 성장했고, 미주리주 인디펜던스에 정착한 후에는 장로교 주일학교에 다녔다. 정규 학교는 늦게 시작했지만 역사와 음악에 큰 관심을 보였으며, 정식으로 피아노 교육을 받기도 했다. 유대인 이웃을 위해 안식일에 유대인에게 금지된 일을 도와주는 '안식일 이방인(Shabbos Goy)' 역할도 하며 다양한 문화를 경험했다.

1901년 고등학교를 졸업한 후 그는 상업대학에 다녔으나 중퇴했고, 철도 회사와 은행 등에서 일하며 생계를 유지하다가 가족 농장에서 농사를 지었다. 투자와 사업에도 도전했으나 큰 성과는 없었고, 1911년에 베스 월리스(1885~1982)에게 청혼했지만 거절당한 뒤, 경제적 기반을 다진 후 다시 청혼하여 1919년 결혼하고 딸 하나를 두었다. 대학교는 다니지 않았으나 법률 공부에 도전했고, 로스쿨 야간 과정에 등록했으나 정계 진출로 학업을 중단했다.

1905년 그는 미주리 방위군에 입대해 포병으로 복무했고, 시력 문제로 육군사관학교 입학에는 실패했지만 제1차 세계대전(1914~1918) 당시 다시 군에 입대하여 포병 장교로 프랑스 전선에 파병되었다. 그는 129 야전 포병연대의 포대장을 맡으며 대위로 진급했고, 병사들과의 신뢰를 바탕으로 단호하고 효과적인 지휘를 펼쳤다. 뫼즈-아르곤 전투에서 많은 장병들의 생명을 구했다. 전후에도 예비군 대령으로 활동하면서 정계 진출의 기반을 다졌다.

2. 1차 대전 후 부통령까지

제1차 세계대전 복무를 마친 트루먼은 고향 인디펜던스로 돌아와 1919년 결혼 후 전우와 함께 잡화점을 열었지만, 불황으로 파산하고 이후 오랜 기간 빚을 갚아야 했다. 1922년 지역 정치에 입문해 잭슨 카운티 판사로 당선되었으며, 이후 재선에 성공해 지역 인프라 개선에 힘썼다. 19세기에서 20세기 초반까지, 미주리의 카운티 법원(County Court)은 사실상 카운티 단위의 사법 · 행정 중심 기구였고, 그 책임자는 '카운티 판사(County Judge)'라고 불렸다. 이들은 단순한 법관이 아니라, 예산 승인, 도로 · 교량 건설, 지역 경찰 감독, 세금 집행 등 지역 정부의 실질 운영을 담당했다.

1934년 미주리주 연방 상원의원에 당선된 그는 정직한 의정 활동으로 신뢰를 얻었다. 제2차 세계대전 당시 상원 군사동원 소위원회를 이끌며 군수 계약 부정을 감시했고, 이른바 '트루먼 위원회'는 수십억 달러의 예산을 절감하며 그를 전국적 인물로 부상시켰다.

1944년 루스벨트 대통령은 부통령 후보로 트루먼을 지명했고, 선거에 압승해 1945년 1월 부통령에 취임했다. 그러나 루스벨트는 주요 안보 정보나 핵개발 계획을 그에게 공유하지 않았고, 같은 해 4월 대통령이 급서하자 트루먼은 82일 만에 대통령직을 승계하게 되었다.

3. 종전, 냉전의 서막, 결단의 리더십

해리 S. 트루먼은 1945년 루스벨트의 사망으로 제33대 대통령에 취임하며, 제2차 세계대전 종전과 냉전의 시작이라는 격동기를 이끌었다. 고졸 학력과 유창하지 못한 언변에도 불구하고 실무와 예산, 입법 과정에 정통한 그는 '실

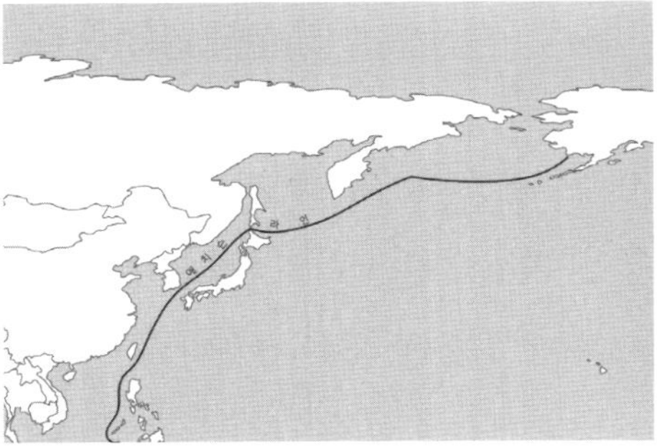

애치슨 라인

트루먼 대통령이 국가 비상사태를 선포하고 미국의 한국전쟁 참전을 승인하는 선언문에 서명하는 모습

용적 리더'로 자리매김했으며, "모든 책임은 내가 진다(The buck stops here)."는 책상 문구로 상징되는 강한 책임 의식을 보여주었다.

취임 초 포츠담 회담에 참석하고, 원폭 투하를 승인하여 일본의 항복을 이끌어 내었다. 전후 미국은 평시 경제로의 전환과 노동 불안, 인플레이션 등 내적 혼란에 직면했으며, 그는 강경한 태도로 파업에 대응했다. 1946년 중간선거에서 공화당이 의회를 장악했으나, 그는 '공정 거래'를 통해 종합적인 복지 정책을 제안했다. 공정 거래(Fair Deal)는 1949년 1월 국정연설에서 공식적으로 선언되었는데 이 정책은 루스벨트의 뉴딜(New Deal)을 계승하면서, 전후 미국 사회의 평등, 복지, 경제 기회를 확대하고자 했던 진보적 입법·행정 프로그램이다. 대부분의 입법은 무산되었지만, 사회적 책임을 강조한 방향성은 남겼다.

그는 군 내 인종차별을 철폐하고, 연방기관 고용 차별 해소를 위한 조치를 취해 민권운동의 토대를 마련했다. 외교적으로는 유엔 창설을 지지하고, 트루먼 독트린과 마셜 플랜을 통해 소련 견제 및 유럽 재건에 주력했으며, 자유주의 국제질서를 설계하는 데 기여했다.

1948년 대선에서는 지지율이 낮고 당내 분열에도 불구하고, 기차 유세로 대중과의 직접 소통에 나서 극적인 역전승을 거두었다. 제2기에는 소련의 원폭 실험에 대응해 수소폭탄 개발을 지시하고, NATO 창설과 국가안전보장법 제정 등으로 냉전 안보체제를 구축하며 강경한 외교 노선을 강화했다.

그런데 1950년 1월 10일, 미 국무장관 딘 애치슨은 미국의 극동방위선이 대만의 동쪽 즉, 일본 오키나와와 필리핀을 연결하는 선이라고 말하였고 1월 12일, 상원 외교위원장 톰 코널리는 이를 발표하였다. 이 '애치슨 라인(Acheson line)'은 대만과 대한민국을 방어하지 않겠다는 선언과 다름이 아니었다.

북한의 남침으로 한국전쟁이 발발하자 미국과 유엔군이 참전하여 인천상륙작전 등으로 초반에는 승기를 잡았으나, 중국군의 개입으로 전세는 교착되었다. 맥아더 장군이 중국으로 전선의 확대를 주장하며 대통령 지시에 불복하자 트루먼은 그를 전격 해임했다. 이는 큰 정치적 논란을 불러왔지만, 트루먼은 민간 통제 원칙이라는 신념을 지켰다.

국내에서는 공산주의 공포 속에 제2차 적색공포(Red Scare)가 확산되었고, 트루먼은 충성심 검증 프로그램을 시행했지만 매카시 상원의원의 선동에는 비판적이었다. 그는 매카시를 '크렘린 최고의 동맹자'라 칭하며, 민주주의에 대한 위협으로 간주했고, 공산주의 위협을 이유로 헌법적 자유를 제한했던 매캐런 법안에는 거부권을 행사했으나 의회가 이를 무효화했다.

1952년 철강 파업 때 트루먼은 전시 생산 유지를 위해 산업을 장악했지만, 대법원은 영스타운 판결을 통해 이를 위헌으로 판단했다. 드한 소프라노인 외동딸 마가렛의 연주를 혹평한 언론인에게 보낸 격한 비난 편지와 블레어 하우스에서의 암살 시도는 대통령의 품위와 경호 체계에 대한 논란을 불러일으켰다.

그럼에도 그는 푸에르토리코 자치 헌법 승인을 포함한 자치권 확대, 시민권 진전, 냉전 전략 정비, 미국 주도권 강화 등 주요 성과를 남겼다.

4. 1952년 선거와 퇴임

1952년 대선은 트루먼 대통령의 불출마 선언과 함께 민주당 장기 집권의 종식이라는 전환점을 맞았다. 헌법상 트루먼에게 3선 제한은 적용되지 않았지만, 한국전쟁의 장기화와 부패 스캔들로 지지율이 급락한 그는 뉴햄프셔 예비선거 패배 후 출마를 포기했다. 공화당은 드와이트 D. 아이젠하워와 리처드 닉슨을 내세워 '한국, 공산주의, 부패'를 핵심 이슈로 삼으며 압승을 거두었다. 이 과정에서 트루먼과 아이젠하워의 관계는 냉각되었다.

퇴임 후 트루먼은 미주리 인디펜던스로 돌아가 소박한 삶을 살았고, 회고록을 집필하였다. 그는 대통령 도서관을 설립하며 기록 보존 전통을 수립했다. 해리 S. 트루먼 대통령은 퇴임 후 연금이나 국가적 지원 없이 재정적 어려움을 겪었는데 트루먼은 공직자의 품위를 지키기 위해 기업 자문이나 강연료 수입을 거부했으며, 이를 본 여론과 의회는 전직 대통령에게 최소한의 생활 보장을 해야 한다는 필요성에 공감하게 되었다. 1958년에 제정된「전직 대통령법(Former Presidents Act, FPA)」은 미국 연방정부가 전직 대통령에게 일정한 예우와 경제적 지원을 보장하는 법률로 전직 대통령의 품위 있는 생활을 보장하고, 공직에서 퇴임한 최고지도자의 지속적인 공공 기여를 장려하기 위해 마련되었다. 또한 그는 메디케어 1호 수혜자로서 린든 존슨에게 상징적 예우를 받았으며, 민주당 지지를 이어갔다.

1972년 입원 후 이듬해 88세로 별세했고, 그의 유해는 인디펜던스 대통령 도서관에 안장되었다.

5. 업적의 재평가

해리 S. 트루먼은 대통령 재임 중에는 지지율이 낮고 비판도 많았으나, 시간이 흐를수록 그의 지도력과 결단력에 대한 재평가가 이루어지며 높은 역사적 평가를 받았다. 특히 재임 중 제2차 세계대전 종전, 냉전 초기 전략 수립, 마셜 플랜, NATO 창설, 한국전 개입, 공정 거래(Fair Deal) 정책 등은 미국과 세계사의 분수령이 되었다.

그의 단호한 결단력은 책임 회피를 거부한 지도자의 전형으로 회자된다. 또한 전직 대통령으로서 검소하고 품위 있는 삶을 살며 권력을 내려놓은 이후의 모범을 보여준 인물로도 널리 존경받는다.

그의 이름을 딴 기념물로는 미주리주 인디펜던스에 위치한 해리 S. 트루먼 대통령 도서관 및 박물관이 있으며, 이는 전직 대통령의 기록을 보존하고 연구할 수 있는 모델로 자리 잡았다.

한편 트루먼 행정부의 애치슨 라인의 공표는 북한의 남침을 초래한 무분별한 행동으로 400여만 명의 희생을 초래한 인류사적인 실수라 할 수 있다.

C-SPAN이 실시한 대통령 순위 조사에서는 지속적으로 5위~10위권 사이에 랭크되며, 위기 상황에서의 지도력, 공공 윤리, 경제적 경영 등에서 높은 점수를 받고 있다.

트루먼은 '평범한 사람이 비범한 시대에 비범한 결정을 내릴 수 있음을 보여준 인물'로서, 오늘날에도 신념과 책임의 리더십을 상징하는 대통령으로 기억되고 있다.

해리 S. 트루먼은 위기의 시대에 단호한 결단으로 세계 질서를 재편했고 책임을 회피하지 않았다.

순진하게 애치슨 라인을 공표하여 한국과 대만을 위기에 몰아넣었다.

대통령 일화 11: 해리 S. 트루먼

애치슨 라인

애치슨 라인은 1950년 1월 12일, 국무장관 딘 애치슨이 워싱턴 D.C. 내셔널 프레스 클럽에서 행한 연설에서 공식화된 미국의 극동 방위선이다. 그는 이 자리에서 미국이 태평양 방위선으로 알래스카에서 일본, 오키나와를 거쳐 필리핀에 이르는 선을 제시했고, 한반도와 대만은 이 범위에서 명시적으로 제외되었다.

애치슨은 대통령과 상의한 후 연설문을 작성했다. 트루먼 대통령은 당시 미국 내 반공 정서와 소련과의 긴장, 재정 부담 속에서 전 세계 모든 지역을 직접 방어하는 데 한계가 있다는 판단하에, 현실적인 방위선을 공개적으로 언급할 필요성에 동의했다. 애치슨은 연설에서 "미국의 방위선은 일본 열도와 류큐 열도, 필리핀을 포함하며, 이 선 바깥의 국가들에 대해서는 유엔과 관련된 절차에 따라 대응할 것"이라고 말했다. 그는 "미국은 자유국가의 공동 대응을 지지한다."는 식의 모호한 표현을 추가했다.

하지만 이 연설은 북한 지도부에게 매우 잘못된 신호를 주었다. 특히 김일성은 소련과 중국을 설득할 때, 이 애치슨 라인을 근거로 "미국은 한국 방어에 개입하지 않을 것"이라고 주장했고, 이는 곧 남침 결정에 영향을 미쳤다. 이 연설은 미국 의회, 특히 상원에서 격렬한 논쟁을 일으켰다. 공화당 의원들은 "이 연설이 북한의 침략을 유도했다."고 주장하며 애치슨과 트루먼 정부를 비판했다. 민주당의 한 상원의원도 "이 연설이야말로 외교적 모호함이 낳은 재앙의 대표적 사례"라고 평가하기도 했다.

한국전쟁이 발발한 후, 트루먼 대통령은 곧바로 유엔 안보리 결의를 통해 유엔군을 조직했고, 애치슨도 국제 연대를 구축하는 데 주도적 역할을 했다. 결국 애치슨 라인은 트루먼과 애치슨이 공동으로 추진한 제한된 개입 정책의 산물이자, 냉전 초기 미국 외교가 직면했던 현실적 제약과 오판의 상징적인 사례로 남았다.

34대 드와이트 D. 아이젠하워
(Dwight D. Eisenhower)
1890~1969
전쟁 영웅의 조용한 리더십

아이젠하워 대통령 공식 사진, 1959년

드와이트 D. 아이젠하워(1890~1969)는 제2차 세계대전 당시 유럽 연합군 최고사령관으로 활약하며 북아프리카 횃불 작전과 노르망디 상륙작전을 성공적으로 지휘한 전쟁 영웅이다. 1915년 웨스트포인트를 졸업한 그는 전후 독일 군정 장관, 육군참모총장, 컬럼비아대학교 총장, NATO 초대 최고사령관 등을 지내며 국제적 지도자로 성장했다.

1952년 공화당 후보로 대통령에 당선된 그는 1956년 재선되어 34대 대통령(1953~1961)으로 8년간 재임했다. 공산주의 확산 저지를 핵심 목표로 삼아 '뉴룩' 핵 억제 전략을 펼쳤고, 한국전쟁 정전을 이끌었으며, 대만 방어와 베트남 지원, 이란 · 과테말라 쿠데타 지원, 수에즈 위기 중재, 헝가리 사태 비판 등 냉전 전반에 걸쳐 강경한 반공 노선을 유지했다.

뉴딜 정책을 유지하며 사회보장을 확대했고, 매카시즘에 반대했으며, 1957년 민권법 제정과 리틀록 통합을 위해 군대를 파견하는 등 민권 개선에도 기여했다. 리틀록 사건은 1957년 아칸소주의 리틀록 센트럴 고등학교에서 미국 흑인 학생들의 미국 백인 학교 등교를 둘러싸고 일어났던 일련의 사건이다. 또한, 대규모 고속도로망 구축과 NASA 창설, 과학 교육 강화 등 인프라와 기술 육성에도 힘썼다. 고별 연설에서는 군산복합체의 위험을 경고하며 깊은 통찰을 남겼다.

1. 소박한 집안, 강인한 성장

드와이트 D. 아이젠하워(Dwight David Eisenhower)는 1890년 10월 14일, 텍사스주 데니슨(Denison, Texas)에서 태어났다. 그의 조상은 18세기 독일 칼스브룬에서 이주한 독일계 이민자들이며, '아이젠하워(Eisenhauer)'라는 성은 '철을 자르는 사람'이라는 의미를 지녔다. 아버지 데이비드 제이컵 아이젠하워(1863~1942)는 농장을 떠나 엔지니어로 일했고, 어머니 아이다 엘리자베스 스토버(1862~1846)는 독일계 개신교 가정에서 자란 독실한 여성으로, 후에는 여호와의 증인 교인이 되었다. 아이젠하워는 7형제 중 셋째로, 가족은 가난 속에 캔자스주 애빌린(Abilene, Kansas)으로 이주했고, 그는 이곳을 평생의 고향으로 여겼다.

아이젠하워는 신앙심 깊은 환경에서 규율 있는 생활을 했으며, 어릴 적 별명 '아이크(Ike)'는 형제들과 공유했지만, 제2차 세계대전에서 명성을 얻으며 전 세계에 '아이크'로 알려지게 되었다. 애빌린 고등학교 재학 중에는 다리 부상으로 한 학년을 유급했으며, 형과 학비를 번갈아 부담하겠다는 약속 아래 유제품 공장에서 야간 근무를 하던 중, 친구의 권유로 미 육군사관학교 웨스트포인트에 진학했다.

웨스트포인트에서 그는 축구 선수이자 치어리더, 코치로 활동했으며, 졸업생 중 많은 이가 장군이 된 '별이 쏟아진 학번'으로 1915년에 졸업했다. 텍사스 주둔 시절에 메이미 다우드(1896~1979)를 만나 1916년 결혼했다. 그들의 두 아들 중 첫째는 유아기에 성홍열로 사망했고 둘째 아들 존은 장성 및 외교관으로 성장했다. 군 생활은 세계 여러 지역에서 이어졌고, 가족은 전근을 따라

아이젠하워 대장이 노르망디 상륙 작전 전날 제101 '스크림 이글스' 공수 사단 소속 제502 낙하산 보병 연대(PIR) 장병들과 이야기를 나누고 있다. 1944년 6월 5일

함께 이동했다.

그는 여가로 골프와 브리지를 즐겼다. 특히 오거스타 내셔널 골프클럽 회원이었고, 대통령 전용 별장인 캠프 데이비드에도 골프장을 설치했다. 브리지는 백악관에서도 자주 즐겼으며, 퇴임 후에는 유화에 몰두하여 약 260점에 달하는 그림을 남겼다.

2. 전장 대신 전략에서 빛난 군인의 길

드와이트 D. 아이젠하워는 제1차 세계대전(1914~1918) 당시 해외 파병을 희망했으나, 전선에는 나가지 못하고 펜실베이니아 캠프 콜트에서 전차병 훈련 부대를 지휘했다. 실전 경험은 없었지만 조직 능력과 지도력을 인정받아 명예 중령으로 진급했고, 종전 직전 출전은 휴전으로 무산되었다.

1차 대전 후 소령으로 오랜 세월을 보내며 미국의 열악한 도로 실태를 직접 체험하고, 전차 이론과 기동전을 연구했다. 그는 퍼싱, 맥아더, 마샬 등 군 지도자들과 일하며 전략과 전술을 익혔고, 필리핀에서 더글라스 맥아더

(1880~1964)와 함께 현지 군 창설을 도왔다. 이 시기 조종사 자격도 취득했다.

제2차 세계대전(1939~1945) 발발 후, 아이젠하워는 1943년 2월 대장으로 진급한 후 마샬의 신임을 받아 1943년 12월 유럽 작전지구 사령관으로 발탁되었고, 북아프리카 '횃불 작전(Operation Torch)'을 성공적으로 지휘했다. 이후 시칠리아, 이탈리아 상륙작전에 이어, 1944년 12월에는 원수로 승진하고 유럽 연합군 최고사령관으로 노르망디 상륙작전(오버로드 작전)을 성공적으로 이끌었다. 전쟁 말기에는 연합군의 유럽 진군을 조율하며 전략적 통합을 유지했고, 독일 점령지역에서 군정을 이끌며 나치 숙청과 민생 회복을 병행했다.

종전 후에는 육군참모총장이 되어 병력 감축을 관리했고, 유엔 지지와 핵 통제를 주장하며 외교적 역할도 수행했다. 그는 냉전이 고조되자 봉쇄정책을 수용하며 현실적 대처를 모색했다. 실전보다는 전략과 협력 능력으로 명성을 얻었다.

3. 안정과 냉전

제2차 세계대전의 영웅으로 국민적 존경을 받은 드와이트 D. 아이젠하워는 종전 후 한동안 정치 참여를 거부했다. 그는 군인의 중립성을 중시하며 트루먼 대통령의 민주당 후보 제안과 맥아더의 러닝메이트 제안도 거절했고, 어떤 정당에도 가입하지 않았다.

1948년 그는 컬럼비아대학교 총장이 되어 민간 사회에 발을 들였고, 『유럽의 십자군』을 출간해 명성과 수익을 동시에 얻었다. 이 시기 전쟁과 평화를 연구하는 기구 설립에도 힘썼다. 1950년에는 북대서양조약기구(NATO)의 초대 최고사령관으로 유럽 재무장과 미군 지원을 조율하며 국제 지도자로서의 입지를 다졌다.

방한한 아이젠하워와 정일권 장군, 백선엽 장군, 1952년

1952년 미국 사회의 강력한 요구에 따라 그는 공화당 대선 후보로 출마를 결심했다. "나는 아이크를 좋아해(I Like Ike)."라는 슬로건으로 전국적 지지를 얻었고, 리처드 닉슨을 러닝메이트로 지명했다. 선거운동은 한국전쟁, 공산주의, 부패(K1C2)를 주요 이슈로 삼아 큰 반향을 일으켰고, 민주당의 애들라이 스티븐슨을 상대로 442 대 89라는 압도적 선거인단 득표로 승리했다.

그는 정치 경험이 전무한 마지막 대통령이자 19세기에 태어난 마지막 대통령이었다. 1956년 재선에도 성공한 그는 성실함과 인간적 신뢰를 바탕으로 국민적 통합의 상징이 되었다.

그는 냉전의 긴장 속에서 미국의 안정과 번영을 추구하며, 내적으로는 역동적 보수주의를 표방하고 외적으로는 핵 억지와 비밀공작을 통해 팽창주의에 대응했다.

내각 구성은 기업인 중심으로 이루어졌고, "8명의 백만장자와 한 명의 배관공"이라는 평을 들었다. 정책적으로는 뉴딜의 기조를 유지하면서도 사회보장 확대, 군 인종 통합 마무리, 보건 · 교육 · 복지부 신설 등 중산층과 사회적 약자를 위한 조치를 추진했다. 언론과의 소통도 적극적이었으며, 200회에 달하는 기자회견을 통해 국민과의 교감을 유지했다.

국내에서는 1956년 연방 지원 고속도로법을 통해 주간 고속도로망(Interstate

Highway System)을 구축해 안보와 경제 발전의 기틀을 마련했고, 소련의 스푸트니크 발사 이후 고등 연구 계획국(ARPA)을 설립해 기술력 강화를 도모했다. 또한 민권법 서명과 리틀록 고등학교 사건에서 연방군을 투입하는 등 인종 평등에 노력했지만, 동성애자에 대한 연방 고용 배제 등 보수적 성향도 드러냈다.

외교적으로는 대량보복전략을 통해 군사력보다는 핵 억지를 기반으로 소련의 확장을 견제했다. 이와 함께 CIA의 비밀 작전을 적극 활용하여 이란과 과테말라에서 반미 정권을 전복시키는 등 간접 개입 전략을 구사했다.

1953년 7월 27일, 한국이 1950년과 거의 같은 경계를 따라 분단된 채 휴전협정이 발효되었다. 정전협정과 경계는 오늘날에도 유효하다. 덜레스 장관과 이승만 대통령, 그리고 공화당 내부의 반대에도 불구하고 이루어진 정전협정을 전기 작가 스티븐 E. 앰브로즈는 아이젠하워 행정부의 가장 큰 업적이라고 묘사했다. 동맹국과는 유럽, 중동, 아시아 전역에 걸쳐 집단 안보체제를 강화하며 미국의 영향력을 확장했다.

4. 악화된 건강, 군산복합체 경고

아이젠하워는 미국 수정 헌법 제22조에 따라 3선이 금지된 첫 대통령으로, 두 번째 임기를 마친 뒤 백악관을 떠났다. 그는 1958년 제정된 「전직 대통령법」에 따라 연금과 비밀경호 등의 혜택을 받은 첫 전직 대통령이기도 하다. 1960년 대선에서는 자신의 부통령 리처드 닉슨을 지지했으나, 건강과 발언 논란 등으로 큰 활약은 하지 못했고, 결국 닉슨은 케네디에게 아슬아슬하게 패배했다.

1961년 고별 연설에서 그는 냉전 시대의 위협과 함께 '군산복합체(Military-Industrial Complex)'의 부상을 경고하며, 시민의 경계와 정보력의 중요성을 강조했다. 이는 미국 정치사에서 가장 기억되는 고별사 중 하나로 남았다. 퇴임 후 그는 게티즈버그 농장에서 생활하며 공화당 원로로서 정치적 조언을 이어갔고, 1969년 닉슨의 대통령 취임을 '기쁨의 날'로 표현했다.

아이젠하워는 재임 중과 퇴임 후에도 건강 문제에 시달렸으며, 심장마비와 크론병 수술, 뇌졸중 등을 겪었다. 대통령으로서 처음으로 건강 상태를 비교적 공개적으로 밝힌 인물이기도 하다. 1969년 3월 28일, 그는 78세의 나이로 사망했고, 고향 애빌린의 '명상의 장소'에 아내 메이미, 아들 다우드와 함께 안장되었다.

5. 실용적인 전쟁의 영웅

퇴임 직후에는 '골프 치는 무기력한 대통령'이라는 비판이 따랐지만, 시간이 흐르며 재평가가 이루어졌다. 그는 한국전쟁을 종식시키고, 냉전의 균형을 유지했으며, 매카시즘과 고립주의를 극복한 인물로 인정받았다. 고별사의 군산복합체에 대한 경고는 미국 정치사의 명연설로 회자된다.

그는 '중도(The Middle Way)'의 실용주의자였으며, 뉴딜 정책을 완전히 폐기하지 않고 조정하는 방식으로 공화당 내 자유주의자들과도 교류했다. 또한 백악관 비서실장 제도를 도입해 행정 구조를 정비하고, 군 내부의 '승진 또는 전역' 제도를 추진했다.

아이젠하워는 사후 수많은 기념 시설과 제도로 기억되고 있다. 고속도로 체계는 그의 이름을 딴 '아이젠하워 주간 고속도로 시스템'으로 명명되었고, 국방대학교의 고급 전략 교육기관 역시 그의 이름을 따랐다. 그는 1971년부터 1978년까지 발행된 '아이젠하워 달러'에도 등장했다.

국내뿐 아니라 수십 개국에서 훈장을 받았으며, 명예 학위 역시 다수의 대학으로부터 수여받았다. 그는 미국 역사에서 군인, 대통령, 세계시민으로서 깊은 족적을 남겼고, 그에 대한 역사적 평가는 갈수록 높아지고 있다.

드와이트 D. 아이젠하워는 냉전 초기에 절제된 힘과 실용적 리더십으로 미국의 안보와 번영을 동시에 달성하였다.

전쟁의 영웅이자 평화의 수호자로, 그는 군산복합체의 위협을 경고하며 떠난 통찰력 있는 대통령이다.

35대 존 F. 케네디(John F. Kennedy)
1917~1963
젊음과 패기의 기린아

존 F. 케네디 대통령, 1963년

존 피츠제럴드 케네디(1917~1963)는 미국의 제35대 대통령으로, 1961년부터 1963년 암살당할 때까지 재임했다. 43세의 나이에 당선된 그는 미국 역사상 최연소이자 최초의 로마 가톨릭 대통령이었다. 하버드대학교 졸업 후 해군에 복무했으며, 제2차 세계대전 중 PT-109 침몰 사건에서의 용기로 전쟁 영웅이 되었다. 정계 진출 이후 하원과 상원을 거쳐 1960년 대선에서 리처드 닉슨을 꺾고 대통령에 올랐다.

재임 중 케네디는 냉전의 긴장 속에서 쿠바 피그스만 침공, 쿠바 미사일 위기 등 소련과의 대결에 직면했으며, 핵확산 방지를 위한 최초의 핵무기 조약에 서명했다. 국내에서는 '뉴 프론티어' 정책과 시민권 운동을 지지했고, 우주 경쟁에서 아폴로 달 착륙 계획을 추진했다. 1963년 댈러스에서 암살되었다. 이후 의회는 그의 정책 다수를 법제화했다. 케네디는 지금도 미국 역사에서 이상주의와 젊음의 상징으로 기억된다.

▌ 케네디가 지휘했던 해군 순찰어뢰정 PT-109

1. 초기 생애와 해군 복무

존 피츠제럴드 케네디(John Fitzgerald Kennedy)는 매사추세츠주 브루클라인(Brookline, Massachusetts)의 아일랜드계 명문 가문에서 태어났다. 그의 아버지 조셉 P. 케네디 시니어(1988~1969)는 금융과 영화 산업에서 부를 쌓은 사업가였고, 어머니 로즈(1890~1995)는 보스턴 시장을 지낸 존 F. 피츠제럴드의 딸로, 교육과 종교를 중요시하는 가정에서 자랐고 104세까지 장수하였다. 어린 시절, 케네디는 매사추세츠 하이애니스 포트와 플로리다 팜비치에서 가족과 함께 여름과 겨울을 보내며 수영과 항해를 즐겼다.

케네디는 캔터베리 학교에 다녔지만 건강 문제로 중도 퇴학했고, 이후 초트 스쿨로 전학하여 졸업했다. 그는 학교에서 반항적이고 장난기 많은 성격으로 주목받았으며, 졸업할 때 '성공할 가능성이 가장 높은 학생'으로 선정되었다. 이후 프린스턴대에 잠시 등록했으나 건강 문제로 중퇴하고, 1936년 하버드대에 입학해 학업에 집중하여 1940년 우등으로 졸업했다. 졸업 후 케네디는 유럽과 중동을 여행하며 국제 정세를 목격했고, 그 경험을 바탕으로 『왜 영국은 잠들었는가(Why England Slept)?』를 출간하며 정치적 식견을 드러냈다.

1941년, 제2차 세계대전 발발 직후, 케네디는 허리 통증으로 육군 입대를 거절당했으나, 아버지의 영향력으로 해군 예비군에 입대하여 소위로 복무를 시작했다. 해군 정보국에서 근무하다가, 전투를 원해 순찰 어뢰정(PT) 정장으로 자원했다. 1943년, 그는 남태평양의 솔로몬 제도에서 PT-109의 지휘를 맡았다. 당시 케네디의 보트는 일본 구축함에 충돌해 반파되었지만, 그는 중상을 입은 상태에서도 승무원들을 구출하고, 구조 요청 메시지를 코코넛 껍질에 새겨 원주민을 통해 연합군에 전달했고 구조될 수 있었다. 이 용감한 행위로 그는 전쟁 영웅으로 부각되었으며, 해군 및 해병대 훈장과 퍼플 하트를 수여받았다.

1944년, 허리 부상으로 본국에 송환된 케네디는 치료 후 1945년 명예 제대하였다. 복무 중 형 조셉 주니어를 전쟁에서 잃은 그는 가족의 정치적 유산을 이어가기로 결심하며 정치에 입문했다. 케네디는 신체적 고통과 개인적 비극을 극복하고 지도자로서의 자질을 발휘하여 대중의 존경을 받았다.

2. 상원의원을 거쳐 대통령으로

존 F. 케네디는 1946년, 아버지 조셉 P. 케네디 시니어의 재정적 지원과 언론 네트워크를 활용해 보스턴 지역구에서 연방 하원의원에 당선되며 정치에 입문했다. 하원 재직 중, 그는 트루먼 독트린을 지지하고, 점차 반공주의적 태도를 강화했다. 1952년, 보수 공화당의 거물 헨리 캐벗 로지를 상대로 연방 상원의원 선거에 도전했다. 케네디는 가족의 전폭적인 지원과 여성 유권자 공략을 통해 접전 끝에 승리했다. 『용기 있는 사람들』을 출간해 퓰리처상을 수상했고 노동조합 부패를 조사한 맥클렐런 위원회 활동과 노동 개혁 입법을 통해 개혁적 이미지를 강화했다.

1958년 상원 재선에서는 매사추세츠 정치 역사상 최대 득표 차로 승리하여 전국적 입지를 확고히 했고, 이를 바탕으로 1960년 대선 출마를 준비했다.

1960년 1월, 케네디는 민주당 대선 후보 경선 출마를 공식 선언했다. 정치 경험 부족과 가톨릭 신자라는 배경에 대한 우려 속에서도, 그는 탁월한 웅변과 뛰어난 조직력으로 주목받았다. 예비선거에서 승리하며 당내 경쟁자들을 제친 케네디는, 민주당 전당대회에서 1차 투표에서 대선 후보로 지명되었고, 남부의 지지를 얻기 위해 텍사스의 린든 B. 존슨을 부통령 후보로 지명했다.

대선 본선에서 케네디는 공화당 후보 리처드 닉슨과 맞붙었다. 선거의 주요 이슈는 경제, 소련과의 우주 경쟁, 쿠바 혁명, 그리고 케네디의 종교적 배경이었다. 역사적인 텔레비전 토론에서 그는 세련된 외모와 침착한 태도로 유권자들의 마음을 사로잡았다.

결국 케네디는 선거인단 303표를 확보하여 219표를 얻은 닉슨을 제치고 대통령에 당선되었다. 케네디는 만 43세로 미국 역사상 최연소로 선출된 대통령이자 최초의 로마 가톨릭 신자 대통령이 되었다. 그의 당선은 미국 정치에서 텔레비전과 이미지 정치의 중요성이 부각된 결정적인 순간이었다.

3. 진보적 비전과 실용적 이상주의

존 F. 케네디의 국내 정책은 "뉴 프런티어(New Frontier)"라는 슬로건 아래 미국 사회의 현대화와 정의 실현을 목표로 했다. 그는 연방 최저임금 인상, 교육 지원, 빈곤 지역 개발 등을 제안했으나, 보수적인 의회의 저항과 취약한 정치적 기반으로 일부만 통과되었다. 대신 도시 재개발과 실업자 재교육, 「정신건강법」 제정 등 점진적인 개혁을 추진하며, 경제적으로는 감세안을 통해 경기 부양을 시도하고, 무역 확장법을 통해 국제 무역을 확대했다. 그의 재임기간 동안 GDP는 연평균 5.5% 성장했고, 인플레이션과 실업률은 안정세를 보였다.

케네디는 시민권 문제에 신중했으나, 미시시피와 앨라배마대학교의 흑인 입학 사태에서 연방군을 파견해 정부 권위를 확립하고, 1963년 역사적인 연설을 통해 인종차별 철폐를 촉구했다. 그는 「동일임금법」에 서명하고 성평등 실현을 위한 노력도 기울였다. 또한, 우주 정책에서 "10년 내 달 착륙"을 목표로 NASA 예산을 증액하고, 이는 아폴로 계획의 토대가 되었다. 사법 분야에서도 연방 판사 123명을 임명하며 미국 사법체계에 장기적인 영향을 남겼다.

케네디의 외교 정책은 냉전기 외교의 전환점을 상징했다. 그는 군사력, 외교력, 경제 원조를 병행하는 "유연한 대응(Flexible Response)"을 통해 공산주의 확산을 억제하고 핵전쟁의 위험을 줄이려 했다. '평화봉사단'을 창설하고 '식량을 위한 평화 프로그램'을 통해 제3세계에서 미국의 도덕적 영향력을 확대하려 했다. 그러나 냉전의 현실과 충돌하면서도, 1961년 비엔나 회담에서 소련의 흐루쇼프와 마주한 케네디는 베를린 문제를 두고 갈등을 겪었다. 1963년 서베를린에서 "나는 베를린 시민입니다(Ich bin ein Berliner)."라는 선언을 통해 서독에 대한 미국의 지지를 확고히 했다.

쿠바 문제는 케네디 외교에서 가장 큰 시험대였다. 1961년 피그스만 침공의 실패 후, 1962년 쿠바 미사일 위기로 세계는 핵전쟁 직전까지 갔다. 케네디는 해상 봉쇄를 통해 외교적 해결을 이끌어 내며, 비공식 협상 끝에 소련은 미사일 철수를 수용했다. 이는 케네디의 결단력과 신중함을 잘 보여주는 사례로 평가된다. 또한, 라틴아메리카에서 '진보를 위한 동맹'을 통해 공산주의 확산을 저지하려 했으나, 부패한 권력 구조와 빈부 격차로 실질적 효과는 미미했다.

케네디의 외교 정책에서 핵심은 군비 통제였다. 1963년, 그는 아메리칸대학교 연설에서 평화의 가능성을 역설하고, 미국 · 영국 · 소련 간 부분 핵 실험 금지조약을 체결하여 핵 확산 억제를 위한 첫 실질적 조치를 취했다.

댈러스에서 암살당하기 직전 대통령 리무진에 탄 케네디와 재클린

4. 비극적 종말과 유산의 강화

1963년 11월 22일, 존 F. 케네디는 텍사스 댈러스에서 유세 도중 암살당했다. 그는 민주당 내 자유주의자들과 보수주의자들 사이의 갈등을 조정하고, 1964년 대선을 대비한 기반을 다지기 위해 텍사스를 방문하던 중이었다. 대통령 차량이 딜리 플라자를 지나던 오후 12시 30분경, 케네디는 등과 머리에 치명적인 총격을 받고 병원으로 후송되었으나, 오후 1시에 사망이 선고되었다. 향년 46세였다.

용의자 리 하비 오스월드는 얼마 지나지 않아 경찰에 체포되었지만, 기소되기 전 잭 루비에 의해 피살되면서 진상 규명에 큰 혼란이 일었다. 이후 대통령 린든 B. 존슨의 지시로 구성된 워런 위원회는 오스월드의 단독 범행이라는 결론을 내렸지만, 수많은 미국인은 이에 의문을 제기했고, 여론은 음모론과 진상 규명 요구로 오랫동안 분열되었다.

장례식은 1963년 11월 25일, 워싱턴 D.C.의 세인트 매튜 대성당에서 국가적 애도 속에 거행되었으며, 그는 알링턴 국립묘지에 안장되었다.

이 비극은 미국 사회에 깊은 충격을 주었고, 동시에 케네디의 정치적 유산을 더욱 상징화하는 계기가 되었다. 그의 미완의 개혁 과제는 이후 린든 B. 존슨 행정부에 의해 본격화되었고, 시민권법 제정과 빈곤 퇴치 프로그램, 아폴로 계획의 추진은 그의 비전을 계승하려는 국가적 의지로 해석되었다.

5. 개인 생활, 가족 및 명예

존 F. 케네디는 개인적인 삶에서도 '케네디 가문'의 일원으로서 정치사에 중요한 상징성을 지닌 인물이었다. 케네디 가문은 20세기 미국 정계에 깊은 영향을 미친 정치 명문으로, 그의 동생인 로버트 F. 케네디는 법무장관으로서 대통령 곁에서 중요한 역할을 수행했고, 막내 테드 케네디는 '리버럴 상원의 대명사'로 불리며 오랜 기간 상원의원으로 활동했다. 존과 로버트는 1951년 함께 떠나 인도, 베트남, 이스라엘 등을 방문하며 해외여행을 통해 서로의 유대감을 더욱 깊게 했다.

케네디는 1952년, 워싱턴의 사교계 인사인 재클린 리 부비에(1929~1994)와 만난 후 1953년 결혼했다. 재클린은 패션과 문화의 상징으로 주목받았으며, 남편의 정치적 여정을 품위 있게 지원했다. 그들의 가정사는 여러 비극을 겪었다. 1955년 유산과 1956년 사산에 이어, 1963년에는 갓 태어난 아들 패트릭을 잃는 슬픔을 겪었다. 그러나 장녀 캐롤라인과 차남 존 F. 케네디 주니어는 당시 미국 대중에게 '백악관의 아이들'로 큰 사랑을 받았다. 특히, 1960년 11월생인 존 주니어는 아버지의 장례식 날 거수경례하는 모습으로 세계인의 심금을 울렸고, 이후 언론인으로 성장했으나 1999년 비행기 사고로 사망했다.

케네디는 암살 이후 단순한 정치인을 넘어, 미국인의 이상과 희망을 대변하는 상징적인 존재로 자리 잡았다. 그의 명예는 대통령으로서의 업적뿐만 아니라, 문화적 아이콘으로서 지속적으로 재조명되었다. 백악관을 젊음과 활력, 세련됨으로 채웠던 그의 모습은 '케임브리지의 브루클라인에서 백악관으로'라는 상징적인 여정을 통해 대중의 기억 속에 각인되었고, 이후 수십 년간 미국 민주주의의 이상을 대표하는 이름으로 남아 있다.

6. 역사적 평가와 유산

존 F. 케네디는 짧은 2년 10개월 동안 대통령직을 수행했지만, 그의 정치적 유산은 그를 단순한 대통령 이상의 상징적 인물로 만들었다. 2010년 갤럽 설문에서 85%, 2023년 조사에서는 90%의 높은 회고적 지지율을 기록하며 모든 미국 대통령 중 가장 높은 지지율을 보였다. 그러나 전문가들 사이에서는 평가가 엇갈렸다. 2014년 『워싱턴 포스트』 조사에서는 43명 중 14위로 평가되었고, '가장 과대평가 된 대통령'이라는 의견도 있었다. 반면, 2017년 C-SPAN 조사에서는 상위 10대 대통령에 포함되며 큰 영향력을 인정받았다.

케네디는 암살 이후 미국인의 이상과 희망을 대변하는 상징적인 존재로 자리매김했다. 그의 명예는 대통령으로서의 업적뿐 아니라 문화적 아이콘으로서 지속적으로 재조명되었다. 재클린이 『라이프 매거진』과의 인터뷰에서 남편의 재임 시절을 브로드웨이 뮤지컬 「카멜롯」에 빗대어 표현한 '카멜롯 신화'는 그가 남긴 시대적 분위기와 정치적 이상을 상징하며 오랫동안 감정적 기억을 지속시켰다. 한편 '카멜롯'은 아서 왕의 전설적인 왕국을 말한다.

또한, 케네디는 기념물과 저작물로도 유산을 이어갔다. '존 F. 케네디 국제공항', '케네디 우주 센터', '케네디 대통령 도서관' 등 많은 기념물이 그를 기리고 있다.

또한, 『영국이 잠든 이유』(1940), 『용기의 프로필』(1956), 『이민자 국가』(1958)와 같은 저서들은 그의 국제적 시각과 도덕적 용기를 보여주는 작품들이다.

존 F. 케네디는 그의 짧은 임기 동안과 그 이후로도 여전히 미국 정치와 문화에서 중요한 상징으로 남아 있으며, 그의 유산은 시대를 초월한 영향을 미치고 있다.

존 F. 케네디는 짧은 임기 동안 냉전과 국내외 정치의 중대한 도전에 대응하며 미국에 활력과 희망을 불어넣은 젊은 지도자였다.

그는 이상주의와 세련된 정치적 감각을 대표하는 상징이 되었다.

대통령 일화 12: 존 F. 케네디

쿠바 미사일 위기

1962년 10월, 미국의 정찰기는 쿠바에 소련의 핵미사일 기지가 건설되고 있다는 정보를 포착했다. 케네디는 곧 상황의 심각성을 인식하고, 군사적 대응과 외교적 해결 방안을 모두 고려했다. 그의 첫 번째 대응은 쿠바에 대한 해상 봉쇄를 단행하는 것이었다. 그는 '격추하거나 공격하지 않고, 소련에 메시지를 보내는 방법'으로 해상 봉쇄를 결정했고, 이를 통해 미사일을 철수시키기 위한 압박을 시작했다. 케네디는 군사적 충돌을 피하려는 절제된 결단을 내리며, 소련과의 협상에 돌입했다.

당시 케네디는 고도의 정치적 긴장 속에서 소련의 니키타 흐루쇼프(Nikita Khrushchev)와 긴밀하게 협상하며, 전 세계를 대상으로 한 핵전쟁의 위험을 피할 수 있는 방법을 모색했다. 결국, 소련은 미국의 해상 봉쇄와 협상을 고려하여 쿠바에서 핵미사일을 철수하기로 합의했다. 이 협상에서 케네디는 비공식적으로 미국의 주피터 미사일을 터키에서 철수하는 양보 조건을 제시하며, 양국의 핵전쟁을 막는 중요한 승리를 거두었다.

쿠바 미사일 위기는 케네디가 탁월한 외교적 역량과 결단력으로 핵전쟁의 위험을 피한 대표적인 사례로, 그의 지도자로서의 강한 신중함과 국제적 리더십을 드러냈다. 이 사건은 케네디가 얼마나 신중하게 상황을 파악하고 외교적 해결을 추구했는지를 보여주는 중요한 일화로 남아 있다.

36대 린든 B. 존슨(Lyndon B. Johnson)
1908~1973
위대한 사회의 건설자, 전쟁의 그림자

린든 B. 존슨 대통령, 1964년

린든 B. 존슨(1908~1973)은 미국 제36대 대통령(1963~1969)으로, 1963년 존 F. 케네디의 암살 이후 대통령직을 승계하고, 1964년 선거에서 압도적으로 당선되었다. 텍사스를 기반으로 한 민주당원으로, 하원의원과 상원의원, 상원 다수당 대표를 지냈다. 대통령 재임 중 '위대한 사회' 정책을 통해 빈곤 퇴치, 메디케어 · 메디케이드 도입, 고등교육법 제정, 이민법 개정 등 광범위한 개혁을 단행했다. 특히 1964년 시민권법, 1965년 투표권법, 1968년 공정주거법을 통해 인종차별 철폐에 기여했다. 그러나 베트남 전쟁 확대는 그의 최대 논란거리로, 전쟁 장기화와 반전 여론 고조로 인해 지지율이 급락했고, 결국 1968년 대선 불출마를 선언했다. 1973년 사망한 그는 국내 개혁의 성과로 높게 평가되지만, 베트남 전쟁 개입으로 비판도 함께 받고 있다.

1. 가난 속에서 태어난 실용주의자

린든 베인스 존슨(Lyndon Baines Johnson)은 1908년 8월 27일 텍사스주 스톤월(Stonewall, Texas) 근처의 페데르날레스강(Pedernales River) 가에 있는 작은 농

가에서 태어났다. 그는 사무엘 이얼리 존슨 주니어(1877~1937)와 레베카 베인스(1881~1958) 사이에서 태어난 다섯 자녀 중 장남이었다.

가난한 농가의 장남으로 자란 그는 아버지의 정치 실패와 사업 파산을 지켜보며 실용성과 생존 본능을 몸에 익혔다. 고등학교를 졸업한 뒤 다양한 일을 하던 그는 1926년 텍사스 사우스웨스트 사범대학에 입학해 역사학 학위를 취득하고 멕시코계 학생들을 가르치는 학교의 교사로 일했다. 교육의 불평등을 체험하며 사회 개혁의 필요성을 절감한 존슨은 1931년 하원의원 보좌관으로 정계에 입문했고, 1937년 연방 하원의원으로 당선되며 정치활동을 본격화했다.

1934년 클라우디아 알타 '레이디 버드' 존슨(1912~2007)과 결혼해 두 딸을 두었다. 그녀는 단순한 퍼스트레이디 역할을 넘어 환경 보호와 교육, 도시 미화 운동에 활발히 참여한 영향력 있는 인물이었다. 그녀는 1912년 텍사스에서 태어나 독서와 자연을 사랑하며 성장했으며, 텍사스대학교에서 저널리즘과 역사학을 전공했다. '레이디 버드(Lady Bird)'라는 별명은 유아 시절 가정교사가 "숲속의 귀여운 새 같다."며 붙여준 것이다. 퍼스트레이디로서 그녀는 남편의 정치활동을 헌신적으로 도왔으며, 특히 린든 존슨의 1964년 대선에서는 단독으로 남부 8개 주를 순회하며 여성으로서는 처음으로 공식 선거 유세에 나서기도 했다. 환경 개선에도 깊은 관심을 가졌고, 고속도로 미화법(Highway Beautification Act)의 추진에 앞장섰다.

존슨은 제2차 세계대전 중 해군 예비역 중령으로 복무했고, 귀국 후 1948년 텍사스 상원 예비선거에서 극적인 승리를 거두며 연방 상원의원에 당선되었다. 1955년 그는 민주당 상원 원내대표가 되었고, '존슨 특별대우(Johnson Treatment)'라는 설득 방식으로 뛰어난 입법 역량을 보여주었다. 1957년과 1960년 민권법 통과에 기여하며 전국적인 정치인으로 성장했다.

▌ 1963년 존슨 대통령이 미국 상원의원 리차드 러셀에게 '특별대우'를 하고 있다

2. 위대한 미국 사회의 구현

1960년 대선에서 케네디의 러닝메이트가 되어 부통령이 되었으나, 실권이 적은 부통령직에 만족하지 못했다. 1963년 11월 22일 케네디 대통령 암살로 대통령직을 승계한 존슨은 '계속합시다(Let Us Continue)' 연설을 통해 국가의 안정을 도모하고 케네디의 입법 과제를 빠르게 추진했다. 1964년 민권법에 서명해 법적 차별 철폐의 전환점을 만들었으며, 같은 해 대선에서는 배리 골드워터를 압도적으로 누르고 당선되었다.

그는 '위대한 사회(Great Society)'를 표방하며 국내 개혁에 박차를 가했다. 위대한 사회 정책은 미국 역사상 가장 광범위한 사회 개혁 프로그램 중 하나로, 1960년대 중반 미국을 보다 정의롭고 평등한 사회로 만들겠다는 비전에서 출발했다. 존슨은 '빈곤과의 전쟁(War on Poverty)'을 선포하며, 저소득층의 삶을 개선하고 기회의 평등을 실현하는 데 주력했다. 이를 위해 그는 1964년 경제기회법을 제정해 일자리 봉사단(Job Corps), 미국봉사단(VISTA), 지역사회행동

프로그램 등을 도입하였고, 조기 교육 프로그램인 헤드스타트를 통해 아동의 교육기회를 확대했다. 1965년 사회보장법 개정을 통해 메디케어와 메디케이드를 도입함으로써, 각각 노인과 저소득층을 위한 의료 보장을 제공하였다. 이는 미국 복지국가 형성에 핵심적인 전환점이었다. 초중등교육법(ESEA)을 통해 공립학교에 대한 연방정부의 지원을 확대하고, 고등교육법을 통해 대학생 대상 장학금 및 학자금 대출 제도를 확립하였다. 존슨은 「민권법」(1964)과 「투표권법」(1965)을 통해 인종차별을 법적으로 금지하고 흑인의 참정권을 보장하는 데 앞장섰으며, 1968년에는 「공정주택법」을 통과시켜 주거 분야에서도 차별을 금지했다. 청정공기법, 고속도로 미화법, 야생법 등이 제정되었으며, 「이민 및 국적법」 개정을 통해 인종별 쿼터제를 폐지하고 아시아 및 라틴아메리카 출신 이민자의 미국 입국을 확대하였다. 공영방송(PBS)과 함께 국립예술기금과 국립인문기금이 설립되어 문화 · 예술 · 인문학에 대한 공공의 지원을 강화했다. 위대한 사회 정책은 단기간에 수많은 제도적 개혁을 이뤄냈고, 빈곤율 감소, 교육기회 확대, 보건복지 체계 확립 등 현대 미국 사회의 기반을 구축하는 데 큰 역할을 했다.

린든 존슨 대통령 재임기간 동안 미국의 우주 개발 사업은 극적인 위기와 성공을 모두 경험했다. NASA는 제미니 유인 우주 프로그램을 성공적으로 수행하며 새턴 5호 로켓과 발사 시설을 개발하는 등 아폴로 프로그램의 토대를 마련했다. 존슨 임기 말인 1968년에는 아폴로 7호와 최초의 유인 달 탐사인 아폴로 8호 프로젝트가 성공적으로 완료되었다. 존슨은 아폴로 8호 승무원들을 축하하며 “전 세계를 새로운 시대로 이끌었다.”고 평가했다. 퇴임 후인 1969년 7월 16일, 존슨은 아폴로 11호의 역사적인 달 착륙 임무를 부여받은 우주선의 발사에 참석하였다. 이는 그의 재임기간 동안 뿌려진 우주 개발의 씨앗이 마침내 결실을 맺는 순간이었다.

존슨은 1964년 “위대한 사회”를 선언하며 빈곤 퇴치와 인종차별 해소를 핵심 목표로 내세웠다. 같은 해 「민권법(Civil Rights Act)」을 통과시키고 "빈곤과의 전쟁(War on Poverty)"을 선포했다. 그러나 바로 그해 7월 할렘에서 폭동이 발생했고, 이듬해 와츠에서도 대규모 폭동이 일어났다. 이는 법적 개혁과 실질적 변화 사이의 심각한 괴리를 보여준다.

위대한 사회 정책은 흑인 공동체에 큰 희망을 주었지만, 동시에 현실의 불평등을 더욱 선명하게 인식하게 만드는 효과도 가져왔다. 법적으로는 평등이 보장되었지만 할렘과 와츠 지역의 흑인들은 여전히 극심한 빈곤, 높은 실업률, 열악한 주거환경, 경찰의 차별적 대우에 시달리고 있었다. 약속된 변화가 일상에서 체감되지 않자 좌절감이 분노로 전환되었다.

위대한 사회 정책은 주로 남부의 법적 인종 분리에 초점을 맞췄는데, 북부 도시의 경제적 불평등과 사실상의 분리(De Facto Segregation) 문제에는 상대적으로 미흡했다. 할렘과 와츠 같은 도시 빈민가의 구조적 문제들은 단순한 법 개정만으로는 해결되지 않는 복합적 성격을 가지고 있었던 것이다.

1965년 이후 베트남 전쟁이 격화되면서 국내 사회 개혁에 투입될 자원과 정치적 관심이 분산되었다. 이는 위대한 사회 정책의 실효성을 약화시키는 요인이 되었고, 흑인 공동체의 실망감을 더욱 키웠다.

결국 할렘과 와츠 폭동은 위대한 사회의 이상과 현실 사이의 괴리를 폭력적으로 드러낸 사건이었다. 이는 사회 개혁이 단순히 법적 조치를 넘어 경제적, 사회적, 문화적 차원의 근본적 변화를 수반해야 함을 보여주는 역사적 교훈이 되었다.

3. 베트남 전쟁의 실패

냉전시기 존슨은 공산주의 확산 저지에 강경한 태도를 보였다. 1965년 도미니카 공화국 내전이 발발하자 미국 시민 보호와 질서 회복을 명분으로 2만 명 이상의 해병대를 파견했다. 미국은 선거 절차 마련에도 개입했지만, 무력 개입은 라틴아메리카의 반감을 샀고 이후 미국의 중남미에 대한 관심은 감소했다.

그는 동시에 소련과의 군비 통제 협상을 추진했다. 중소 갈등의 심화 속에 미국과 소련은 우호적인 분위기를 조성했고, 존슨 행정부는 우주조약과 핵확산금지조약(NPT)을 체결했다. 1967년 글래스버러 정상회담에서 소련 총리 코시긴과 대화를 나누며 긴장 완화를 모색했으나, 1968년 프라하 침공으로 전략무기제한회담(SALT)은 좌절되었다.

린든 B. 존슨 대통령은 원래 베트남 문제에 대해 신중한 태도를 취했지만, 1964년 8월 발생한 통킹만 사건을 계기로 입장이 급변했다. 그는 이를 북베트남의 공격으로 간주하고, 의회에서 통킹만 결의(Gulf of Tonkin Resolution)를 통과시켜 광범위한 군사행동 권한을 부여받았다. 이를 바탕으로 1965년부터 미군을 본격적으로 파병하고, 북베트남에 대한 대규모 공습인 '천둥 작전(Operation Rolling Thunder)'을 개시했다.

존슨은 남베트남 정부를 지지하며 공산주의 확산을 저지한다는 도미노 이론에 따라 전쟁 확대를 정당화했지만, 갈수록 전황은 악화되었고 미군 병력은 1968년까지 50만 명 이상으로 늘어났다. 존슨 대통령의 베트남 전쟁 개입은 전사자 수의 증가와 징병제 확대가 이어지면서 국내의 반전 여론은 급속히 고조되었다. 특히 1968년 구정 대공세(Tet Offensive)는 미국이 전쟁에서 우위를 점하고 있다는 정부의 주장을 무너뜨리며 국민의 신뢰를 크게 훼손했다. 언론과 지식인층, 정치권에서도 비판이 이어졌고, 존슨은 평화 협상을 제안했지만, 전쟁을 끝내지는 못했다. 베트남 전쟁은 그의 위대한 사회 개혁에도 불구하고 지지기반을 약화시키는 결정적 요인이 되었고, 존슨은 고립된 정치적 상황 속에서 임기를 마쳐야 했다.

존슨은 사법부 다양성과 개혁을 위해 1965년 아베 포르타스를, 1967년에는 흑인 최초의 대법관 서굿 마셜을 임명했다. 그러나 포르타스를 대법원장으로 임명하는 데 실패하며 정치적 타격을 입었다.

4. 진실 왜곡의 결과

린든 B. 존슨 대통령 재임기간(1963-1969) 동안 발생한 가장 심각한 정치적 위기 중 하나는 베트남 전쟁과 관련된 정보 감시 및 신뢰성 문제였다. 이는 당시 '신빙성 격차(Credibility Gap)'라는 용어로 불리며 미국 정치사에 깊은 상처를 남겼다.

존슨 행정부는 군부로부터 받은 보고서를 바탕으로 전황에 대해 지나치게 낙관적인 전망을 발표했고, 실제 전투 손실과 피해 규모를 축소하여 보고했다. 정부는 지속적으로 '승리가 임박했다'는 희망적인 메시지를 국민들에게 전달했다.

그러나 1968년 1월 30일 시작된 구정 대공세는 이러한 정부의 주장이 완전히 허구임을 적나라하게 드러냈다. 북베트남군과 베트콩이 남베트남 전역 100개 이상의 도시를 동시에 공격하고, 심지어 사이공의 미국 대사관까지 침투하는 모습이 텔레비전을 통해 실시간으로 중계되었다. 국민들은 정부가 말하던 '곧 끝날 전쟁'과는 전혀 다른 참혹한 현실을 목격하게 되었다.

이와 함께 그는 FBI를 통한 정보 감청을 승인하여 정치적 인물에 대한 감시가 확산되었고, 이는 이후 닉슨 행정부의 워터게이트 사건까지 이어지는 정보 감시 관행의 단초가 되었다. 이로 인해 미국 국민들의 정부에 대한 신뢰는 급격히 추락했다. 존슨 대통령의 지지율은 바닥으로 떨어졌고, 전국적으로 반전 시위가 확산되었다. 결국 존슨은 1968년 3월 31일 재선 불출마를 선언하며 정치적 생명을 마감해야 했다.

5. 실용주의자의 유산

1969년 대통령직에서 물러난 존슨은 텍사스 LBJ 목장에서 회고록 『대통령의 시선(The Vantage Point)』을 집필하고, LBJ 대통령 도서관을 설립했으며 목장을 국가에 기증했다. 그러나 그는 퇴임 후 건강이 악화되어 1973년 심장마비로 사망했다.

그는 'LBJ'라는 이니셜을 일관되게 사용하며 강한 정체성을 드러냈다. 격정적이고 직설적인 성격, 설득력 있는 정치 수완과 실용적 유연성은 그를 강력한 정치 지도자로 만들었지만, 동시에 거친 언행과 권력욕은 논란을 낳았다.

존슨은 사회 개혁의 선구자이자 베트남 전쟁의 책임자로서 미국 역사에 양면적인 흔적을 남겼다. 복지, 교육, 민권 분야에서 이루어 낸 성과는 빈곤율 감소와 제도적 평등의 기반을 마련했으며, NASA 존슨 우주센터, 교육부 본관, 텍사스대학교 LBJ 공공정책대학원 등에 그의 이름이 남아 있다. 그는 지미 카터 대통령 당시 1980년 대통령 자유 훈장을 추서받았으며, 지금도 미국 내 가장 논쟁적인 대통령 중 한 사람으로 평가받고 있다.

린든 B. 존슨은 위대한 사회 건설을 위해 민권, 복지, 교육, 환경 등 미국 사회의 구조적 개혁을 성공적으로 추진했다.

그러나 베트남 전쟁의 수렁에 빠지며 국내외 지지를 상실했다.

대통령 일화 13: 린든 B. 존슨

'존슨 특별대우'라는 이름의 정치

린든 B. 존슨은 미국 정치사에서 가장 강력한 설득력을 지닌 정치인 중 한 명으로 꼽힌다. 그가 구사한 대표적 기법은 '존슨 특별대우(Johnson Treatment)'로 불리며, 단순한 회유나 협상을 넘어서는 압도적 존재감과 감정적 몰입이 결합된 설득 방식이었다.

키 193cm의 장신에 넓은 어깨, 강단 있는 성격을 지닌 존슨은 대화 상대의 개인 공간을 침범하고, 밀착해 속삭이다가 목소리를 높이는 방식으로 심리적 압박을 가했다. 어깨를 두드리고 팔을 움켜쥐는 등의 물리적 접촉은 상대방이 정서적으로 벗어나지 못하게 만드는 일종의 '구속'이었다.

이 기술은 1964년 민권법 통과 과정에서 정점을 찍었다. 당시 미국은 인종차별 철폐를 요구하는 흐름에 있었지만, 의회는 보수적인 남부 민주당원들의 반발로 교착상태였다. 존슨은 이 법안을 정의의 문제로 규정하고, 단 한 표라도 더 얻기 위해 직접 의원들을 설득하러 나섰다.

대표적인 일화는 조지아 출신의 리처드 러셀 상원의원과의 대면이다. 존슨은 그에게 단도직입적으로 말했다. "리처드, 당신은 나의 친구요. 하지만 이 법은 반드시 통과돼야 해." 그는 러셀의 고향, 정치적 유산, 역사 속 책임을 언급하며 정서와 책임을 동시에 자극했다. 비록 러셀은 끝내 찬성하지 않았지만, 그 영향력 아래 있던 의원들의 마음을 움직였고, 결국 민권법은 통과되었다.

이후 워싱턴에서는 "그와 마주 앉는 순간, 표결은 끝난 것이다."라는 말이 회자되었고, '존슨 특별대우'는 뇌물이나 압박 대신 사람의 마음을 꿰뚫는 정치 기술의 상징으로 남았다. 오늘날까지도 이는 정치학 교과서에서 인물 설득의 대표적 사례로 인용된다.

37대 리처드 닉슨(Richard Nixon) 1913~1994 승부사이자 낙오자

리처드 닉슨 대통령, 1972년

리처드 닉슨(1913~1994)은 1913년 캘리포니아의 가난한 퀘이커교 가정에서 태어났다. 그는 듀크대학교 로스쿨을 졸업한 뒤 제2차 세계대전에 해군 예비역 장교로 참전했고, 이후 정치에 입문해 하원과 상원을 거쳐, 드와이트 아이젠하워 대통령 밑에서 8년간 부통령을 지냈다. 1960년 대선에서는 패배했지만, 1968년 37대 대통령(1969~1974)에 당선되어 미국 사회의 혼란기를 통치했으며, 1972년에는 압도적인 지지로 재선에 성공했다.

닉슨은 베트남전 미군 철수와 징병제 폐지, 중국과의 외교 관계 정상화, 소련과의 데탕트 추진 등 실용주의 외교 전략으로 국제질서에 큰 족적을 남겼고, 환경보호국 창설 등 개혁도 추진했다. 그러나 1972년 발생한 워터게이트 사건은 그의 가치를 송두리째 흔들었고, 결국 그는 1974년 자진사퇴 함으로써 미국 역사상 유일하게 임기 중 스스로 물러난 대통령이 되었다.

퇴임 이후 그는 저술과 외교 활동을 통해 명예 회복을 시도했으며, 1994년 뇌졸중으로 사망했다.

1930년 휘티어 고등학교 3학년 때의 닉슨

1. 역경을 넘어 실용주의 정치인으로

리처드 닉슨은 1913년 1월 9일, 캘리포니아 요바린다(Yorba Linda, Orange County, California)의 작은 레몬 농장에서 가난한 퀘이커교도 가정의 아들로 태어났다.

어머니 한나 밀하우스 닉슨(1885~1967)은 퀘이커교도였고, 그의 아버지 프랜시스 앤서니 닉슨(1878~1956)은 감리교에서 퀘이커교로 개종했다. 엄격한 도덕과 절제된 생활을 중시하는 분위기 속에서 성장한 그는 어린 시절부터 가난과 가족의 질병, 본인의 건강 문제로 어려움을 겪었다. 닉슨은 부모의 뜻으로 좀 더 큰 도시인 풀러턴에 있는 이모의 집에서 풀러턴 유니언 고등학교를 다녔는데 토론과 웅변을 잘했으며 3학년 때 휘티어 고등학교로 전학했다. 새벽에는 가족의 가게를 도우며 성실히 공부해 우수한 성적으로 졸업했다.

하버드대학교 장학금을 받을 정도의 실력이 있었지만, 병든 형을 돌보기 위해 지역의 휘티어 칼리지를 선택한 그는 이곳에서 문학, 토론, 체육 활동에 적극 참여했다. 이후 듀크대학교 로스쿨에 장학생으로 입학한 닉슨은 상위권 성적으로 졸업하고, 명예 법률 단체의 일원으로 인정받으며 법률가로서의 기반을 닦았다.

처음에는 FBI를 희망했지만 예산 삭감으로 기회가 무산되었고, 지역 로펌에서 근무한 뒤 자신의 사무소를 열었다. 1940년에 닉슨은 연극 무대에서 교사였던 텔마 '팻' 라이언(1912~1993)을 만나 2년에 걸친 구애 끝에 결혼했다. 두 사람은 휘티어에서 가정을 이루고 두 딸 트리샤와 줄리를 낳았다.

제2차 세계대전이 발발하자 닉슨은 퀘이커교도이자 공무원이었음에도 자원입대하여 해군 예비군 장교로 복무했다. 남태평양 전선에서 병참과 수송 작전을 성공적으로 수행한 그는 두 차례 표창을 받고 소령으로 진급했으며, 전후에도 예비역으로 활동하다 1966년 중령으로 퇴역했다. 그는 포커를 즐겼는데 동료들과의 포커 게임에서 모은 돈을 정치 자금으로 활용하기도 했다.

2. 반공 정치인에서 대통령으로

리처드 닉슨은 제2차 세계대전 복무 이후 1946년 공화당 소속으로 캘리포니아 제12선거구에서 연방 하원의원에 당선되며 정계에 입문했다. 선거에서는 상대 후보를 공산주의 연루 의혹으로 몰아세우며 승리했고, 하원에서 마셜 플랜을 지지하고 앨저 히스 사건을 추적하면서 반공 정치인으로 두각을 나타냈다.

1950년 연방 상원의원 선거에서는 헬렌 가하건 더글러스를 상대로 공세적인 캠페인을 펼쳐 대승을 거뒀고, 이 시기 '교활한 딕(Tricky Dick)'이라는 별명이 따라붙었다. 그는 매카시즘과 거리를 두면서도 독자적인 반공 노선을 유지했고, 민권 입법과 알래스카 · 하와이 주 승격에도 찬성하는 유연한 입장을 보였다.

1952년 드와이트 아이젠하워의 부통령 후보로 지명된 닉슨은 정치 자금 논란에 휘말렸지만 '체커스 연설'로 대중의 지지를 끌어내며 위기를 넘겼다. 1952년 9월 23일, 부통령 후보 리처드 닉슨은 정치 기금을 사적으로 유용했다는 의혹에 휩싸여 후보직 위기에 놓였다. 그는 이를 정면 돌파하기 위해 텔레비전과 라디오 생방송을 통해 30분간 국민에게 직접 해명했다. 연설에서 닉슨은 자신의 재정 상태를 구체적으로 공개하며 기금이 정치활동에만 쓰였다고 주장했고, 검소한 가정사와 서민적 배경을 강조했다. 특히 지지자로부터 선물받은 강아지 '체커스'는 어떤 일이 있어도 가족과 함께하겠다고 말해 대중의 감성을 자극했다. 이 연설은 국민적 지지를 이끌어 내어 닉슨은 위기를 기회로 바꾸며 정치적 입지를 강화했다. 이후 부통령으로서 활발한 해외 순방과 흐루쇼프와의 '주방 논쟁' 등 외교 무대에서 존재감을 키웠고, 아이젠하워의 건강 악화 시기에는 국정 운영에도 적극 관여했다.

1960년 대선에서는 존 F. 케네디와 치열한 접전을 벌였으나 TV 토론에서의 이미지 열세 등으로 근소한 차이로 패배했다. 이어 1962년 캘리포니아 주지사 선거에서도 낙선하면서 정치적 퇴장의 위기를 맞았으나, 대중의 동정 여론이 형성되기도 했다.

그러나 1968년, 사회 혼란과 민주당의 분열 속에서 닉슨은 '법과 질서'와 '명예로운 평화'를 내세워 중도 보수층과 '침묵하는 다수'의 지지를 이끌어 냈다. 험프리, 월리스와의 삼자 대결 끝에 대통령에 당선된 그는 화려한 정치적 복귀를 완성했다.

마오쩌둥과 닉슨, 1972년 2월 21일

미국을 방문한 브레즈네프와 닉슨, 1973년 6월 19일

3. 실용주의 대통령

리처드 닉슨은 1969년 1월 20일, 미국 제37대 대통령(1969~1974)으로 공식 취임하면서 '분열된 미국의 치유와 통합'을 약속했다. 혼란과 격렬한 갈등의 1960년대를 지나, 조용한 이해와 책임의 리더십을 강조한 그의 취임사는 긍정적인 평가를 받았고, '평화를 이루는 사람이라는 칭호는 인류가 줄 수 있는 가장 큰 영예'라는 말은 사람들의 기억에 남았다.

닉슨의 외교 정책은 냉전기 미국 외교의 중대한 전환점이었다. 그는 헨리 키신저와 함께 중국 · 소련과의 삼각 외교를 통해 미국의 전략적 입지를 재정립했다. 1972년 미국 대통령으로서는 처음으로 중국을 방문해 마오쩌둥과 회담했고, '하나의 중국' 원칙을 수용하며 미 · 중 관계 정상화의 기반을 마련했다. 이는 동맹인 중화민국을 배신하는 행위로 냉혹한 국제관계를 보여주는 사건이기도 하다. 같은 해 소련을 방문한 그는 브레즈네프와의 정상회담을 통해 전략무기제한협정(SALT I)과 탄도탄요격미사일 제한 조약(ABM Treaty)을 체결하며 군비 경쟁의 전환을 이끌어 냈다.

베트남전에서는 '베트남화'를 추진하며 미군 철수를 유도했고, 1973년 파리 평화협정에 도달했으나 전쟁은 종결되지 못했다. 중동에서는 욤 키푸르 전쟁

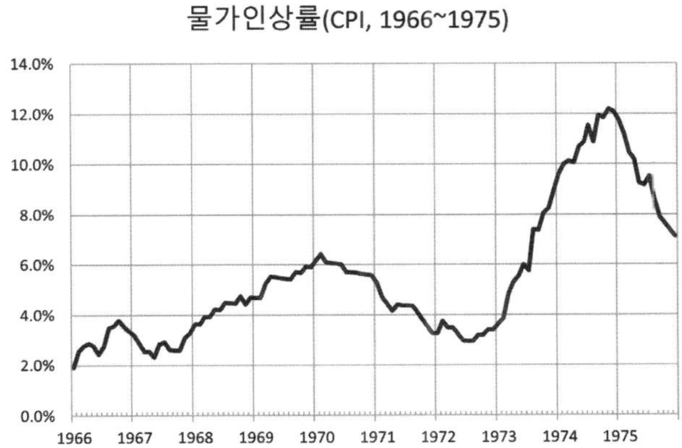

▌ 미국 소비자물가인상률(CPI), 1966~1975

발발 후 이스라엘에 대한 군사 지원으로 아랍 산유국의 석유 금수 조치를 초래했고, 이는 서방세계 전체에 충격을 안긴 '1973년 석유 위기'로 이어졌다. 한편, 라틴아메리카에서는 칠레의 아옌데 정권 전복을 은길히 지지하며 냉전적 개입주의를 강화했다.

경제 측면에서는 1971년 '닉슨 쇼크'를 통해 달러와 금의 태환을 중단하고, 임금 · 가격 동결 정책을 실시했다. 이 조치는 국제통화 질서를 뒤흔든 결정이었고, 이후 가격 통제는 실패로 귀결되었다. 그는 '신연방주의(New Federalism)'를 주장하며 연방정부 권한을 주정부로 이양하려 했고, 미국 우정공사(USPS) 설립, 행정 개편 등을 시도했으나 일부는 의회의 견제를 받았다. 환경 분야에서는 환경보호청(EPA) 창설, 청정대기법 제정 등 제도적 기반을 마련했고, 보건 · 복지 분야에서도 건강관리기구(HMO) 도입과 메디케이드 강화, 마약 퇴치 운동 등을 추진했다. 시민권과 관련해서는 남부 흑백 학교 통합, 여성의 공직 진출 확대, 아프리카계 미국인의 경제적 자립과 부의 축적을 통해 인종차별과 불평등을 극복하자는 흑인 자본주의(Black Capitalism) 장려 등 제한적 진전을 이뤘으나 평등권 수정안 추진에는 소극적이었다.

1972년 닉슨은 '남부 전략'을 기반으로 재선에 도전했고, 상대인 민주당의 조지 맥거번이 진보적 공약과 러닝메이트 논란으로 지지를 잃자, 닉슨은 선거 운동에서 여론의 우위를 점하며 매사추세츠와 D.C.를 제외한 전 주에서 승리하는 압승을 거두었다. 이 선거는 닉슨이 미국 역사상 가장 압도적인 지지를 받은 대통령 중 한 명으로 기록되는 순간이었다.

4. 워터게이트 스캔들과 사임

1972년, 리처드 닉슨은 압도적 지지로 재선에 성공했지만, 그해 6월 민주당 전국위원회가 입주한 워터게이트 건물 침입 사건으로 그의 정치 경력은 급격히 흔들리기 시작했다. 도청 장치를 설치하려던 침입자들의 체포는 단순한 사건으로 보였으나, 워싱턴 포스트 기자 칼 번스타인과 밥 우드워드의 집요한 보도와 FBI 내부 고발자 '딥 스로트'의 제보를 통해 닉슨 행정부의 조직적 불법 공작이 드러났다.

수사는 백악관을 향해 좁혀졌고, 대통령 측근들이 줄줄이 기소되며 총 48명이 유죄를 선고받았다. 이른바 '워터게이트 테이프'가 진실을 규명할 핵심 증거로 부상했다. 닉슨은 녹음테이프의 의회 제출을 거부하고 특별검사를 해임하며 맞섰으나, '토요일 밤의 학살'로 국민적 분노를 자초했다. 결국 대법원은 테이프 제출을 만장일치로 명령했고, 1974년 8월 공개된 '스모킹 건 테이프'는 닉슨이 사건 직후부터 은폐와 방해를 지시한 정황을 명확히 드러냈다.

공화당 내 지지마저 무너지자 닉슨은 더 이상 버틸 수 없었다. 8월 8일, 그는 대국민 연설을 통해 사임을 발표했고, 이튿날 백악관을 떠났다. 그는 퇴임 연설에서 외교적 성과를 강조하며, 국익을 위한 결단이었음을 주장했다. 하지만 그는 미국 역사상 임기 중 자진사퇴 한 유일한 대통령으로 남게 되었다.

"그가 돌아오다." 리처드 닉슨의 귀환,
『뉴스위크 매거진』, 1986년 5월 19일

5. 사임 후의 생활

1974년 8월 9일 대통령직에서 사임한 리처드 닉슨은 가족과 함께 캘리포니아 샌클레멘테(San Clemente, California)의 라 카사 퍼시피카로 거처를 옮겼다. 그는 심각한 상실감에 빠졌지만 매일 아침 책상 앞에 앉으며 일상을 유지하려 했다. 그러나 그는 법적 기소 가능성에 직면해 있었고, 제럴드 포드 대통령은 '국가적 치유'를 명분으로 닉슨에게 전면 사면을 단행했다. 닉슨은 공개 성명에서 워터게이트 사태에 대한 도의적 책임은 인정했지만, 형사적 유죄는 부인했다.

사면 이후 닉슨은 중병과 재판, 재정난에 시달렸다. 정맥염으로 생명이 위독해지는 등 건강이 악화되었고, 언론은 냉소적 시선으로 그를 조롱했다. 대통령 재임 중 남긴 문서의 소유권 문제도 오랜 법적 다툼으로 이어졌다.

1977년 닉슨은 데이비드 프로스트와의 TV 인터뷰에서 "국민을 실망시켰다."고 고백했고, 이는 대중의 관심을 다시 끌어들이는 전환점이 되었다. 이후 그는 회고록 『RN: 리처드 닉슨의 기억』(1978)을 비롯한 여러 저술을 통해 국제 정치에 대한 통찰을 제시하며, 외교 원로로서의 이미지를 구축해 갔다. 덩샤오핑, 고르바초프, 레이건, 부시 등과 교류하며 비공식 조언자로 활약했고, 중동과 아시아 지역을 순방하며 민간 외교 활동을 펼쳤다. 1986년 갤럽 조사에서는 세계에서 가장 존경받는 인물 중 한 명으로 선정되었다.

1990년, 캘리포니아 요바린다에 리처드 닉슨 대통령 도서관이 개관되며 그는 점차 역사적 인물로 복권되는 모습을 보였다. 그러나 1993년에는 부인 팻 닉슨이 폐암으로 세상을 떠나며 큰 슬픔을 겪었다. 이듬해인 1994년 4월 18일, 닉슨은 뉴저지 자택에서 뇌졸중으로 쓰러졌고, 4월 22일 81세의 나이로 생을 마감했다.

닉슨의 장례식은 요바린다 도서관에서 거행되었고, 당시 대통령이던 빌 클린턴을 비롯한 전 · 현직 대통령 5명이 참석했다.

6. 논쟁과 복원의 복합적 유산

리처드 닉슨은 미국 역사상 유일하게 임기 중 자진사퇴 한 대통령으로, 워터게이트 스캔들로 인한 불명예 속에 백악관을 떠났지만, 퇴임 이후 외교적 식견과 정책 유산을 통해 점차 복권되며 재조명되었다. 클린턴 대통령을 비롯한 후임자들은 그를 원로 정치인으로 예우했으며, 주요 언론도 그의 복귀와 저술 활동에 긍정적인 관심을 보였다.

닉슨의 가장 뚜렷한 성과는 외교 분야에서 나타났다. 그는 미 · 중 수교의 기반을 닦고, 소련과 전략무기제한협정(SALT I)을 체결하는 등 냉전 구도 속에서 실용 외교를 전개했다. 베트남 전쟁을 단계적으로 종료하고, 중동 및 제3세계 국가들과의 외교 지평을 넓힌 점도 높이 평가된다. 또한 그는 환경보호청(EPA)

창설과 청정대기법 제정 등 국내에서도 중요한 입법 성과를 남겼다.

그러나 워터게이트는 그의 정치 인생에 깊은 상처를 남겼다. 이는 대통령 권한에 대한 미국 사회의 인식을 근본적으로 바꾸는 계기가 되었다. 이후 그의 고립된 성격, 사적인 편견, 대중문화 속 풍자 대상이라는 이중적 이미지도 논란의 대상이 되었다.

그에 대한 평가는 지금도 엇갈린다. 일부는 그가 과소평가 되었다고 보며 외교 성과를 재조명하는 반면, 다른 이들은 그를 권력 오용과 민주주의 훼손의 상징으로 기억한다. 닉슨은 실패와 복귀, 냉소와 인정, 고립과 영향력이라는 상반된 요소가 공존하는 인물로, 미국 현대 정치사의 전환점을 상징하는 인물이 되었다.

실용과 실리 면에서 가장 우수한 자질을 발휘하여 정치적 성공의 정점에 이르렀으나 기본적인 성실성이 부족한 지도자가 순식간에 범죄자로 전락할 수 있음을 보여준 극적인 사례이다.

그러나 퇴임 후 끈질긴 노력으로 명예를 회복한 점은 모방하기 힘든 생존력이다.

리처드 닉슨은 외교적 업적과 실용주의적 정책으로 미국 현대사의 전환기를 잘 이끌었다.

그러나 워터게이트 사건은 그의 정치 경력을 나락으로 떨어뜨렸다.

38대 제럴드 포드(Gerald Rudolph Ford Jr.)
1913~2006
신뢰의 회복자

제럴드 포드 대통령, 1974년

제럴드 루돌프 포드(1913~2006)는 미국 제38대 대통령(1974~1977)으로, 선거 없이 부통령과 대통령직을 모두 역임한 유일한 인물이다. 네브래스카주 오마하에서 태어나 미시간에서 성장했으며, 미시간대와 예일 로스쿨을 졸업하고 제2차 세계대전 중 해군으로 복무했다.

1949년부터 1973년까지 하원의원으로 활동하며 공화당 원내대표를 지냈고, 1973년 스피로 애그뉴 부통령 사임 후 수정 헌법 제25조에 따라 부통령이 되었다. 1974년 닉슨이 워터게이트로 사임하면서 대통령직을 승계했다.

포드는 닉슨 사면으로 비판을 받았고, 경기 침체와 인플레이션에도 직면했지만 냉전 완화와 헬싱키 협정 서명 등의 외교 성과를 남겼다. 1976년 대선에서는 지미 카터에게 패배했으며, 퇴임 후 온건 보수 인사로 활동했다. 2006년 93세로 별세했으며, 위기 속 통합의 리더로 평가받는다.

1. 성장과 참전

제럴드 루돌프 포드 주니어(Gerald Rudolph Ford Jr.)는 1913년 네브래스카주

▌ 미국 항공모함 몬터레이 함상의 어벤저 뇌격기

오마하(Omaha, Nebraska)에서 레슬리 린치 킹 주니어라는 이름으로 태어났지만, 출생 직후 어머니가 가정 폭력을 피해 남편과 이혼하면서 삶의 방향이 바뀌었다. 어머니 도로시 에어 가드너 포드(1892~1967)는 미시간주 그랜드 래피즈로 이주해 1917년 제럴드 루돌프 포드(1890~1962)와 재혼했고, 그는 새 아버지의 이름을 따라 '포드'라는 성을 사용하게 되었다. 법적 개명은 1935년에 이루어졌으며, 그는 3명의 이부 남동생 함께 안정된 환경에서 성장했다.

청소년기 포드는 보이스카우트에서 미국 대통령 중 유일하게 이글 스카우트(Eagle Scout)에 선정되었고, 고등학교에선 축구팀 주장으로 활약하며 리더십을 키웠다. 미시간 대학교에 진학한 그는 뛰어난 운동 실력으로 전국 챔피언팀의 일원으로 활약했으며, 인종차별에 반대하는 태도로도 주목받았다. NFL 진출 제안을 거절하고 예일대학교에서 코치와 법학 공부를 병행한 그는 예일 로스쿨을 졸업하고 고향에서 변호사로 활동을 시작했다.

그러나 진주만 공격 이후 그는 1942년 해군 예비군 소위로 임관했다. 포드는 항공모함 USS 몬터레이에 배치되어 태평양 전선에 참전했고, 갑판장교로 근무하던 1944년 태풍 '코브라'로 인한 화재 속에서도 침착하게 대응해 승조원과 함정을 지켜냈다. 그는 복무 중 다양한 훈장을 받았으며, 1946년 소령으로 명예롭게 제대했다.

제럴드 포드는 어머니와 의붓아버지를 '훌륭한 부모'라고 회상했으며, 17세까지 생부 레슬리 킹(1884~1941)에 대하여는 존재조차 몰랐다. 이후에도 관계는 간헐적이었다. 제럴드 포드는 한번 이혼 경력이 있는 엘리자베스 블루머(1918~2011)와 1948년 결혼했다. 베티는 남편의 정치 경력을 헌신적으로 지원하면서도 독립적인 사고와 활발한 사회 참여로 주목을 받았다. 퍼스트레이디로서는 전통적인 틀을 깨며 낙태 합법화와 여성의 권리, 성 개방 등에 대한 입장을 솔직하게 밝혔고, 유방암 진단 및 수술 사실을 공개해 사회적 인식을 크게 바꿨다. 그녀는 '베티 포드 센터(Betty Ford Center)'를 설립해 중독 치료 활동에 힘썼다. 포드 부부는 상호 존중과 공감 속에서 결혼생활을 이어갔으며, 정치적 · 개인적으로 고비가 많았지만 끝까지 서로를 지지하는 동반자로 남았다. 두 사람 사이에는 4명의 자녀가 있었다.

포드는 여러 시민 및 참전용사 단체의 일원으로 활동했고, 미시간대학교 델타 카파 엡실론 회원이었다. 그는 1949년 프리메이슨에 입문한 이후 평생 활동했고, 33도 스코틀랜드 의식 메이슨이자 드몰레이 명예 그랜드 마스터, 슈라이너스 및 예수회 왕립 교단 회원으로서도 활동했다. 이는 그의 개인적 가치와 형제애, 전통에 대한 존중을 보여준다.

2. 하원의원과 부통령

제럴드 포드는 제2차 세계대전 복무 후 고향 미시간으로 돌아와 정계에 입문했다. 1948년 미시간 제5선거구에서 당선된 그는 25년간 연방 하원의원으로 재직하며, 국방 예산에 영향력을 행사한 세출위원회 활동과 겸손하고 실용적인 태도로 '의원의 의원'이라는 평가를 받았다. 그는 온건한 내정, 국제주의 외교, 재정 보수주의를 지향하며, 「민권법」과 「투표권법」에 찬성하고, 워렌 위원회 위원으로 케네디 암살 사건 조사에도 참여했다.

1965년 공화당 하원 소수당 지도자가 된 그는 20세기 초 오스만 제국 말기 정치개혁을 주도한 터키의 개혁 세력에서 이름을 따온 '젊은 터키파'의 지지를 받으며 존슨 행정부의 복지 정책과 베트남 전쟁에 비판적인 입장을 취했다. 닉슨 행정부에선 초당적으로 협력하여 주 · 지방정부 수익 공유법 통과 등에 기여했다.

1973년 부통령 스피로 애그뉴의 사임 후, 포드는 닉슨 대통령에 의해 지명되어 수정 헌법 제25조에 따라 미국 최초로 의회 인준을 거쳐 부통령이 되었다. 그는 여야 모두에게 신뢰를 받았으며, 8개월 뒤 워터게이트 스캔들로 닉슨이 사임하면서 대통령직을 승계했다.

3. 치유의 리더십

1974년 워터게이트 사건으로 리처드 닉슨 대통령이 사임하자, 미국 역사상 최초로 선거 없이 부통령이 된 제럴드 포드는 대통령직을 승계했다. 그는 취임 연설에서 "우리의 오랜 국가적 악몽은 끝났다."고 선언하며 통합과 치유를 강조했다. 그해 9월, 닉슨에게 무조건 사면을 단행한 결정은 강한 비판과 지지율 하락을 불러왔고, 이는 이후 정치적 입지에도 부정적 영향을 미쳤다.

경제적으로는 높은 인플레이션과 실업률이라는 '스태그플레이션' 위기에 직면하여 인플레이션 퇴치를 위한 'WIN(Whip Inflation Now)' 캠페인을 벌였으나 실효성은 낮았다. 이후 160억 달러 규모의 세금 감면안을 의회에 제안했고, 최종적으로 228억 달러 감세로 통과되었다. 교육과 복지 분야에선 「장애 아동 교육법」에 서명하며 진전을 보였으나, 뉴욕시 구제 금융을 거절한 대응은 비판을 받았다. 1975년, 뉴욕시는 재정 악화로 심각한 위기에 처해 연방정부에 긴급 금융 지원을 요청했다. 그러나 대통령 제럴드 포드는 이를 거부했다. 그는 연방 자금을 특정 도시의 재정난 구제에 쓰는 것은 선례를 남겨 다른 지방 정부들의 도덕적 해이를 부를 수 있다고 보았고, 연방 재정 건전성 유지와 형평성을 이유로 들었다. 대신 존슨은 뉴욕주와 시가 자체적으로 세수 확대와 지출 절감을 통해 문제를 해결해야 한다고 강조했다. 이 결정은 뉴욕시의 재정 구조 개혁을 촉진했지만, 단기적으로는 시의 재정 압박을 심화시켜 정치적 논란을 낳았다. 그 후, 포드는 입장을 바꾸어 의회에 뉴욕시가 더욱 긴축적인 예산에 동의한다는 조건으로 1975년 12월, 뉴욕시에 23억 달러의 대출을 제공하는 법안에 서명했다. 또 돼지독감 백신 전국 접종은 혼선과 부작용으로 실패 사례로 남았다.

외교 정책에선 데탕트 기조를 유지하며, 소련과 SALT II 협상을 진행하고 헬싱키 협정에 서명했다. 중국을 방문해 마오쩌둥과 회담했으며, 중동에서는 시나이 협정을 중재했다. 베트남전의 마지막 국면에선 사이공 함락 후 미군 철수를 지휘했고, 베트남 난민 약 13만 명을 수용했다. 1975년 5월, 미국 상선 마야궤스호(SS Mayaguez)가 캄보디아 인근 해역을 항해하던 중, 크메르루주 해군에 나포되었다. 승무원 39명이 억류되자 포드 대통령은 이를 무력으로 해결하기로 결정했다. 미 해병대와 특수부대가 캄보디아의 탕 섬을 기습했으나, 치열한 교전으로 미군 사상자가 발생했다. 아이러니하게도, 전투가 벌어지기 전후로 승무원들은 이미 다른 경로로 석방되고 있었다. 사건은 미국이 베트남전 이후 처음으로 벌인 무력 작전이었으며, 군사적 결단력 과시라는 상징성을 남겼지만, 불필요한 인명 피해로 비판도 받았다.

포드는 두 차례 암살 시도를 가까스로 피하며 대통령 경호 체계를 강화했다. 1975년 베트남전 패배와 워터게이트 사건 이후, 국민 사이에서는 연방정부와 지도층의 권위가 크게 실추되었고, 반정부 정서가 확산되고 있었다. 첫 번째 암살 시도자인 린에트 '스퀴키' 프롬은 환경 파괴와 정부 정책에 대한 불만, 그리고 찰스 맨슨 사상에 영향을 받은 급진적 신념에서 행동했다. 두 번째 시도자인 사라 제인 무어 역시 정부에 대한 강한 불신과 사회 개혁에 대한 극단적 열망을 품고 있었다. 결국 이 두 사건은 개인적 동기와 더불어, 1970년대 미국을 뒤덮은 정치적 혼란과 극단주의적 분위기의 산물이었다.

재임 중 대법관으로 존 폴 스티븐스를 임명했고, 항소 · 지방법원에 60여 명의 연방 판사를 지명하며 사법부에도 영향을 미쳤다. 비록 짧은 재임기간이었지만, 그는 통합과 안정의 메시지를 남겼다.

4. 위기의 리더에서 국민의 양심으로

1976년, 포드는 재선을 위해 대선에 출마했지만 공화당 내에서 로널드 레이건의 강한 도전에 직면했다. 경선에서 가까스로 승리한 그는 보수 세력 결집을 위해 밥 돌을 러닝메이트로 선택했지만, 닉슨 사면과 경제 위기, 반공화당 정서 등으로 여론의 벽에 부딪혔다. 특히 TV 토론 중 "동유럽은 소련 지배를 받지 않는다."는 발언은 대중의 반발을 샀고, 결국 그는 지미 카터에게 근소한 차로 패배했다.

퇴임 후 포드는 자서전『치유의 시간 (A Time to Heal)』을 출간하고 강연, 투자, 공공 봉사에 참여했다. 지미 카터와는 뜻밖의 우정을 쌓아 선거 개혁과 비정부 활동에서 협력했고, 미시간대학교와 고향 그랜드래피즈에 도서관과 박물관을 세웠다. 1980년에는 대선 재출마와 레이건의 부통령 후보 제안을 고려했으나, '공동 대통령직' 구상이 무산되며 정계 복귀는 하지 않았다.

이후에도 그는 총기 규제, 성소수자 권리 보장, 세계 기아 퇴치 등에서 진보적 입장을 보였고, 일부 공화당 정책을 공개 비판했다. 2006년 12월 26일, 캘리포니아 자택에서 93세로 별세하며 미국 역사상 최장수 대통령이 되었다. 장례는 국장으로 거행되었고, 미시간의 포드 박물관에 안장되었으며 수백 명의 이글 스카우트가 장례식에 참석해 그의 생애와 가치를 추모했다.

5. 정직한 리더와 오해

제럴드 포드는 미국 역사상 유일하게 대통령과 부통령 모두 선거 없이 취임한 인물이었다. 정치적 정직성과 성실성으로 널리 존경받았고, 부통령 지명 당시 민주당의 마사 그리피스는 '거짓말을 하지 않는 사람'이라며 그를 높이 평가했다. 하지만 닉슨 사면 이후 지지율은 급락했고, 임기 내내 회복되지 못했다.

포드는 신중하고 실용적인 정치인이었으나, 대중에게는 다소 서툴고 평범한 인물로 비쳤다. 특히 「토요일 밤 라이브(Saturday Night Live)」에서 체비 체이스가 그의 실수를 반복적으로 풍자하며 '서툰 대통령' 이미지가 굳어졌다. 옥수수 껍질에 싸여 제공된 타말레의 껍질을 벗기지 않고 먹는 장면 같은 사소한 실수도 언론의 주목을 받았다.

그럼에도 불구하고 포드는 명예로운 공직자로 기억된다. 그는 빌 클린턴 대통령 시기에 대통령 자유 메달(1999)을 받고, 존 F. 케네디 용기상(2001) 등 다양한 상을 받았고, 스카우트 활동에서도 인정받아 여러 스카우트 상과 해군·골프 관련 명예 훈장을 수상했다.

그의 이름을 딴 기념 시설도 많다. 최신 항공모함 USS 제럴드 R. 포드(CVN-78), 포드 박물관과 도서관, 포드 공공정책대학원, 포드 국제공항, 포드 하우스 오피스 빌딩 등은 그의 유산을 기리고 있다.

비록 대중적 이미지에서는 풍자의 대상이 되었지만, 제럴드 포드는 위기의 시대에 정직과 책임감으로 대통령직을 수행한 리더로 평가된다.

제럴드 포드는 미국 역사상 유일하게 선거 없이 부통령과 대통령직에 순차적으로 오른 인물로, 위기 속에서 통합과 안정의 리더십을 추구했다.

그러나 대승적인 닉슨 사면은 역풍을 불러와 재선에 실패했다.

39대 지미 카터(Jimmy Carter)
1924~2024
도덕적 지도자

제임스 카터 대통령, 1977년

지미 카터(1924~2024)는 제39대 미국 대통령(1977~1981)으로 재임한 인도주의자로, 퇴임 후 인권과 평화를 위한 국제 활동을 통해 '가장 존경받는 전직 대통령' 중 한 사람으로 자리매김했다. 조지아 플레인스 출신인 그는 해군사관학교를 졸업하고 잠수함 장교로 복무했으며, 부친 사망 후 귀향해 땅콩 농장을 운영하다 정치에 입문했다. 주 상원의원과 주지사를 거치며 인권과 행정 개혁에 헌신했고, 1976년 대선에서 승리하며 백악관에 입성했다.

대통령 재임 중 그는 베트남 징집 기피자 사면, 인권 중심 외교, 에너지 정책, 캠프 데이비드 협정 등 다양한 개혁을 시도했지만, 이란 인질 사태와 스태그플레이션, 냉전 위기로 인해 큰 정치적 타격을 입고 1980년 재선에 실패했다. 그러나 퇴임 후 카터 센터를 통해 질병 퇴치, 선거 감시, 인도주의 활동에 헌신했고, 해비타트 운동의 자원봉사자로 활동했다. 2002년에는 노벨 평화상을 수상했다. 대통령 재임 시보다 퇴임 이후의 활동으로 더 큰 존경을 받은 그는, 100세로 생을 마감하며 미국 역사상 가장 오래 생존한 대통령으로 기록되었다.

1. 땅콩 농장 집 아들

제임스 얼 카터 주니어(James Earl Carter Jr.)는 1924년 조지아 플레인스(Plains, Georgia)에서 태어나, 인종 분리와 농촌 공동체가 공존하던 시대에 자립심과 근면함을 배우며 성장했다. 상인이자 땅콩 농장을 운영하던 아버지 제임스 얼 카터 시니어(1894~1953)와 간호사였던 어머니 릴리언 고디 스미스(1898~1953) 밑에서 그는 아프리카계 이웃들과도 자연스럽게 어울렸고, 어린 시절부터 땅콩 재배와 임대 사업 등을 통해 실용적 감각을 키웠다. 학창 시절 농업과 목공 활동을 통해 공동체 의식과 실천 능력을 함양한 그는, 미국 해군사관학교에 입학해 장교 교육을 받았고, 이 시기 평생의 동반자인 로잘린 스미스(1927~2023)를 만나 1946년 결혼했다. 지미 카터와 로잘린 스미스는 77년간 함께한 부부로, 미국 역사상 가장 오랜 결혼생활을 유지한 대통령 부부 중 하나였다. 두 사람은 어린 시절부터 플레인스에서 알고 지낸 사이였다. 로잘린은 남편의 정치 경력 내내 헌신적이면서도 독립적인 조언자로서 역할을 했으며, 주지사 시절부터 대통령 재임 중까지 정무 일정과 정책에도 적극 관여했다. 특히 정신 건강과 여성 · 가족 문제에 깊은 관심을 두고 활동했고, 퍼스트레이디로서 영향력 있는 파트너였다. 사랑과 신뢰를 바탕으로 한 이들의 오랜 동반자 관계는 미국 사회에 깊은 인상을 남겼으며, 로잘린은 2023년 96세로 먼저 세상을 떠났다.

해군 장교로 복무한 그는 디젤 및 원자력 잠수함에서 근무하였고, 하이먼 리코버의 발탁으로 미국 해군 원자력 잠수함 프로그램에도 참여했다. 1952년 12월 12일, 캐나다 온타리오주의 콜크 리버(CNR Chalk River) 원자력 연구소에서 실험용 원자로 NRX가 운전 중 제어봉이 완전히 삽입되지 못하고 일부가 잘못 인출되면서 연료봉이 손상되고 냉각수가 방사능에 오염되었으며, 다량의 방사성 물질이 건물 내부와 주변 환경으로 누출되었다. 젊은 미군 장교였던 지미 카터도 지원팀 일원으로 파견되어 방호복을 입고 원자로 내부에서 단시간 작업을 수행했다. 인명 피해는 없었지만, 이 사건은 북미 최초의 심각한 원자로 사고로, 원자로 안전 설계와 비상 대응 절차 개선의 계기가 되었다. 원자로 사고 현장에서 해군 장교로서 위험을 무릅쓴 작업을 수행한 경험은 훗날 대통령으로서 핵무기 정책에 영향을 미치게 되었다. 그러나 아버지의 사망으로 1953년 해군을 떠나 고향으로 돌아온 그는 가족의 땅콩 농장을 이어받으며 농업 경영에 뛰어들었고, 초기의 실패를 극복하고 경영을 안정화했다.

2. 통합의 신념으로 대통령까지

지미 카터는 1960년대 초 조지아 플레인스의 교육위원회 활동을 계기로 정치에 입문했다. 브라운대학교 교육위원회 판결 이후 남부에서 인종 통합을 둘러싼 갈등이 격화되던 시기, 그는 조심스럽게 통합 지지 입장을 밝혀 정치적 기반을 다져나갔다. 1962년 조지아주 상원의원 보궐선거에 출마한 그는 선거 부정을 바로잡고 당선되었으며, 이후 미국 남부의 흑인 유권자 차별 수단으로 악용되던 문해력 시험 폐지, 인종차별 철폐 등 개혁 입법을 적극적으로 추진했다.

1966년 주지사 도전에는 실패했으나, 이후 종교적 정체성을 강화하며 이미지 쇄신에 나섰고, 1970년 주지사 재도전에서는 흑인과 보수 백인 유권자 모두를 공략하는 전략으로 승리했다. 그는 "인종차별의 시대는 끝났다."고 선언하고, 행정기관 통합, 예산 절감, 복지 확대, 교도소와 교육개혁 등 실질적 개혁을 추진했다. 다만 사형제 존치에 서명한 결정은 이후 그가 후회한 사례로 남았다.

카터는 주지사 재선에 나서지 않고 전국 정계 진출을 모색하며 민주당 전국

위원회 활동과 워터게이트 사태에 대한 절제된 대응으로 정치적 신뢰를 쌓았다. 연방 의원 경력 없이 1974년 대통령 출마를 선언한 그는 '변화'와 '정직'을 내세워 전국을 순회하며 유권자들과 직접 소통했고, 남부에서는 인종과 종교 정서를, 북부 · 서부에서는 농촌과 신앙 기반 유권자들의 지지를 이끌어 내며 민주당 후보로 지명되었다. 교육부 신설, 소비자 보호, 세제 개편, 균형 예산 등 현실적 공약을 제시한 그는 논란에도 불구하고 제럴드 포드를 꺾고 당선되었으며, 이는 워터게이트 이후 정직한 외부 인물을 바라는 시대적 요구에 부응한 결과였다.

3. 이상주의적 출발, 현실의 벽

1976년 대선에서 승리한 지미 카터는 대통령직 인수 준비를 사전에 철저히 계획한 첫 후보로, 블레어 하우스에서 핵심 참모진과 회의를 갖고 백악관에서 포드 대통령과 면담하며 체계적인 전환을 시작했다. 그는 자신의 사업을 신탁에 넘기고 내각 구성 과정을 언론에 투명하게 공개함으로써 공정하고 제도화된 정권 이양의 모범을 제시했다.

1977년 1월 20일, 워터게이트 이후 '정직한 외부인(Outsider)' 이미지로 대통령에 취임한 카터는 겸손과 통합을 강조하며 베트남전 징병 기피자들을 무조건 사면했다. 그러나 곧 경제 불안, 에너지 위기, 의회와의 갈등, 외교적 난제가 복합적으로 닥쳤다.

1970년대 후반, 미국은 심각한 에너지 위기에 직면했다. 중동 정세의 불안정과 OPEC의 석유 수출 제한, 1979년 이란 혁명 등으로 유가가 급등하고 가솔린 부족 사태가 벌어지면서 국민의 불만이 커졌다. 카터는 미국이 직면한 에너지 위기의 심각성을 강조하며, 국민 모두가 전시 상황에 준하는 희생과 공동 대응의식을 가져야 한다는 것을 '전쟁의 도덕적 등가물'이라 표현하며 에너지 절약을 촉구했고, 백악관에 태양광 패널을 설치하는 상징적 조치를 병행했다. 그는 1977년 에너지부를 신설하고 연료 효율 증진과 비화석 에너지 개발을 위한 종합 정책을 추진했지만 1979년 유가 급등과 가솔린 부족 사태로 사회적 불만이 고조되었고, '신뢰의 위기'를 호소한 연설은 오히려 비관주의라는 비판을 낳았다.

경제 정책도 난관에 부딪혔다. 일시적인 경기 부양 후에도 고물가 · 고금리 · 고실업의 삼중고에 시달렸으며, 인플레이션은 13%를 초과했다. 카터는 크라이슬러 구제 등 산업 지원에 나섰지만 성과는 제한적이었다.

의회와의 협력도 어려웠다. 예산 낭비나 비효율을 이유로 삭감 혹은 폐지를 권고한 '히트 리스트(Hit List)'로 민주당 내 반발을 사고 주요 법안이 표류했지만, 항공 규제 완화, 교육부 신설, 저소득층 유아교육 확대 등 일부 개혁은 실현했다. 그러나 보편적 건강보험은 테드 케네디와의 갈등으로 좌절되었다.

외교에서는 인권 중심 외교를 내세우며 도덕적 리더십을 지향했다. 대표적 성과는 1978년 캠프 데이비드 협정으로, 이집트와 이스라엘의 평화를 중재한 것이다. 그러나 팔레스타인 문제는 미해결로 남았다. 그는 남아프리카 공화국의 아파르 테이트, 로디지아 사태, 나미비아 독립 등의 사안에서 아프리카 인종차별 종식 외교에도 힘썼고, 미국 대통령 최초로 나이지리아를 방문했다.

가장 큰 외교적 타격은 1979년 이란 인질 사태였다. 이슬람 혁명 후 대사관이 점거되고 인질이 억류된 사건에서 외교 · 군사적 대응 모두 실패하면서 국민적 분노가 커졌고, 이는 카터의 정치적 타격으로 이어졌다.

이와 함께 그는 중국과 수교하고 대만과의 단절을 선언했지만, 「대만관계법」으로 비공식 관계를 유지했다. 주한미군 철수 계획은 철회되었고, 대소 관계에서는 SALT II 조약을 추진했으나 소련의 아프간 침공 이후 보복 조치로 노선을 변경했다. 곡물 수출 금지, 올림픽 보이콧, 무자헤딘 지원 등이 그 예였다.

▎ 로잘린 여사와 해비타트 활동 중인 카터, 2007년

4. 퇴임 후 빛난 활발한 활동

지미 카터는 1981년 퇴임 이후에도 세계 평화와 인권 증진, 공공 봉사에 헌신하며 미국 역사상 가장 도덕적이고 영향력 있는 전직 대통령 중 한 명이 되었다. 그는 사적 이익을 추구하지 않겠다고 선언하고, 중재자이자 양심의 목소리로서 국제 사회에 기여했다.

외교적으로는 1994년 북한 김일성과의 회담으로 핵 위기를 완화하였으나 북한은 결국 핵을 보유하게 되었다. 2007년에는 넬슨 만델라와 함께 '더 엘더스(The Elders)'를 창립하여 분쟁 지역의 평화 중재와 감시 활동에 힘썼다. 이스라엘-팔레스타인 문제에 대한 비판적 입장도 견지하며 대화를 통한 정의로운 평화를 강조했다.

정치적으로는 민주당 후보들을 일관되게 지지했고, 부시의 이라크 전쟁, 오바마의 감시 정책, 트럼프의 당선 정당성 문제 등에는 비판적 목소리를 냈다. 그는 선거 공정성과 민주주의 수호의 중요성을 일관되게 강조했다.

그가 설립한 '카터 센터'는 질병 퇴치, 선거 감시, 인권 보호 활동을 통해 세계적 영향력을 발휘했고, 1984년부터는 아내 로잘린과 함께 '해비타트(Habitat for Humanity)'에서 집짓기 봉사를 직접 실천하며 인간적 지도자의 면모를 보여 주었다.

그는 시 감상, 목공, 자전거, 낚시 등 다양한 취미와 폭넓은 지적 관심을 지녔고, 복음주의 기독교인으로서 여성 성직 허용과 평등권 개헌도 지지했다. 노년에는 흑색종, 낙상과 감염 등 건강 위기를 겪었으나 100세까지 생존했다.

그는 2024년 12월 29일 조지아 플레인스 자택에서 평화롭게 별세했고, 2025년 1월 9일은 미국 정부가 공식 애도의 날로 지정했다. 장례식에는 전 · 현직 대통령들이 참석했으며, 조 바이든은 그를 '원칙과 신앙, 겸손의 사람'으로 추모했다.

5. 대통령일 때보다 더 나은 사람

지미 카터는 1976년 대선 당시 '정직한 남부인'의 이미지로 미국 국민의 기대를 받으며 대통령에 당선되었으나, 1980년 재선에는 실패했다. 임기 중 진지하고 내성적인 리더십 스타일은 로널드 레이건의 자신감 있고 유쾌한 모습과 비교되며 약점으로 부각되었고, 경제 침체와 이란 인질 위기로 지지율은 급락했다. 그는 허버트 후버 이후 처음으로 재선에 실패한 현직 대통령이 되었다.

역사가들과 여론조사에서 그의 대통령직에 대한 평가는 엇갈리며, 역사적 순위는 18위에서 34위까지 다양하게 분포되어 있다. 그러나 캠프 데이비드 협정을 통한 중동 평화 중재 등 외교적 성과는 높이 평가되며, 특히 퇴임 이후의 인권 활동과 국제 평화 증진 활동은 그의 이미지를 크게 개선시켰다. 그러나 오랜 동맹이었던 대만을 희생양 삼아 중공과 수교한 것은 국익을 위한 선택이었으나 신의의 측면에서 아쉬움이 남는다.

그는 유엔 인권상과 후버 메달을 수상했고 2002년에는 이라크 전쟁 비판 및 인도주의 활동 공로로 노벨 평화상을 수상했다. 『인디펜던트』지는 "카터는 대통령일 때보다 더 나은 사람으로 기억된다."고 평가했다.

지미 카터는 정직과 도덕성을 바탕으로 인권 외교와 에너지 개혁을 시도하였으나 경제는 부진했다.

퇴임 후 평화, 인권, 봉사에 헌신하며 미국 역사상 가장 존경받는 전직 대통령이 되었다.

40대 로널드 레이건(Ronald Wilson Reagan) 1911~2004 보수의 아이콘

로널드 레이건 대통령, 1981년

로널드 레이건(1911~2004)은 배우 출신의 정치인이자 미국 제40대 대통령(1981~1989)으로, 대표적 보수주의 지도자이다. 유레카대학교를 졸업한 후 스포츠 방송인으로 일하다가 1937년 캘리포니아로 이주해 영화배우로 활동했고, 미국 배우조합 회장을 역임했다.

1964년 '선택의 시간' 연설로 보수 진영의 주목을 받았고, 1966년 캘리포니아 주지사에 당선되었다. 주지사 시절 재정 흑자 달성과 시위 강경 대응으로 전국적 인지도를 얻었으며, 1980년 대선에서 지미 카터를 압도적으로 누르고 대통령에 당선되었다.

레이건은 감세, 규제 완화, 복지 지출 축소를 골자로 한 '레이거노믹스'를 추진하고, 대소련 강경 노선을 통해 군비 경쟁을 강화했다. 1983년 그레나다를 침공하고, 마약과의 전쟁을 확대했으며, 공공 부문 노조와도 충돌했다. 두 번째 임기에는 이란-콘트라 사건과 1986년 리비아 공습 등으로 논란이 일었고, 소련의 고르바초프와 중거리 핵전력 협정(INF)을 체결하며 유화적인 외교로 전환했다. 퇴임 당시 미국은 인플레이션과 실업률이 낮고, 경제는 안정세에 접어들었으나 재정적자는 커졌고 국가 부채는 약 세 배로 증가했다.

임기 중 알츠하이머병이 발병했고, 병세가 악화되어 2004년 사망했다.

▌ 로널드와 낸시 레이건, 1952년

1. 배우에서 보수 정치인으로

로널드 윌슨 레이건(Ronald Wilson Reagan)은 1911년 2월 6일 일리노이주 탬피코(Tampico, Illinois)에서 태어났다. 어머니 넬리 윌슨(1883~1962)은 강한 신앙심과 사회 복음주의 정신으로 레이건의 도덕성과 가치관 형성에 큰 영향을 주었고, 아버지 잭 레이건(1883~1941)은 알코올 문제로 가족을 불안하게 만들었다. 1920년 딕슨으로 이사한 뒤 그는 고등학교에서 연극과 스포츠 활동에 열정적으로 참여했고, 여름에는 인명 구조원으로 일했다.

1928년 유레카 칼리지에 진학한 그는 경제학과 사회학을 공부하고, 학생회에서 활동하고 총장 퇴진 운동에 참여하였다. 인종차별로 곤란을 겪는 흑인 친구를 자기 집에 초대한 적도 있다.

졸업 후 라디오 스포츠 아나운서로 일하던 그는 1937년 워너브러더스와 계약하며 영화배우로 전향했다. 노트르담대학교 풋볼팀 코치의 삶를 그린 「크누트 록니, 올 아메리칸」과 킹스 로우 마을의 젊은이를 다룬 「킹스 로우(King's

Row)」 같은 작품에서의 연기로 주목받았으며, 제2차 세계대전 중에는 근시로 인해 전투 대신 미 육군 항공대학교 홍보 영상 제작에 참여했다. 전후에는 미국배우조합(SAG) 회장을 맡아 공산주의 블랙리스트 문제와 배우 권리 보호에 앞장섰다.

레이건은 1940년 배우 제인 와이먼(1917~2007)과 결혼했으나 갈등으로 인해 1949년 이혼했다. 이후 배우 낸시 데이비스(1921~2016)와 만나 1952년 재혼했고, 두 사람은 서로에 대한 신뢰와 사랑을 바탕으로 평생을 함께했다. 낸시는 이후 퍼스트레이디로서 레이건의 정치적 조언자이자 가장 가까운 동반자가 되었다. 낸시 레이건은 '그냥 노라고 말해(Just Say No)' 캠페인으로 마약 퇴치에 앞장섰지만, 백악관 내 영향력 과잉과 점성술 활용 등으로 논란도 일으켰다. 로널드 레이건과 낸시 데이비스 사이에는 두 자녀가 있다. 첫째 딸 패티 데이비스는 작가이자 배우로 활동하며 진보적인 성향을 드러냈고, 가족과 정치에 대한 비판적 시각을 드러냈다. 둘째 아들 론 레이건 주니어는 발레 무용수와 방송인으로 활동했다. 레이건은 또한 첫 번째 부인 제인 와이먼과의 사이에 딸 모린과 입양아 마이클을 두었다.

1950년대 후반, 그는 '제너럴 일렉트릭 극장'의 진행자로 유명해졌고, GE 순회강연을 통해 작은 정부, 자유시장, 개인 책임을 강조하는 보수적 경제관을 확립했다. 1964년 보수 후보 배리 골드워터를 지지하며 행한 연설 '선택의 시간(A Time for Choosing)'은 레이건을 정계로 이끄는 결정적 계기가 되었다.

2. 주지사에서 대통령까지

로널드 레이건은 1967년 캘리포니아 주지사에 당선되었다. 그는 주지사로서 재정 보수주의와 치안 확립을 기조로 삼았다. 그는 복지 지출 억제와 세금 인상을 병행하여 예산 흑자를 달성했으며, 민주당과 협력해 법인세, 소비세, 상속세 인상을 추진했다.

1969년 버클리의 피플스 파크 사태 당시 주 방위군을 투입하고 비상사태를 선포했으며, "피를 흘려야 한다면 흘리자."는 발언은 보수 유권자들에게 강한 인상을 남겼다. 1969년 6월 버클리대학생들과 지역 주민들 수백 명이 캘리포니아대학교 소유의 공터를 점거했다. 당시 캘리포니아 주지사였던 로널드 레이건이 개입하여 그 공간을 '공산주의 동조자들, 시위자들, 성적 일탈자들의 안식처'라고 불렀고, 그는 이 공원을 대학의 재산권에 대한 직접적인 좌파의 도전으로 간주했다. 1969년 격렬한 베트남 반전 시위 중 로널드 레이건 주지사의 강경 대응에 시위자 한 명이 총에 맞아 숨져 '피의 목요일'이라고도 불리게 되었다. 피플스 파크 사태는 1960년대 반전운동과 반체제 운동의 상징적 사건이 되었고 단순한 토지 분쟁을 넘어서 기성 권력에 대한 젊은 세대의 도전과 이에 대한 보수 정치인들의 강경 대응을 보여주는 사례였다.

레이건은 총기 규제(멀포드법), 치료적 낙태 허용, 무과실 이혼 허용 등 다양한 논쟁적 법안에도 서명하며 정치적 유연성을 보였지만, 후일 낙태 관련 입법은 실수였다고 고백했다.

1974년 주지사직에서 물러난 레이건은 대통령 출마를 본격 준비했다. 1976년에는 현직 대통령 제럴드 포드에 도전하며 공화당 후보 자리를 노렸으나, 막판 경선에서 아쉽게 밀렸다. 하지만 그는 전당대회 연설을 통해 미국의 자유와 안보를 강조하며 자신의 입지를 더욱 확고히 했다.

카터 행정부의 경제난과 외교 실패가 심화되던 1979년, 레이건은 다시 출마를 선언했다. 감세, 작은 정부, 강한 국방이라는 명확한 보수 메시지를 내세운 그는 공화당 경선에서 조지 H. W. 부시를 제치고 후보 지명을 획득했다. 특히 뉴햄프셔 예비선거에서 조지 H. W. 부시와의 토론과 관련하여 "이 마이크 값은 내가 냈습니다!"라는 발언은 그의 존재감을 부각시켰다.

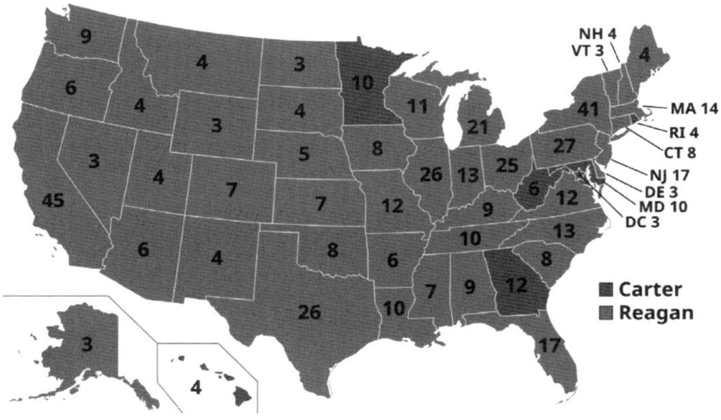

❚ 1980년 대선 선거인단 확보 결과, 레이건이 489 대 49로 승리했다.

1980년 대선 본선에서 레이건은 민주당 현직 대통령 지미 카터와 맞붙었다. "4년 전보다 나아졌는가?"라는 질문으로 유권자의 경제적 불만을 자극하고, 보수 진영은 물론 중도층까지 포용하는 전략으로 압도적인 승리를 거뒀다. 동시에 공화당은 상원 다수당 지위를 되찾으며, 레이건의 정치 혁신은 '레이건 혁명'이라는 이름으로 미국 정치의 새로운 시대를 열었다.

3. '작은 정부', '강한 미국'을 향한 질주

로널드 레이건은 1981년 1월 20일 미국 제40대 대통령으로 취임하면서 '정부는 해결책이 아니라 문제'라는 강경한 연설로 시대정신을 규정했다. 그가 맞이한 상황은 높은 인플레이션과 실업이 동시에 나타나는 '스태그플레이션'이었다. 이에 대한 해법으로 제시된 것이 바로 공급 측면 경제학(Supply Side Economics), 통화주의, 감세, 규제 완화를 아우르는 신자유주의 패키지, 이른바 '레이거노믹스(Reaganomics)'였다.

그는 취임 직후 연방 석유 및 가솔린 가격 통제를 해제했고, 의회와 협력하

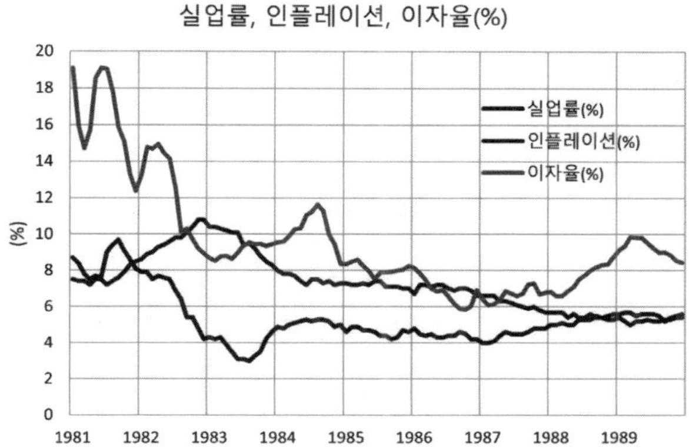

실업률, 인플레이션과 이자율(%)
자료: 세인트루이스 연방준비은행, https://fred.stlouisfed.org

여 1981년 '경제 회복 세법(ERTA)'을 통과시켰다. 이 법은 고소득층에 더 큰 혜택을 주었고, 감세는 3년에 걸쳐 점진적으로 적용되었다 이와 더불어 그는 1986년 「세제 개혁법」을 통해 소득세율 구간을 단순화하고, 최고 세율을 50%에서 28%로 인하했다.

레이건 행정부의 경제 정책은 감세와 규제 완화를 핵심 축으로 삼으면서, 통화정책에서는 연방준비제도와의 공조를 통해 인플레이션 억제에 주력하는 복합적 성격을 띠었다.

1981년 집권 직후 경제는 잠시 성장세를 보였으나, 같은 해 7월 침체에 빠졌다. 당시 연준 의장 폴 볼커는 고금리의 긴축 통화정책으로 물가를 잡고자 했고, 이는 대출과 투자를 위축시키며 1982년 12월 실업률을 10.8%까지 끌어올렸다. 그러나 이후 경제가 회복세로 돌아서면서 1990년까지 이어지는 미국 역사상 가장 긴 평화시 확장이 시작되었고, 레이건은 회복세 유지를 위해 1983년 볼커를 재임명했다.

이와 병행해 행정부는 금융 규제 완화에 나섰다. 1982년 '가른-생제르맹 예금기관법'은 저축대부조합(S&L)의 투자 범위를 대폭 확대해 단기적으로 금융 활력을 불어넣었다. 그러나 감독 부실과 무분별한 고위험 대출이 누적되면서

▌ 레이건이 1981년 3월 30일 총에 맞기 직전에 손을 흔드는 모습.

1980년대 중후반 부동산 시장 둔화와 함께 대규모 부실이 발생했고, 이는 수백 개 S&L이 파산하는 저축대부조합 위기로 번졌다. 결국 1989년 조지 H. W. 부시 행정부가 막대한 공적자금을 투입해 사태를 수습해야 했다.

1987년 레이건은 볼커 후임으로 앨런 그린스펀을 임명했고, 그린스펀은 다시 금리를 인상하며 인플레이션 억제에 나섰다. 이는 같은 해 블랙 먼데이 주식시장 붕괴를 촉발했으나, 시장은 곧 회복됐다. 1989년까지 실업률은 5.3%로 떨어지고, 인플레이션은 1980년 12%에서 5% 미만으로, 금리는 15%에서 10% 미만으로 낮아졌다. 그러나 이러한 성장은 부의 분배 면에서 불균형을 심화시켰고, 경제적 불평등과 노숙자 증가, 저임금 일자리 확산이라는 그림자를 남겼다.

레이건은 복지 예산을 대폭 삭감하고 고용훈련 프로그램을 폐지하는 등 정부 역할 축소에 나섰다. 이와 동시에 국방비는 두 배 가까이 증가했고, 첨단무기 개발 및 '스타워즈'로 불린 전략 방위 구상이 추진되었다. 감세와 군비 증강이 동시에 진행되면서 연방 재정은 큰 압박을 받았다. 1981년 재정적자는 약 790억 달러였으나, 1983년에는 2,080억 달러를 넘었고, 1989년까지 매년 막대한 적자가 지속되었다. 국가 부채는 1980년 대비 약 3배로 증가했으며,

GDP 대비 부채비율도 33%에서 53%로 상승했다. 레이건 본인도 이를 두고 '내 임기 중 가장 큰 실망'이라고 밝혔다.

동시에 사회보장제도의 개혁도 추진되어 연금 수령 연령 상향, 기여금 인상 등의 변화가 이루어졌다.

레이건은 대통령 취임 두 달 만에 발생한 암살 시도로 치명적인 총상을 입고도 빠르게 회복했고, 병상에서도 유머를 잃지 않는 태도는 대중의 감동을 자아냈다. 이 사건은 국민과 대통령 사이에 깊은 유대감을 형성했다.

레이건은 미국 최초의 여성 대법관 샌드라 데이 오코너를 비롯해 스칼리아, 케네디 등을 임명하고 렌퀴스트를 대법원장으로 승진시켜 법원의 보수 색채를 강화했다. 그는 항공관제사 노조의 불법 파업을 강경하게 진압하여 공공부문 노조를 약화시켰으며, 전반적으로 노동조합 조직률이 크게 감소하였다.

레이건은 킹 목사 기념일을 법정 공휴일로 지정하고 「투표권법」을 연장했으나, 정부 차원의 시민권 집행은 소극적이었다. 특히 그는 「시민권 회복법」에 거부권을 행사하며 논란을 자초했다. 마약과의 전쟁은 강경 일변도로 전개되어 형량 강화와 함께 흑인 사회에 불균형적 타격을 주었다.

그는 소련에 강경한 입장을 고수하면서도 기술 우위를 확보하려 했다. 또한 쿠바의 지원을 받는 군사쿠데타가 발생한 그레나다에서 좌파정권이 수립되는 것을 막기 위해 전격적으로 군사행동을 감행한 그레나다 침공을 통해 군사적 결단력을 과시했다. 이는 국내 여론의 강한 지지를 받아냈지만 국제 사회에서는 비판도 받았다.

1984년 대선에서 로널드 레이건은 "미국이 돌아왔다."는 구호와 낙관적인 분위기 속에 재선 캠페인을 펼쳤다. 경제 회복과 '미국의 아침(Morning in America)' 광고는 유권자 정서를 자극했고 먼데일의 "세금을 올리겠다."는 발언은 역풍을 불러왔다. 초반 토론에서 레이건의 고령 문제가 제기되었으나, 두 번째 토론의 유머 있는 대응으로 반전을 이뤘고, 49개 주를 휩쓸며 525 대 13

이라는 역사적 압승을 거두었다.

4. 위기 속의 침묵과 전환의 외교

레이건 대통령의 제2기 행정부(1985~1989)는 에이즈 확산과 인종 문제에 대해 소극적인 대응으로 비판받았다. 에이즈는 1981년부터 빠르게 퍼졌지만, 백악관은 수년간 침묵했고 레이건이 처음 공식 언급한 것은 1985년 말이었다. 보건당국의 자금 요청은 여러 차례 거절되었고, 1986년 보건총감의 성교육 · 콘돔 사용 권고도 외면되었다. 이로 인해 수많은 사망자가 발생했다. 또한 남아프리카 공화국의 아파르트헤이트 문제에 대해서는 '건설적 개입'이라는 점진주의 노선을 유지했으나, 의회는 대통령의 거부권을 무릅쓰고 강력한 제재 법안을 통과시켰다.

1986년, 서베를린 디스코텍 폭탄 테러의 배후로 지목된 리비아에 대해 미국은 공습을 단행했으며, 이는 국제 사회의 비판을 받았다. 의회가 금지한 반공 게릴라 '콘트라' 지원을 위해 이란에 무기를 몰래 팔고, 그 수익을 전용한 이란-콘트라 사건은 대통령의 직접 개입은 없었지만, 관리 책임과 지휘 부실로 레이건 행정부의 도덕성과 신뢰도에 큰 상처를 남겼다.

초기에는 소련을 '사악한 제국'이라며 강경 노선을 펼쳤던 레이건은 점차 협력적 태도로 전환했다. 그는 고르바초프의 개혁 정책에 주목하며 군축 협상을 본격화했고, 1985년부터 1988년까지 네 차례 정상회담을 가졌다. 1986년 핵무기 전면 폐기 논의가 있었고, 1987년 중거리 핵전력 조약(INF)에 서명하며 실질적인 군축이 시작되었다. 이 조약은 이란-콘트라 사건 이후 떨어졌던 레이건의 정치적 위신을 어느 정도 회복시켰다.

▌ 1996년 로널드 레이건 항모 모형과 함께 있는 낸시와 로널드 레이건

5. 조용한 은퇴, 투병, 역사적 평가

1989년 백악관을 떠난 레이건은 캘리포니아의 자택과 '란초 델 시엘로' 농장에서 생활했다. 은퇴 초기에는 강연과 회고록 출간, 기념 사업에 활발히 참여했고, 1991년에는 로널드 레이건 대통령 도서관을 개관했다. 그는 대통령 임기 제한 폐지와 균형 예산 헌법 개정을 지지하는 등 공화당 보수 노선을 유지했다. 또한 총기 규제에 있어서는 예외적으로 진보적인 입장을 보이며, 브래디 법안과 공격용 무기 금지를 지지했다.

1994년, 그는 알츠하이머병 진단 사실을 국민에게 직접 공개했다. 병세가 악화되면서 대화조차 어려워졌고, 2004년 6월 5일 폐렴으로 별세했다. 장례식은 워싱턴 국립 대성당에서 열렸고, 세계 각국의 지도자들이 조문에 참석했으며, 그는 시미밸리의 도서관 부지에 안장되었다.

퇴임 직후에는 평가가 엇갈렸지만, 시간이 지날수록 레이건의 위상은 상승했다. 그는 보수주의를 재정립한, 루스벨트 이후 가장 영향력 있는 대통령 중 하나로 평가된다. 특히 고르바초프와의 정상회담과 INF 조약 체결 등은 냉전 종식의 핵심 기여로 손꼽힌다. 반면, HIV/AIDS에 대한 초기 대응, 인종 · 환경 · 빈곤 문제에 대한 무관심은 비판의 대상이 되었다. 그의 단순 · 명확한 화법과 대중적 매력은 '위대한 소통가'라는 별명과 함께, 논란 속에서도 국민적 지지가 유지되는 '테프론 대통령'이라는 별칭을 남겼다. 레이건은 1980년대 미국의 정치 · 외교 질서를 재편한 대통령으로, 미국 현대사의 전환점을 상징하는 인물로 기억된다.

로널드 레이건은 강력한 반공 정책으로 냉전 종식을 이끈 지도자였다.

에이즈와 인종 문제에 대한 소극적 대응과 이란-콘트라 스캔들로 비판을 받았다.

41대 조지 H. W. 부시

(George Herbert Walker Bush)

1924~2018

신중한 실용주의자

조지 H.W. 부시 대통령, 1989년

조지 H. W. 부시(1924~2018)는 제41대 미국 대통령(1989~1993)으로, 냉전 종식과 걸프전 등 세계 질서의 전환기에 미국을 이끈 보수적 지도자였다. 제2차 세계대전 당시 해군 조종사로 복무한 뒤 예일대를 졸업하고 텍사스에서 석유 사업으로 성공했으며, 이후 하원의원, 유엔 대사, CIA 국장 등 다양한 공직을 거쳤다. 1980년 공화당 대선 경선에서 패배한 뒤 레이건의 부통령으로 8년간 재임했고, 1988년 대선에서 대통령으로 당선되었다. 재임 중 독일 통일을 지지하고 걸프전을 성공적으로 이끌었으며, 미국 장애인법(ADA)과 청정공기법 개정, 이민법 개정 등 국내 입법도 추진했다. 하지만 세금 인상으로 공약을 어긴 점과 경기 침체는 지지율 하락으로 이어졌고, 1992년 대선에서 빌 클린턴에게 패배했다. 퇴임 후에는 자선 및 외교 활동에 집중했으며, 아들 조지 W. 부시의 대통령 당선으로 부자 대통령이 되었다. 그는 실용적이고 초당적인 외교 스타일로 재평가받고 있다.

부시, 메인주 케네벙크 포트에 있는 할아버지의 집, 1925년경

1. 유복한 젊은 시절

조지 허버트 워커 부시(George Herbert Walker Bush)는 1924년 6월 12일 매사추세츠주 밀턴(Milton, Massachusetts)에서 태어났다. 아버지 프레스콧 셸던 부시(1895~1972)는 월스트리트 투자 은행가였는데 후일 미국 상원의원이 되었고, 어머니 도로시 워커 부시(1901~1992)의 부친 조지 허버트 워커는 저명한 금융인이었다. 그는 코네티컷 그리니치와 메인주 케네벙크 포트 등의 별장에서 어린 시절을 보냈으며, 대공황의 여파 속에서도 유복한 환경 속에서 성장했다.

부시는 그리니치 컨트리 데이 스쿨과 필립스 아카데미에서 수학하며 학업과 스포츠, 리더십에서 두각을 나타냈다.

1942년 고등학교를 졸업한 직후 제2차 세계대전 때 자원입대하여, 1943년 해군 예비역 소위로 임관하며 해군 조종사가 되었다. 그는 태평양 전선에서 어뢰를 투하하여 적함을 공격하는 뇌격기 조종사로 복무하면서 58회의 전투

1944년 2차 세계대전 중 항공모함 USS 산 자신토에서
그루먼 TBF 어벤저에 탑승한 부시

비행 임무를 수행했고, 1944년 일본 치치지마(父島) 상공에서 피격되어, 잠수함에 의해 극적으로 구조되는 경험을 하기도 했다.

1945년, 전쟁 직후 그는 바바라 피어스(1925~2018)와 결혼했다. 두 사람은 1941년 크리스마스 무도회에서 처음 만나, 전쟁 중에도 편지를 주고받으며 결혼에 이르렀다. 이후 이들은 6명의 자녀를 두었고, 장남 조지 W. 부시는 훗날 제43대 대통령이 되었다. 하지만 이들 부부는 둘째 딸 로빈을 네 살에 백혈병으로 잃는 아픔을 겪기도 했다. 바바라는 '바바라 부시 문해재단(Barbara Bush Foundation for Family Literacy)'을 설립해 문해 운동을 주도했고 정치적 논쟁에 휘말리기보다는, 모든 계층의 미국인들에게 다가가는 따뜻한 이미지를 유지했다.

예일대학교에 진학한 부시는 경제학을 전공하며 우수한 성적으로 졸업했고, 델타 카파 엡실론(ΔKE) 형제회의 회장을 맡고 야구팀 주장, 치어리더로도 활약했으며 비밀결사 '스컬 앤 본즈(Scull and Bonds)'의 일원이었다.

졸업 후 텍사스로 가서 석유 산업에서 일하기 시작한 그는 드레서 인더스트리에서 유전 장비 영업사원으로 일하며 현장 경험을 쌓았고, 이후 1951년 존 오버베이와 함께 부시-오버베이 회사를 설립했다. 이어 1953년에는 자파타 석유회사를 공동 창립하고, 1954년에는 해양 시추를 전문으로 하는 자회사 자파타오프쇼어회사의 사장에 취임했다.

1959년 그는 가족과 함께 휴스턴으로 이주하여 사업을 확장했고, 이 시기 훗날 정치적 동반자가 되는 제임스 베이커와도 친분을 쌓았다. 그는 텍사스 석유 산업에서 성공을 거두었고, 주식을 매각하여 약 100만 달러의 자산을 축적함으로써 정치를 위한 경제적 기반을 다지게 되었다.

2. 정치적 성장

부시는 1960년대 초 텍사스 정계에 등장하여 민주당이 강세였던 지역에서 공화당 소속으로 활약한 그는 1963년 해리스 카운티 공화당 의장에 선출되며 정치적 기반을 다졌다. 1964년 연방 상원 선거에서는 패배했지만, 보수 성향의 대선 후보 배리 골드워터보다 높은 득표율로 주목받았다. 1966년 연방 하원의원으로 당선된 그는 세입 위원회에서 활동하며 재정 보수주의를 강조했고, 1968년 재선에도 성공했다. 그러나 1970년 다시 도전한 상원 선거에서는 로이드 벤슨에게 패했다.

이후 그는 닉슨 대통령의 지명으로 유엔 대사에 임명되었고, 유엔 내 중공 대표권 승인과 인도-파키스탄 분쟁 등과 관련하여 활동했다. 1973년에는 공화당 전국위원회 의장으로서 워터게이트 국면에서 당의 방어에 집중하며 절제된 태도를 유지했다. 닉슨 사임 이후 포드 대통령은 그를 중국 연락사무소 대표로 임명했고, 이어 CIA 국장으로 발탁되어 조직의 안정화와 신뢰 회복에 기여했다.

공직에서 잠시 물러난 그는 1980년 대선 경선에 출마해 실용적 보수주의를 내세웠으며, 초반에는 상승세를 보였지만 뉴햄프셔 토론회 논란과 확보한 대의원 수 부족으로 탈락했다. 경선 과정에서 레이건의 감세 정책을 '부두 경제학(Voodoo Economics)'이라 비판했지만, 레이건의 러닝메이트로 지명되자 이를 수용하고 적극적인 유세 활동을 펼쳤다. 레이건-부시 티켓은 1980년 대선에서 지미 카터를 압도하며 승리했고, 부시는 미국의 제43대 부통령으로 취임하게 되었다.

3. 부통령 재임과 대선 승리

조지 H. W. 부시는 1981년부터 1989년까지 레이건 행정부의 부통령으로 재직하며 실질적인 영향력을 행사했다. 그는 레이건과의 신뢰를 바탕으로 조율자 역할을 맡아 정책 결정에 깊숙이 관여했고, 1981년 3월 30일 레이건이 암살 미수로 중상을 입었을 때 절제된 행동으로 정권 안정에 기여했다. 부시는 권력 공백 상황에서도 레이건이 의식을 잃지 않았고 수술 전까지 정신이 명료했다는 점을 고려하여, 수정 헌법 제25조에 따른 권한 이양 절차를 밟지 않았다. 부시는 규제 완화와 마약 단속 정책을 추진하며 보수층의 지지를 넓혔고, NATO 유럽 미사일 배치와 고르바초프와의 관계 개선에도 중요한 역할을 했다. 1985년에는 레이건의 결장암 수술 중 8시간 동안 대통령 권한대행을 맡아 미국 역사상 첫 사례를 남겼다. 1986년 이란-콘트라 스캔들(Iran-Contra Scandal)에서는 주요 결정에 참여하지 않았다고 주장하며 정치적 타격을 최소화했다.

1988년 부시는 대통령 선거에 출마하며 보수적인 입장을 강화했다. 예비

1990년 헬싱키 정상회담에서 부시와 미하일 고르바초프

경선 초반에는 아이오와에서 고전했으나 뉴햄프셔에서 반전을 이끌어 내고, '슈퍼 화요일' 승리로 후보 지명을 확정 지었다. 전당대회에서는 '천 개의 빛(Thousand Points of Light)'과 "세금 인상은 없다."라는 명언을 통해 강력한 메시지를 전달했으며, 러닝메이트로 젊은 보수 성향의 댄 퀘일을 선택했다. 본선에서 그는 민주당 후보 마이클 두카키스를 상대로, 53.4%의 지지율과 426명의 선거인단으로 압승을 거뒀다.

4. 냉전의 종식과 새로운 질서의 모색

조지 H. W. 부시는 1989년 미국 제41대 대통령으로 취임하며, 자유 확산과 독재 종식을 천명하고 '새로운 바람'을 강조했다. 내각은 레이건 행정부의 인사가 상당수 유임하며 안정성을 유지했고, 외교 · 안보 분야에는 제임스 베이커, 딕 체니, 브렌트 스코크로프트 등이 핵심 축을 이뤘다.

국내에서는 경기 침체와 재정적자가 심화된 상황에서, 부시는 재정 건전성을 위해 "새로운 세금은 없다."는 공약을 철회하고 민주당과 타협해 1990년

「예산조정법(OBRA-90)」을 통과시켰다. 이는 향후 예산 흑자의 기반이 되었지만 보수층의 실망을 샀다.

사회 정책 측면에서는 획기적인 장애인법(ADA)을 제정하고, 민권법 개정과 환경 관련 입법(청정대기법, 석유오염방지법)도 추진했다. 사법 분야에서는 보수 성향의 대법관을 지명했으며, 교육 및 이민 분야에서도 제도적 기틀을 다졌다.

부시는 냉전의 종식 국면에서 신중하게 현실적으로 접근했다. 1989년 몰타 회담에서 고르바초프와 함께 냉전의 종료를 선언했고, 독일 통일을 지지하여 NATO에 잔류시키는 데 성공했다. 소련 해체 이후에는 러시아와의 협력을 이어가며 START II 조약에 합의했다.

군사적으로는 파나마 작전을 통해 노리에가를 제거했고, 이라크의 쿠웨이트 침공에 대해서는 걸프전을 통해 국제 연합군을 이끌며 단기간 내 군사적 승리를 거두었다. 이 작전은 미국의 외교력과 군사적 신뢰를 공고히 했으며, 부시의 지지율을 극대화시켰다.

경제 외교에서는 북미자유무역협정(NAFTA)을 추진해 미국, 캐나다, 멕시코 간 경제 통합의 기틀을 마련했다. 비록 최종 비준은 후임 클린턴 행정부에서 이루어졌지만, 이는 글로벌화 시대 미국 주도의 경제 질서를 구축한 상징적 성과였다.

5. 실용주의적 리더십의 재조명

조지 H. W. 부시는 걸프전 승리로 외교적 리더십을 인정받았지만, '비전 부족'과 경기 침체 대응 실패로 재선에 실패했다. 1992년 대선에서 클린턴에게 패한 배경에는 '경제에 둔감한 엘리트'라는 이미지가 작용했다. 그러나 퇴임 당시 지지율은 56%로 비교적 높았다.

퇴임 후 그는 자선 · 외교 활동에 전념하며 조용한 삶을 살았고, 아들 조지 W. 부시의 정치 여정을 뒤에서 응원했다. 클린턴과의 화해 및 공동 구호 활동은 귀감이 되었고, 트럼프 대통령과는 거리를 두며 중도적 원로로 남았다.

말년엔 건강이 악화되어 휠체어에 의존했고, 바바라가 사망한 지 약 7개월 후 2018년 11월 30일에 94세로 별세했다. 그는 '품격 있는 실용주의자'로 기억되며 바바라와 딸 로빈 곁에 안장되었다.

부시는 시간이 흐르며 재평가받고 있다. 실용주의와 초당적 협치를 통해 균형 있는 리더십을 보여준 그는 2018년 미국정치학회 17위, C-SPAN 20위에 선정되었다. '수호자 대통령'으로 불리며 특히 외교에서 높은 평가를 받는다.

국내에선 고소득층 증세, 장애인법(ADA), 청정대기법 개정, 이민법 개정 등을 통해 중도 · 개혁적 보수주의를 실천했고, 외교에선 소련 해체, 독일 통일, 걸프전 승리로 세계 질서 전환에 중요한 역할을 했다.

그는 스스로를 '레이건의 찬란함과 아들들의 고난 사이에 가려진 대통령'이라 표현했지만, 오늘날에는 책임감 있고 절제된 지도자의 전형으로 재조명되고 있다.

조지 H. W. 부시는 안정적으로 냉전 종식을 이끌었고, 온건한 실용주의를 바탕으로 초당적 협치를 추구했다.

그러나 국내 경제 침체와 정치적 비전 부족으로 재선에는 실패했다.

42대 빌 클린턴(Bill Clinton)
1946~
정치적 재간둥이, 스캔들

빌 클린턴 대통령, 1993년

빌 클린턴(1946~)은 20세기 후반 미국의 정치 · 사회 · 외교적 전환기를 상징하는 인물이다. 1946년 아칸소에서 태어나 조지타운대학교와 예일 로스쿨을 거친 그는 젊은 시절부터 정치에 입문하여 아칸소 주지사로 급부상했고, 1992년 대통령 선거에서 조지 H. W. 부시를 꺾으며 베이비붐 세대 최초의 대통령이 되었다. 클린턴은 실용적 중도주의 노선을 표방하며 '제3의 길'을 추구했고, 재임 중 미국 역사상 가장 긴 평화 시기의 경제 성장을 이끌었다.

그는 복지 개혁, 북미자유무역협정(NAFTA), 연방 예산 흑자 달성의 업적과 더불어, 의료 개혁 실패와 모니카 르윈스키 스캔들에 따른 탄핵 같은 논란도 초래했다. 퇴임 이후 그는 클린턴 재단을 통해 국제 인도주의 활동에 헌신했으며, 세계 정치 무대에서 지속적인 영향력을 발휘했다.

1. 불우한 성장과 정치적 파트너십

윌리엄 제퍼슨 클린턴(William Jefferson Clinton)은 1946년 8월 19일 아칸소주 호프(Hope, Arkansas)에서 윌리엄 제퍼슨 블라이스 3세라는 이름으로 태어났다.

생부 윌리엄 제퍼슨 블라이드 3세(1918~1946)는 그가 태어나기 3개월 전 교통사고로 사망했고, 어머니 버지니아 델 캐시드 블라이드(1923~1994)는 간호학교에 진학하며 아들을 외조부모에게 맡겼다. 조부모는 당시 남부에서 보기 드문 진보적 가치관을 지닌 인물로, 식료품점을 운영하면서 인종을 구분하지 않고 물건을 신용으로 판매했다. 이후 어머니는 로저 클린턴(1908~1967)과 재혼했고, 클린턴은 핫스프링스로 이주해 성장했다. 계부는 알코올 중독자였고 가정폭력을 일삼았으며, 어린 클린턴은 어머니와 이복동생을 보호하기 위해 일찍부터 책임감을 지니게 되었다. 그는 15세 때 '빌 클린턴'이라는 이름을 공식적으로 사용하게 되었다.

고등학교 시절 그는 색소폰을 연주하며 음악적 재능을 드러냈고, 1963년 백악관 방문을 통해 존 F. 케네디 대통령과 악수한 경험, 마틴 루서 킹의 연설은 정치에 대한 열망을 불러일으켰다. 조지타운대학교 외교학부를 졸업한 그는 로즈 장학생으로 옥스퍼드대에 진학했고, 이후 예일대학교 로스쿨로 진학했다.

예일대학교에서 그는 1971년 동료 법학도 힐러리 로담(1947~)을 만나 1975년 결혼했다. 힐러리는 클린턴과 지적 · 정치적으로 깊은 유대감을 형성했고, 이후 그의 정치 경력에서 중요한 조언자이자 동반자가 되었다. 둘 사이에는 딸 첼시 클린턴이 있으며, 클린턴 부부는 백악관 시절부터 퇴임 이후까지 정치 · 공공 영역에서 함께 활동해 왔다. 힐러리는 남편의 대통령 재임 중 의료개혁을 주도했고, 이후 국무장관과 대통령 후보로 활약했다.

2. 로스쿨에서 대통령까지

빌 클린턴은 1972년 민주당 조지 맥거번 대선 캠프에서 일하며 정치 실무 경험을 쌓았고, 졸업 후 아칸소대학교 법학부에서 헌법학 교수로 재직하며 지역 정치에 발을 들였다.

1974년 연방 하원의원 선거에서 근소한 차이로 패배했지만, 1976년 아칸소주 법무장관에 무투표 당선되며 정계에 본격 입문했다. 1978년에는 최연소인 31세의 나이로 아칸소 주지사에 당선되었다. 그러나 첫 임기 중 자동차세 인상과 난민 수용 문제 등으로 인기가 하락해 1980년 재선에서 패배했으나 1982년 주지사직에 복귀해 장기 집권에 성공한다. 그는 교육개혁을 핵심 과제로 삼고 힐러리를 교육기준위원장으로 임명해 교사 자격시험 도입, 급여 인상, 교육과정 확대 등을 추진했다. 이 성과는 '신민주당(New Democrats)' 그룹의 대표 주자로 그를 부상시켰다.

이 시기 클린턴은 복지, 세금, 의료 등 여러 분야에서 중도 실용주의 정책을 펼쳤고, 전국 주지사 협회 의장을 역임하며 전국 정치 무대에도 진출했다. 하지만 그는 이부동생 로저의 마약 범죄, 메나 공항 마약 밀수 의혹 등으로 정치적 타격을 받았으며, 특히 '화이트워터' 부동산 투자 의혹은 대통령 임기 이후까지 연방 수사의 대상이 되었다. 그럼에도 불구하고 당시까지 클린턴 본인의 법적 책임이 명확하게 입증된 바는 없었다.

1988년 대선 출마는 고심 끝에 포기했지만, 민주당 전당대회 연설을 통해 얼굴을 알렸다. 1992년 재도전에서 초반에는 섹스 스캔들로 위기를 맞았으나, '컴백 키드'라는 별명과 함께 경선에서 반등에 성공했고, 결국 민주당 후보로 지명되었다.

본선에서는 조지 H. W. 부시 대통령의 경제 실정을 집중적으로 공략하며 '새로운 시작(New Beginning)'이라는 메시지를 내세웠고, 앨 고어와의 젊고 개혁적인 이미지로 폭넓은 지지를 얻었다. 클린턴은 370명의 선거인단을 확보하며 승리했고, 이로써 공화당의 12년 집권이 막을 내리며 미국 정치의 세대교체가 실현되었다.

3. 실용주의와 정치적 소용돌이

빌 클린턴은 1993년 제42대 미국 대통령으로 취임하며 12년간의 공화당 집권을 마감했다. 그는 베이비붐 세대 출신으로, 좌우 이념을 넘는 '제3의 길(Third Way)'을 내세워 시장경제와 사회안전망의 조화를 추구하는 실용주의를 지향했다. 초기에는 인사 실패와 정책 혼선으로 비판을 받았고, 성소수자 군 복무와 관련된 "묻지 말고 말하지 말라(Don't ask, Don't tell)." 정책은 진보와 보수 양측의 반발을 초래했다.

그럼에도 불구하고 클린턴은 경제 회복에 성공했다. 1993년 '총괄예산조정법'으로 고소득층에 증세하고 저소득층에는 감세함으로써 연방 적자를 줄이고, 예산 흑자를 달성했다. 실업률 감소와 증시 활황은 그의 경제 정책에 긍정적 평가를 안겼다. 사회정책 면에서는 '가족 및 의료 휴가법' 제정, 낙태 규제 완화 등 진보적 조치를 시행했으나, 힐러리 클린턴이 추진한 의료 개혁은 의회와 산업계 반발로 무산되었다. 이후 그는 보수와 협력해 복지개혁법을 통과시켰고, 자활 중심의 정책 전환을 이뤘다.

범죄 및 총기 정책에서는 1994년 범죄법과 '브래디 법'을 통해 강경한 접근을 취했고, 외교적으로는 NAFTA 체결과 중동 평화 중재에 힘썼다. 정보화 시대를 대비한 '정보 고속도로' 정책과 인터넷 보급 확대도 주요 성과 중 하나였다. 1996년 재선에서는 경제 성장과 정치적 안정이라는 성과를 내세워 밥 돌을 압도하며 승리했다.

두 번째 임기에서도 그는 중도 노선을 유지하며 공화당과 협력해 '주 아동건강 보험 프로그램(SCHIP)', '입양 및 안전한 가족법' 등 복지 성과를 냈고, '균형 예산법'으로 연속 흑자를 실현했다. 그러나 금융 규제 완화와 시장 개방을 가속화한 '금융 서비스 현대화법'은 훗날 논란이 되었다.

클린턴의 임기 내내 정치적 논란은 끊이지 않았다. 화이트워터 의혹, FBI 파

클린턴이 코소보에 대한 브리핑을 받는 모습, 1999년 3월 31일

일 사건, 여행사 해고 논란 등이 있었고, 1998년 르윈스키 사건으로 인해 탄핵안이 하원에서 가결되었으나 상원에서 무죄가 선고되어 직을 유지했다. 이 와중에도 경제 호황이 지속되며 지지율은 높게 유지되었다. 그러나 퇴임 직전의 마크 리치 사면과 외국 자금 유입 의혹은 비판을 받았고, 그는 위증 혐의를 인정하며 변호사 자격을 자진 반납했다.

사법 인사에서도 클린턴은 여성과 소수자 대표성을 강조했다. 대법관으로 루스 베이더 긴스버그와 스티븐 브레어를 지명했고, 연방 법원 판사 중 여성과 흑인의 비율을 대폭 늘리며 사법부의 다양성과 포용성을 강화했다. 이러한 조치는 미국 사회 내 평등 원칙 실현에 기여했고, 후속 정부들의 인사 정책에도 영향을 미쳤다.

클린턴은 냉전 이후 미국의 세계적 위상을 유지하며, 신중한 군사 개입과 다자주의를 핵심 외교 기조로 삼았다. 그는 미국의 블랙호크 헬기가 전투 중 추락하고 다수의 인명 손실을 야기한 소말리아 모가디슈 참사(1993) 이후 군사 개입에 조심스러워졌고, 1994년 르완다 대학살에 개입하지 않았다. 반면, 보스니아 내전(1995)에서는 NATO 공습을 지시해 데이턴 평화협정을 성사시켰고, 북아일랜드 평화에도 기여했다. 중동에서는 오슬로 협정, 요르단과의 평

▌ 클린턴과 모니카 르윈스키, 1997년 2월 28일

화조약, 와이강 협정을 중재했지만, 2000년 캠프 데이비드 회담 실패와 제2차 인티파다 발발로 평화 구상이 한계를 드러냈다.

그는 1998년 아프리카 미 대사관 테러 이후 알카에다 기지 공습을 지시했으나 빈 라덴 제거에는 실패했다. 또 1999년 코소보 민간인 학살 대응으로 NATO 공습을 승인해 '인도주의적 개입'의 선례를 만들었으나, 국제법 논란도 야기했다.

중국과는 경제 관여 전략을 통해 WTO 가입을 지원하며 시장 개방을 촉진했고, 영구적 정상무역관계(PNTR) 부여를 통해 미·중 경제 협력 기반을 다졌다. 이란과 이라크에 대해서는 제재와 군사 억지를 통해 강경 기조를 유지했다.

4. 인기와 논란 사이

빌 클린턴 대통령의 재임기간(1993~2001)은 경제 호황과 정치적 위기, 높은 지지율과 도덕적 논란이 교차하는 시기였다. 첫 임기 초반에는 정책 실패와 시행착오로 지지율이 흔들렸지만, 경제 성장과 입법 성과로 중반부터 회복세를 보였다. 특히 두 번째 임기(1997~2001)에는 모니카 르윈스키 스캔들로 탄핵에 직면했음에도 불구하고 국정 운영에 대한 평가는 높았고, 퇴임 직전 지지율은 66%에 달했다.

그의 대중 이미지는 친근한 '버바(Bubba)', 'MTV 대통령'으로 각인되었지만, 동시에 교활한 빌을 뜻하는 '슬릭 윌리(Slick Willie)'라는 조롱도 받았다. 흑인 사회와의 유대는 상징적이었으나, 복지 개편과 강경한 범죄 정책은 일부 반감을 샀다. 르윈스키 사건은 위증 및 사법 방해로 이어져 하원 탄핵에 이르렀고, 이후 상원에서 부결되었지만, 그의 도덕성과 권력 남용에 대한 비판은 계속되었다. 여러 여성의 고소와 증언은 미투(#MeToo) 운동 이후 더욱 재조명되었다.

퇴임 후 클린턴은 재단 활동, 자서전 출간, 연설 등을 통해 활발한 공공 활동을 이어갔고, 북한 억류자 석방 등 외교적 역할도 수행했다. 아내 힐러리의 정치활동도 적극 지원하며 민주당 내 영향력을 유지했다. 한편, 심장 수술 등 건강 문제와 엡스타인과의 관계, 외국 정부 기부 논란 등은 그의 명성에 흠이 되었다.

빌 클린턴은 정치적 수완과 국정 능력에서 높이 평가받지만, 도덕성 문제는 여전히 논란의 대상이다. 그의 생애는 대통령 평가에서 어떤 기준이 중심이 되어야 하는가에 대한 근본적 질문을 던지고 있다.

빌 클린턴은 경제 호황과 재정 흑자를 달성하며 중도주의적 '신민주주의'를 구현했다.

그러나 르윈스키 스캔들과 탄핵 사태는 부끄러운 일이다.

대통령 일화 14: 빌 클린턴

모니카 르윈스키 스캔들

1995년 여름, 22세의 인턴 모니카 르윈스키는 백악관 인사국에 배치되어 일하게 되었다. 당시 49세였던 빌 클린턴 대통령과 르윈스키의 첫 만남은 일상적인 일이었으나, 곧 두 사람 사이에 사적인 관계가 형성되기 시작했다. 르윈스키와 클린턴은 이후 수차례에 걸쳐 은밀한 만남을 가졌고, 그 일부는 백악관 내 집무실에서 이루어졌다.

이들의 관계는 처음에는 철저히 비밀리에 진행되었지만, 1997년 르윈스키가 국방부로 발령이 나면서 상황이 달라졌다. 그녀는 친구 린다 트립에게 자신과 대통령 사이의 관계를 털어놓았고, 트립은 르윈스키와의 전화 통화를 몰래 녹음하기 시작했다. 이 통화 내용은 르윈스키가 클린턴과의 관계를 숨기기 위해 거짓 진술을 하려고 한다는 점을 담고 있었고, 이는 당시 진행 중이던 또 다른 성 추문 소송, 즉 폴라 존스의 성희롱 소송과 연결되었다.

1998년 1월, 이 사실은 『드러지 리포트』를 통해 처음 폭로되었고, 이후 『워싱턴 포스트』와 『뉴욕 타임스』 등 주류 언론이 대대적으로 보도하면서 전국적인 스캔들로 확산되었다. 클린턴 대통령은 처음에는 "나는 그녀와 부적절한 관계를 맺지 않았다."는 유명한 부인을 했다. 그러나 르윈스키가 보관하고 있던 '정액이 묻은 드레스'가 DNA 증거로 제시되면서 상황은 돌이킬 수 없게 되었다.

8월, 클린턴은 결국 대배심 앞에서 자신의 거짓 진술을 시인하고, 대국민 사과를 했다. 이 사태는 단순한 도덕적 논란을 넘어서 법적 문제로 이어졌다. 하원은 클린턴이 위증과 사법 방해를 저질렀다고 보고 1998년 12월 탄핵소추안을 가결했다. 그러나 1999년 상원은 이를 부결하면서 클린턴은 직위를 유지했다.

르윈스키 외에도 여러 여성이 클린턴에게 성적 부당 행위를 당했다고 주장했다. 아칸소 주지사 시절의 보좌관이었던 폴라 존스는 성희롱으로 소송을 제기했고, 캐슬린 윌리와 후아니타 브로드릭은 각각 강제 추행과 강간을 주장하며 추가 의혹을 제기했다. 특히 후아니타 브로드릭의 주장은 나중에 '미투 운동'의 흐름 속에서 다시 재조명되었다.

그의 아내 힐러리 로담 클린턴은 야심 있는 인물이었으며, 클린턴의 여러 스캔들에도 공개적으로 그를 방어했다. 그러나 내부적으로는 큰 갈등과 감정의 상처를 겪었다.

힐러리와의 관계는 전통적인 부부의 틀을 넘어선 정치적 파트너십의 상징이 되었다. 개인적 실책과 공적 성공이 얽힌 이 이야기는 권력, 도덕성, 그리고 용서와 야망에 대한 복잡한 질문을 던진다.

43대 조지 W. 부시(George Walker Bush) 1946~ 테러와의 전쟁

조지 W. 부시, 2003년

조지 W. 부시(1946~)는 제41대 대통령 조지 H. W. 부시의 장남으로 제43대 대통령(2001~2009)을 역임했다. 예일대학교 역사학과와 하버드대학교 경영대학원에서 교육을 받은 그는 석유 사업과 텍사스 레인저스 야구단 경영을 통해 민간 분야 경험을 쌓은 뒤, 1994년 텍사스 주지사에 당선되며 본격적인 정치 경력을 시작했다. 주지사로서 교육개혁과 에너지 정책에서 성과를 보이며 주목받은 그는 2000년 대선에서 논란 끝에 앨 고어를 누르고 대통령에 당선되었다.

대통령 재임 초반 그는 감세와 교육개혁을 주요 의제로 삼았으나, 2001년 9 · 11 테러를 계기로 안보 중심의 정책 기조로 전환하며 '테러와의 전쟁'을 선포했다. 아프가니스탄 침공과 이라크 전쟁, 「애국자법」 제정, 국토안보부 창설 등이 이어졌고, 동시에 국내에서는 사회보장 개혁, 의료보험 약물 혜택 확대, 대법관 보수 성향 강화 등의 보수적 정책을 추진했다. 그러나 이라크전 명분의 약화, 허리케인 카트리나 대응 실패, 검사 해고 논란, 2008년 금융위기 등으로 지지율은 급락했다.

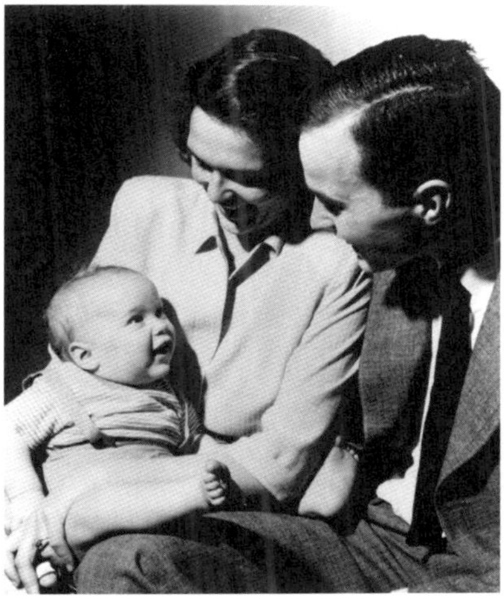

조지 W. 부시와 그의 부모, 바바라와 조지 H. W. 부시, 1947년경

1. 가문과 성장

조지 워커 부시(George Walker Bush)는 1946년 7월 6일 코네티컷주 뉴헤이븐(New Haven, Connecticut)에 있는 그레이스-뉴헤이븐 병원에서 태어났다. 조지의 아버지는 41대 대통령 조지 H. W. 부시(1924~2018)이며 어머니는 바바라 피어스(1925~2018)로 그들의 장남이다. 그는 텍사스주 미들랜드와 휴스턴에서 4명의 형제자매, 즉 제브, 닐, 마빈, 도로시와 함께 자랐다. 또 다른 여동생인 로빈은 1953년 세 살의 나이로 백혈병으로 사망했다.

조지 W. 부시는 코네티컷 출신이지만, 부시의 정체성은 주로 텍사스에서 형성되었으며, 그곳의 보수적이고 실용주의적인 문화는 그의 정치적 색채에도 깊이 영향을 미쳤다. 그는 젊은 시절에는 비교적 방황을 겪으며 여러 진로를 탐색했다. 그는 예일대학교에서 역사학을 전공하고 하버드에서 MBA 학위를 취득했다. 그리고 공군 방위군으로 복무했다.

부시는 1977년 11월 5일, 당시 교사이자 사서였던 로라 웰치(1946~)와 결혼했다. 1981년, 부부는 쌍둥이 딸 바바라와 제나를 얻었다. 로라는 가정을 중시하는 동시에 남편의 정치적 활동을 헌신적으로 지원했으며, 특히 퍼스트레이디로서 독서와 교육 증진 활동에 적극적으로 참여했다.

결혼생활에서 로라는 남편의 알코올 문제와 금주 결심, 기독교 신앙의 회복 등 중요한 전환점에서 긍정적인 영향을 미쳤다. 부시는 종종 로라가 자신의 인생에서 가장 중요한 중심축이며 '가장 신중하고 정직한 조언자'라고 언급했다.

석유 사업에서의 어려움은 경제 현실에 대한 이해를, 텍사스 레인저스 야구단 공동 소유 및 경영은 그를 대중적으로 알리는 계기가 되었다. 특히 야구단 활동은 그를 정치인이기 이전에 '친근한 리더'로 각인시켰고, 이는 훗날 대선에서 유권자들과의 정서적 연결에 중요한 자산이 되었다.

2. 정치적 성장과 대통령 선거

조지 W. 부시는 1978년 텍사스 제19선거구 연방 하원의원 선거에 출마하였으나 낙선했다. 이후 한동안 정계에서 물러나 있었지만, 1988년 아버지 조지 H. W. 부시의 대선 캠페인에 참여하며 정치활동을 재개했고, 1991년 백악관 내 조율 역할까지 수행하며 정치적 입지를 다졌다.

1994년 그는 공화당 후보로 텍사스 주지사에 출마해 복지 · 교육개혁, 범죄 억제 등을 공약으로 내세워 현직 주지사 앤 리차즈를 꺾고 당선되었다. 세금 감면, 교사 급여 인상, 학력 기준 강화, 풍력 발전 확대 등으로 호평을 받았고, 1998년에는 69%의 득표율로 재선되며 텍사스 최초의 연임 주지사가 되었다.

2000년, 부시는 공화당 대선 후보로 지명되어 '연민 어린 보수주의자'를 표방하며 세금 감면, 교육개혁, 군사력 강화 등을 공약했다. 본선에서는 앨 고어와 접전을 벌였고, 플로리다주에서 단 537표 차이로 승리해 271명의 선거인

▌ 부시 대통령이 9·11 테러 후 세계 무역 센터 부지에서 구조대원들에게 연설하였다. 2001년 9월 14일

단을 확보하며 대통령에 당선되었다. 반면 고어는 전체 득표수에서는 앞섰고, 재검표 논란과 연방대법원 판결은 큰 정치적 파장을 남겼다.

2004년 재선에 도전한 부시는 테러 대응, 이라크 전쟁, 「애국자법」 등 보수적 기조를 유지하며 존 케리와의 대결에서 대중투표 과반과 286명의 선거인단을 확보해 재선에 성공했다.

3. 테러와의 전쟁에서 금융위기까지

조지 W. 부시는 2001년 제43대 미국 대통령에 취임하며 감세, 교육개혁, 사회보장제도 개편을 핵심 과제로 제시했다. 그러나 같은 해 9 · 11 테러가 발생하면서 국정의 중심은 곧바로 안보로 전환되었고, 그는 '테러와의 전쟁(War on Terror)'을 선포하며 아프가니스탄을 침공했다. 이어 2003년에는 사담 후세인의 대량살상무기(WMD) 보유 의혹을 근거로 이라크 전쟁을 단행했다. 초기에는 탈레반 축출과 바그다드 점령 등 성과도 있었으나, 오사마 빈 라덴의 도주와 탈레반 재건, 이라크 내 종파 갈등과 반란세력의 확산으로 전쟁은 장기

Total Deficits vs. National Debt Increases ($ Billions)

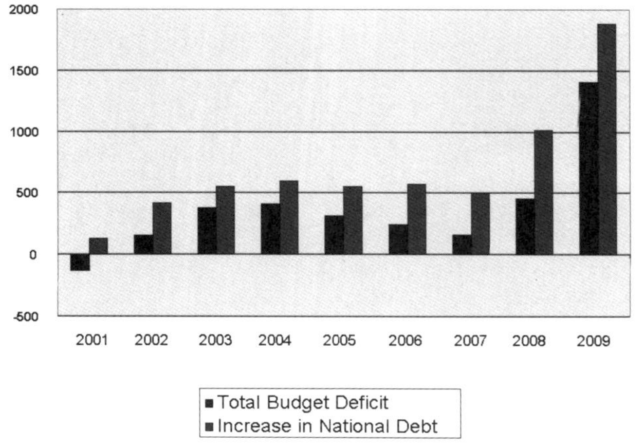

1980년 대선 선거인단 확보 결과, 레이건이 489 대 49로 승리했다.

화되었다. 대량살상무기가 끝내 발견되지 않으면서 전쟁의 명분은 크게 흔들렸고, 미국 정보기관조차 이 전쟁이 테러 확산을 부추겼다고 평가했다.

국내에서는 미국 국가안보국(NSA)의 무영장 감청, CIA의 고문 프로그램 승인, 테러 용의자에 대한 군사위원회법(MCA) 제정 등으로 인권 침해 논란에 직면했다.

경제 분야에서는 감세가 단기 경기 부양에는 기여했지만, 국방비와 복지 지출이 확대되며 재정적자가 급증했다. 특히 2007~2008년 금융위기 국면에서 부동산 거품 붕괴와 서브프라임 모기지 부실로 인해 미국 경제가 심각한 충격을 받자, 그는 1,700억 달러 규모의 경기부양책과 함께 모기지 보증기관 패니메이 · 프레디맥을 국유화하고, 7,000억 달러의 구제금융 프로그램(TARP)을 통해 금융시장 안정을 꾀했다.

사회 정책 면에서는 '아동 낙오 방지법(No Child Left Behind Act)'을 통해 학업 성취 기준을 강화하고 저소득층 지원을 확대했으며, 메디케어 파트 D 도입으로 처방약 지원을 확대했다. 그러나 사회보장제도 개혁은 허리케인 카트리나에 대한 미흡한 대응으로 정치적 신뢰를 잃으며 좌절되었다. 환경과 과학 분야에서도 줄기세포 연구 제한과 교토의정서 탈퇴 등으로 논란을 낳았다.

2005년 허리케인 카트리나 재난 대응 실패는 행정부의 위기관리 능력에 대한 신뢰에 심각한 타격을 입혔고, 2006년 검사 해임 사건은 법무부의 정치화 논란으로 번지며 의회 청문회와 장관 사임으로 이어졌다. 외교적으로는 유럽과의 관계 개선, 인도와의 민간 핵 협력, 알바니아 · 코소보의 독립 지지 등 다양한 시도가 있었지만, 러시아와의 관계는 악화되었고 중동 평화 중재도 뚜렷한 성과를 거두지 못했다.

한편 그는 HIV/AIDS 퇴치를 위한 글로벌 보건 이니셔티브 대통령 긴급 에이즈 구호 계획(PEPFAR)를 출범시켜 수천만 명의 생명을 구하였다. 그리고 대법관 존 로버츠와 사무엘 알리토를 포함한 다수의 보수 성향 연방 판사 임명을 통해 사법부 보수화를 이끌었다.

4. 예술, 그리고 민주주의

2009년 퇴임 후, 조지 W. 부시는 텍사스 댈러스 프레스턴 할로우에 정착하며 지역 공동체의 일원으로 조용한 삶을 시작했다. 그는 텍사스 레인저스 경기 시구, 미식축구 개막전 동전 던지기 등 스포츠 행사에 자주 참여하며 시민들과의 소통을 이어갔다. 2013년에는 심장 스텐트 시술을 받았으나 이후에도 건강하게 활동을 지속했다.

정치에서 물러난 뒤 그는 두 권의 책을 출간했다. 『결정의 순간들(Decision Points)』에서는 대통령으로서의 주요 결정을, 『41: 나의 아버지의 초상(41: A Portrait of My Father)』에서는 부친 조지 H. W. 부시에 대한 개인적 헌사를 담았다. 또한 부시는 그림을 통해 새로운 정체성을 확립했으며, 참전용사 초상을 모은 『용기의 초상들(Portraits of Courage)』로 치유의 메시지를 전했다. 2019년엔 한국을 방문해 노무현 전 대통령의 초상화를 전달하기도 했다.

정치적 비판을 자제해온 부시는, 트럼프 지지자들의 2021년 의사당 폭동 당시 '바나나 공화국에서나 있을 법한 일'이라며 민주주의 위협을 강하게 비판했다. 경찰 과잉 진압으로 사망한 흑인 남성 조지 플로이드 사건 후에는 인종차별에 대한 문제를 공개적으로 지적했다. 트럼프 대통령과는 거리를 두었다.

5. 업적, 논쟁과 평가

2001년 9 · 11 테러 이후 그는 '테러와의 전쟁'을 선언하며 아프가니스탄과 이라크를 침공했고, 그 결과 재임 중 적어도 미국 본토에서는 추가 테러가 발생하지 않았다. 이 점은 보수 진영과 일부 안보 전문가들로부터 긍정적인 평가를 받았다.

그러나 이라크 전쟁은 대량살상무기(WMD)가 끝내 발견되지 않으면서 전쟁 명분의 정당성이 흔들렸고, 아부그라이브 수감자 학대, 고문 논란, NSA 무영장 감청 등은 헌법 가치와 인권에 대한 도전으로 비판을 받았다.

그럼에도 불구하고, 그는 글로벌 보건 분야에서 높은 평가를 받는다. 2003년 시작된 PEPFAR는 사하라 이남 아프리카에서 HIV/AIDS 퇴치에 큰 성과를 거두었고, 2023년 기준 2,500만 명 이상의 생명을 구한 것으로 추산된다.

경제 측면에서는 감세와 지출 확대가 맞물려 재정적자와 부채가 급증했고, 미흡한 금융위기 대응, 소극적 환경 정책 등으로 비판을 받았다.

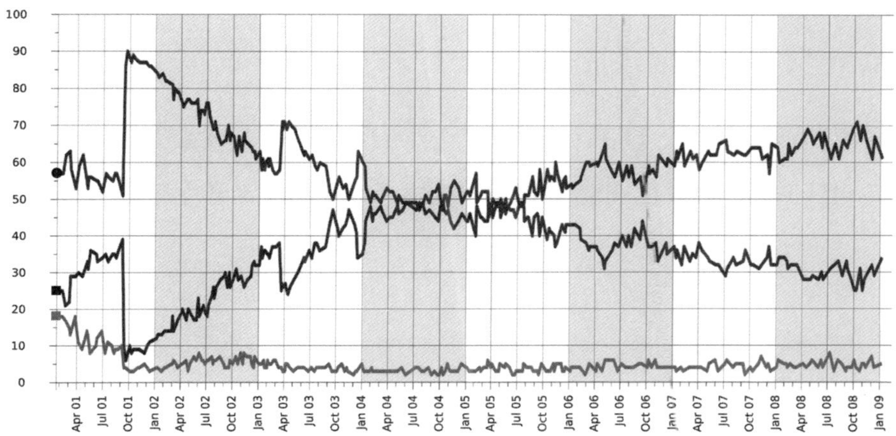

갤럽/USA 투데이 부시 여론조사(2001년 2월~2009년 1월)
● 승인 Approve
■ 비승인 Disapprove
■ 모름 Unsure

조지 W. 부시는 텍사스식 직설 화법과 소박한 이미지로 '미국적 카우보이'라는 별명을 얻었고, 말실수로 인해 '부시즘(Bushisms)'이라는 유행어까지 만들어졌다. 9 · 11 직후 그의 지지율은 90%까지 치솟았으나, 이라크 전쟁 장기화, 허리케인 카트리나 대응 실패, 고문 논란 등으로 인해 점차 하락했고, 퇴임 직전에는 20%대에 머물렀다.

국제 무대에서는 일방주의 외교와 군사 개입으로 인해 프랑스, 독일, 러시아 등과의 관계가 악화되었고, 중동 지역에서는 미국의 대외정책에 대한 반감이 고조되었다. 반면 알바니아, 코소보 등에서는 독립 지지와 인도적 지원 덕분에 우호적 평가를 받기도 했다.

퇴임 당시 부시는 가장 낮은 지지율을 기록한 대통령 중 한 명이었지만, 시간이 흐르며 평가는 일정 부분 회복되었다. 특히 트럼프 시대를 거치며 그는 민주당 지지층 일부에게 '온건한 보수주의자'로 재인식되었고, 2021년 C-SPAN 역사학자 조사에서는 43명 중 29위에 올라 2009년보다 순위가 상승했다. 역사가들은 그를 '논쟁적이지만 변혁적인 대통령', 'FDR 이후 가장 강력한 개입주의자'로 평가한다.

조지 W. 부시는 9 · 11 테러 이후 '테러와의 전쟁'을 주도하였다.
그러나 이라크전쟁은 대량 살상 무기라는 조작된 명분으로 논란을 불렀다.

대통령 일화 15: 조지 W. 부시

9 · 11 테러

2001년 9월 11일, 조지 W. 부시 대통령은 플로리다주의 새러소타에 위치한 엠마 E. 부커 초등학교에서 교육 정책 홍보 행사를 진행 중이었다. 그는 오전 8시 46분, 뉴욕 세계무역센터 북쪽 타워에 여객기 한 대가 충돌했다는 보고를 받았지만, 초기에는 사고로 간주되었다. 그러나 9시 3분, 두 번째 여객기가 남쪽 타워에 충돌했다는 보고가 들어오면서 이는 명백한 테러 공격임이 확인되었다. 이때 백악관 비서실장 앤드루 카드가 대통령의 귀에 다가가 "두 번째 비행기가 두 번째 타워를 쳤습니다. 미국이 공격받고 있습니다."라고 조용히 알렸다. 당시 부시는 학생들 앞에서 자리에 앉아 있었고, 몇 분간 침묵하며 상황을 숙고하다가 곧바로 회의실로 이동해 참모들과 대응 방안을 논의했다.

이후 부시는 즉시 에어포스 원에 탑승해 플로리다를 떠났으며, 안전상의 이유로 수도 워싱턴 D.C.로 곧장 복귀하지 않고 루이지애나의 벙커 기지와 네브래스카주 전략사령부를 거쳤다. 미국 전역은 즉각 테러 경보 최고 수위로 격상되었고, 민간 항공기 전편이 착륙 조치되었으며, 국가 방공망(NORAD)이 전면 가동되었다. 이와 동시에 연방비상관리청(FEMA)과 정보기관들이 총동원되어 피해 수습과 테러 배후 추적이 시작되었다.

그날 저녁 8시 30분, 조지 W. 부시는 백악관 오벌 오피스에서 대국민 연설을 통해 "미국은 강하고, 자유를 수호할 것"이라 선언하며 단호한 대응 의지를 밝혔다. 이후 그는 9월 14일 뉴욕 그라운드 제로를 방문해 구호대원들과 직접 만나고, 확성기로 “우리를 모두 듣고 있다. 곧 모두가 우리의 목소리를 듣게 될 것”이라고 말하며 국민적 결속을 호소했다.

9 · 11 이후 부시는 ‘테러와의 전쟁’을 본격화했다. 10월 7일, 아프가니스탄의 탈레반 정권이 오사마 빈 라덴을 은신시키고 있다는 이유로 미국은 공습과 지상군 투입을 단행했다. 2001년 말에는 탈레반 정권이 붕괴했고, 부시는 이어서 국내에서는 「애국법(Patriot Act)」을 통과시켜 정보기관의 권한을 강화했으며, 국토안보부 창설을 지시했다. 이처럼 9 · 11 테러는 조지 W. 부시 행정부의 정책 기조를 근본적으로 전환시킨 계기였으며, 이후 이라크 침공(2003년)과 장기적인 안보 중심 외교 전략의 출발점이 되었다.

44대 버락 오바마(Barack Hussein Obama II) 1961~ 희망과 변화의 흑인 대통령

▌ 버락 오바마 대통령, 2012년

버락 오바마(1961~)는 1961년 하와이에서 태어나 미국 최초의 아프리카계 대통령으로, 제44대 대통령(2009~2017)을 지냈다. 컬럼비아대와 하버드 로스쿨을 졸업하고 시카고에서 지역사회 활동과 로스쿨에서 헌법학을 강의하다 정치에 입문했으며, 2004년 연방 상원의원에 당선되며 전국적 주목을 받았다.

2008년 대선에서 당선된 후 그는 금융위기 대응을 위해 대규모 경기 부양책을 시행하고, '오바마케어'를 통해 의료보험 개혁을 추진했다. 빈 라덴 제거, 이라크 철군, 이란 핵 협상, 쿠바와의 국교 정상화 등 외교에서도 활발한 활동을 펼쳤고, 기후변화 대응과 LGBT 권리 확대에 앞장섰다.

퇴임 이후에는 회고록 출간과 민주당 지원 활동을 이어가며, 미디어 제작사 '하이어 그라운드'를 통해 문화적 영향력도 확대했다. 오바마는 진보적 개혁과 포용적 리더십으로 미국 현대 정치에서 상징적 인물로 평가받는다.

1970년대 중반 호놀룰루에서 할아버지 스탠리 아머 던햄, 어머니 앤 던햄, 이부 여동생 마야 소에토로와 함께 있는 오바마(오른쪽)

1. 다문화 가정에서 자란 세계시민

버락 후세인 오바마 2세(Barack Hussein Obama II)는 1961년 8월 4일 하와이 호놀룰루에서 태어나, 미국 역사상 최초의 아프리카계 미국인 대통령이자 본토 48개 주 밖에서 태어난 유일한 대통령이다. 그의 어머니 앤 던햄(1942~1995)은 캔자스 출신의 백인 여성으로 아일랜드, 독일, 영국계 혈통을 지녔고, 아버지 버락 오바마 시니어(1936~1982)는 케냐 루오족 출신의 하와이대학교 유학생이었다. 오바마의 부모는 1961년 2월 결혼하고 오바를 출산한 후 별거하다가 1964년 3월 이혼했고, 아버지는 1964년 케냐로 돌아가 세 번째 결혼을 하고 케냐 정부에서 재무부 수석 경제 분석관으로 일했던 아버지는 1982년 케냐에서 교통사고로 사망했다.

1963년, 어머니 앤 던햄은 하와이대학에서 인도네시아 출신 유학생 롤로 소에토로를 만났고, 두 사람은 1965년 3월 15일 몰로카이에서 결혼했다. 오바마는 어머니와 계부를 따라 인도네시아에서 4년간 공립 · 가톨릭 학교에 다닌

▍ 오바마, 아내 미셸, 딸 사샤, 말리아, 백악관 그린룸, 2009년 9월 1일

후 하와이로 돌아와 푸나호우 스쿨에 장학생으로 입학해 1979년 졸업했다. 청소년기에는 정체성 혼란과 외로움으로 방황을 겪었고, 약물 경험도 있었으나 이후 극복하였다. 옥시덴탈 칼리지를 거쳐 컬럼비아대학교에서 정치학을 전공했고, 졸업 후 뉴욕에서 일한 뒤 1985년 시카고로 옮겨 커뮤니티 조직가로서 저소득층을 위한 현장 활동을 펼쳤다.

1988년 하버드 로스쿨에 진학해 1990년 흑인 최초의 『하버드 로 리뷰』 편집장이 되었고, 졸업 후 『아버지의 꿈(Dreams from My Father)』이라는 자서전을 출간했다. 시카고에서 로스쿨 강의와 인권 변호사 활동, 시민참여 운동을 병행하며 법률가이자 교육자, 사회운동가로서 역량을 다졌다.

1989년 로펌 인턴십 과정에서 만난 미셸 로빈슨(1964~)과 1992년 결혼해 두 딸을 두었다. 미셸은 하버드 로스쿨에서 법학 석사(JD) 학위를 취득하고 시카고의 유명 로펌 시들리 오스틴(Sidley Austin)에서 일하며 인턴으로 들어온 버락 오바마를 만나 결혼했다. 퍼스트레이디가 된 이후, 그녀는 비만 퇴치 운동, 군인 가족 지원 프로그램, 소녀 교육 캠페인, 시민권과 대학 진학 장려 프로그램 등 다양한 사회운동을 주도했다.

오바마는 성인이 된 후 기독교 신앙을 받아들였고, 흑인 교회 공동체에서 신앙 활동을 이어갔다. 2008년 선거 중 교회 관련 논란으로 탈퇴했지만 신앙은 유지했다.

2. 정치적 도약

버락 오바마는 1996년 일리노이주 상원의원으로 당선되며 정치 경력을 시작했다. 그는 윤리 · 보건 개혁, 복지 확대, 경찰 개혁, 형사 사법 제도 개선 등에서 초당적인 입법 활동을 펼쳤고, 1998년과 2002년 재선에 성공하며 입지를 다졌다. 2003년 민주당이 다수당이 되자 보건복지위원장으로 임명되어 입법 영향력을 확대했다.

2004년 미국 상원의원 선거에 출마한 오바마는, 이라크 전쟁 반대 연설을 통해 전국적 주목을 받았고, 민주당 전당대회에서의 기조연설로 정치적 스타로 부상했다. 본선에서는 70%가 넘는 득표율로 당선되어 연방 상원에 진입했으며, 이후 무기 확산 방지, 정부 지출 투명성 강화, 이민 개혁 등 다양한 입법에 참여했다. 그는 2008년 대선 출마를 위해 상원의원직을 사임했다.

2007년 출마 선언 후, 오바마는 힐러리 클린턴과의 치열한 경선을 거쳐 민주당 후보로 확정되었고, 조 바이든을 러닝메이트로 지명해 본선에서 공화당의 존 매케인을 누르고 대통령에 당선되었다. 그는 미국 역사상 최초의 아프리카계 미국인 대통령이 되었으며, 대중 동원과 소액 기부, 디지털 전략 등 선거운동 방식에서도 혁신을 이루었다.

2012년 오바마는 재선에 도전하여 공화당 후보 미트 롬니를 상대로 선거인단 332명, 일반 득표율 51.1%를 기록하며 승리했다. 이로써 그는 프랭클린

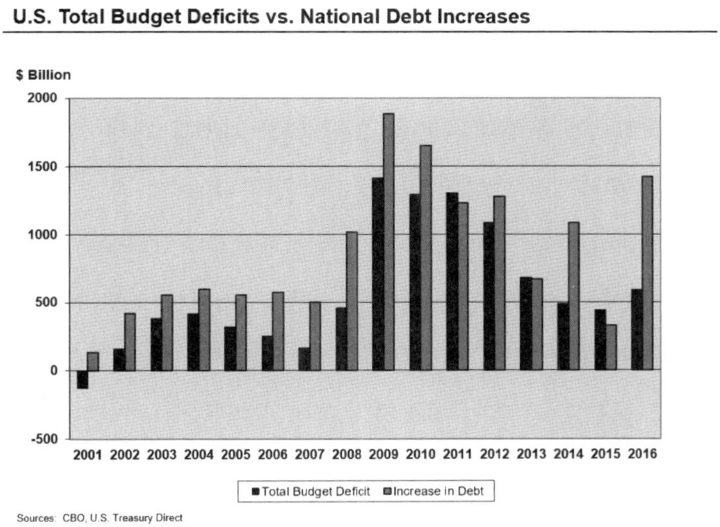

▌ 미국 재정적자 및 부채 증가(10억 달러), 2001~2016년

D. 루스벨트 이후 최초로 일반 투표에서 두 차례 연속 과반 득표를 기록한 민주당 대통령이 되었다.

3. 미국 현대사의 진보적 전환점

버락 오바마는 2009년 1월 20일, 미국 제44대 대통령으로 취임하며 미국 역사상 최초의 아프리카계 대통령이라는 상징성과 함께 막중한 기대를 안고 출발했다. 그의 첫 조치는 전임 부시 행정부의 정책을 뒤집는 것이었으며, 이라크 철군과 관타나모 수용소 폐쇄, 대통령 기록 공개 강화, 국제 가족계획 기구 지원 복원 등이 포함되었다. 관타나모 폐쇄는 의회의 반대로 실현되지 못했지만, 그는 대외 및 국내 정책 모두에서 개혁적 접근을 시도했다.

국내적으로 오바마는 금융위기 극복을 최우선 과제로 삼아 7,870억 달러 규모의 경기 부양법을 통과시켰고, 자동차 산업 구조조정, 소비 진작 정책, 일자리 창출, 실업률 개선에 힘썼다. 2010년에는 공화당과의 협상으로 소득세 감면과 실업급여 확대를 병행하였고, 2011년에는 부채한도 협상 타결로 국가부도를 막았다. 그의 경제 정책은 긴축 대신 확장 기조를 택해, 주요 선진국 가운데 가장 빠른 회복세를 달성했다는 평가를 받았다.

사회 정의와 권리 확대 또한 오바마의 핵심 과제였다. 성평등, 아동 건강, 여성 권익 보호 등에서 적극적인 입법을 추진했고, 소니아 소토마요르와 엘레나 케이건을 대법관으로 임명해 사법부의 다양성을 확장했다. 인종 문제에 있어 그는 초기엔 신중했으나, 흑인 청소년 트레이본 마틴과 퍼거슨이 총격으로 사망한 사건을 계기로 인종 불평등에 대한 공개적 발언을 늘려갔고, "흑인의 생명은 중요하다(Black Lives Matter)." 운동과 함께 미국 사회에 큰 울림을 주었다. LGBT 권리 증진에도 앞장서서 「증오범죄법」 확대, 동성결혼 지지 표명, "묻지 말고 말하지 말라(Don't Ask, Don't Tell)." 폐지 등 상징적이고 실질적인 조치를 단행했다. LGBT는 레즈비언(Lesbian), 게이(Gay), 양성애자(Bisexual), 트랜스젠더(Transgender) 단어들의 약자이다.

그의 가장 중요한 입법 업적으로 평가받는 '오바마케어'는 보험사 규제, 건강보험 의무화, 저소득층 보조 등 복합 개혁을 담고 있으며, 법적 도전에도 대법원에서 합헌 판결을 받으며 미국 의료 시스템에 중요한 전환점을 마련했다.

환경 정책에서는 BP 기름 유출 사고 이후 강력한 규제와 복구 조치를 단행했으며, 미국을 관통하는 송유관인 키스톤 XL 파이프라인 건설을 거부하고, 광범위한 연방 토지 보존 조치를 통해 재임 중 가장 많은 공공자연면적을 보호한 대통령으로 기록되었다. 파리 기후 협정 참여를 통해 국제 환경 연대에도 기여했다.

그는 '다자주의 복원'을 표방하며 아랍 및 이슬람 세계에 손을 내밀었고, 이란과의 핵 협상(JCPOA), 쿠바와의 국교 정상화는 그의 외교적 유산으로 남는다. 반면 시리아 내전에서는 군사 개입을 철회하면서 우유부단하다는 비판도 받았다.

백악관 상황실에서 오바마 대통령과 국가안보팀원들이 넵튠스 스피어 작전에 대한 보고를 받고 있다.
2011년 5월 1일

드론 전략을 통한 테러 제거 작전은 안와르 알 아울라키, 오사마 빈 라덴 제거 등으로 결실을 맺었지만 법적 논란도 동반했다.

러시아와는 신전략무기감축조약(New START)을 체결했지만, 러시아의 크림반도 병합과 시리아 개입, 미국 대선 개입 논란으로 갈등이 격화되었다. 이스라엘과는 정착촌 문제 및 이란 핵 협상 등을 둘러싸고 네타냐후 총리와의 긴장이 고조되었고, 결국 임기 말에는 유엔 안보리의 이스라엘 비판 결의안에 대해 미국이 기권하면서 관계가 냉각되었다.

이처럼 오바마는 경제 회복과 권리 확대, 다자 외교 재건을 추구하였고, 실용주의와 이상주의가 교차한 진보적 개혁을 추진하였다.

4. 대통령직 이후 활동(2017~현재)

2017년 퇴임 후 오바마는 워싱턴 D.C. 칼로라마 지역으로 이사했고, 이후에도 공적 활동을 이어갔다. 존 F. 케네디 도서관으로부터 '용기 있는 인물상'을 수상했고, 시카고대학교 세미나를 통해 젊은 세대의 정치 참여를 독려했으며, 허리케인 피해 지원 캠페인과 오바마 재단 정상회의를 주도했다.

2018년에는 미셸 오바마와 함께 제작사 '하이어 그라운드'를 설립하고 넷플릭스와 계약을 맺어 다큐멘터리 「미국 공장」으로 아카데미상을 수상했다. 2019년에는 마서스 빈야드에 주택을 구입했으며, 같은 해 그는 진정한 진보는 비판이 아니라 건설적인 행동을 수반해야 한다고 강조하며 과도한 방향으로 흘러 본질을 훼손하는 '깨어 있음(Wokeness)' 문화와 취소 문화를 비판하기도 했다. 취소 문화(Cancel Culture)는 콜아웃 문화라고도 하며, 사람들이 용납할 수 없는 방식으로 행동하거나 말했다고 생각되는 개인을 비판하고 그 대상을 배척하거나, 외면하거나, 해고하라고 요구하는 현상을 말한다.

2020년 대선에서는 민주당 경선에서 중립을 유지하다가 바이든을 공식 지지했고, 트럼프의 팬데믹 대응을 강력히 비판했다. 백악관 입성 과정과 초기 2년 반의 여정을 담은 『약속의 땅(A Promised Land)』이라는 회고록도 이 시기에 출간했다. 이후 팟캐스트를 시작했고, 오디블과의 콘텐츠 계약도 체결했다.

2022년 오바마는 백악관을 방문해 오바마케어 12주년 기념행사에 참석했고, 자신과 미셸의 초상화를 공개했다. 같은 해 넷플릭스 다큐멘터리 내레이션으로 프라임타임 에미상을 수상했다. 그는 연방대법원 판사 수 확대에는 반대 입장을 밝혔다.

2023년에는 호주 연설 투어에 나섰고, 가자 전쟁 관련해 이스라엘의 하마스 대응은 정당하지만 민간인 피해에 유의해야 한다고 발언했다.

2024년에는 바이든의 토론 후 지지율 하락을 우려했고, 바이든이 후보직을 사퇴하자 해리스를 지지하며 선거 유세에 적극 참여했다. 대선 결과 트럼프가 승리하자 오바마는 축하를 전하였다.

5. 합리적이고 적극적 리더십

버락 오바마는 시민권 운동 세대의 전통적 흑인 정치인들과 달리, 케냐계 아버지와 백인 어머니 사이에서 태어나 하와이와 인도네시아에서 자란 다문화적 배경을 지닌 인물이었다. 그는 이분법적 정체성 구분에 의문을 제기하며 유연하고 통합적인 정체성을 강조했다. 뛰어난 웅변 실력으로도 유명했던 그는 유튜브 주간 연설 등 디지털 정치 소통의 선도자로도 평가받는다.

2009년 취임 당시 갤럽 지지율 68%를 기록했으나, 이후 경제와 안보 이슈로 하락과 반등을 반복했고, 퇴임 시점에는 59%로 안정적인 지지를 회복했다. 퇴임 후에도 60% 이상의 지지율을 유지하며 2018년 퓨 리서치 센터 조사에서는 최고 인기 있는 대통령이었다. 국제적으로도 호감도가 높았으며, 2009년에는 외교 · 협력 기여로 노벨 평화상을 수상했다.

오바마는 오바마케어, 금융 규제법, 경기 부양책 등 입법 성과를 통해 정책 설계 능력을 인정받았지만, 정당 내 리더십과 진보 진영과의 연합 구축에는 한계가 있었다. LGBT 인권 확대, 연방 수감자 수 감소 등 인권 분야에서도 진전을 이뤘으며, 이는 보수 행정부들과의 뚜렷한 차별점이다.

퇴임 이후에도 문화 · 정치적 영향력을 이어가고 있으며, 시카고의 오바마 대통령 센터를 2026년 개관할 예정이다. 그는 노벨 평화상을 비롯해 다수의 국제적인 상을 수상했으며, 그래미 · 에미상까지 수상한 드문 정치인이기도 하다.

버락 오바마는 미국 최초의 흑인 대통령으로, 포용과 변화의 상징이자 탁월한 연설과 합리적 리더십으로 시대정신을 이끈 지도자였다.

45, 47대 도널드 트럼프(Donald Trump)
1946~
상식을 거부한 포퓰리스트

도널드 트럼프 대통령, 2025년

1946년생인 도널드 존 트럼프(1946~)는 미국의 기업가이자 방송인 출신 정치인으로, 제45대 대통령(2017~2021)을 역임하고 2024년 제47대 대통령(2025~2029)에 재선된 인물이다. 22대, 24대 대통령을 지낸 그로버 클리블랜드 이후 두 번째 비연속 임기를 수행하는 대통령이 되었다. 뉴욕 퀸즈에서 부유한 집안의 아들로 태어나 펜실베이니아대학교에서 경제학을 전공하고, 가족 부동산 회사를 물려받아 트럼프 오거니제이션으로 확대하며 고층 빌딩, 호텔, 카지노 개발에 나섰다. 1990~2000년대 수차례 기업 파산을 겪었으나, 리얼리티 쇼로 이미지 회복에 성공했다. 정치 경력이 전무한 가운데 2016년 대선에서 승리한 그는 반이민정책, 규제 완화, 감세 등 보수적 의제를 추진하고, 국제 무대에선 각종 합의 탈퇴와 중국과의 무역 갈등으로 주목받았다. 2020년 대선 패배 이후 불복 시도와 의사당 난입 사태로 탄핵을 두 차례 당했으나 공화당이 다수인 상원에서 무죄 판결을 받았고, 2024년 대선 재도전에 성공해 다시 대통령직에 올랐다. 그는 통치 방식과 언행, 법적 문제로 인해 미국 역사상 가장 논란이 많은 대통령이다.

1. 트럼프의 성장과 가족

도널드 존 트럼프(Donald John Trump)는 1946년 6월 14일, 뉴욕시 퀸즈 자치구에 위치한 자메이카 병원에서 태어났다. 그는 독일계 아버지 프레드 트럼프(1905~1999)와 스코틀랜드계 어머니 메리 앤 맥레오드 트럼프(1912~2000) 사이에서 태어난 다섯 자녀 중 넷째였다. 트럼프는 퀸즈 자메이카 에스테이츠 지역의 대저택에서 남매들과 함께 자랐다.

그는 어린 시절부터 다루기 힘든 성격으로 알려졌고 아버지의 부동산 사업에 관심을 보였다. 아버지로부터 상당한 금전적 지원을 받은 그는 여덟 살 무렵 이미 실질적 백만장자였다.

7학년까지 큐-포레스트 학교에 다니다 중등학교 과정인 뉴욕 군사학교로 전학했으며, 연예계 진출도 잠시 고려했으나 결국 포드햄대를 거쳐 1968년 펜실베이니아대학교 와튼스쿨에서 경제학 학사를 받고 졸업했다. 베트남전 당시 징병 대상이었으나 발뒤꿈치 뼈 돌기를 이유로 군 면제를 받았다.

도널드 트럼프는 세 번의 결혼을 통해 다섯 자녀를 두었다. 첫 번째 아내는 체코 출신 모델 이바나 젤니초코바(1949~2022)로, 도널드 주니어, 이방카, 에릭 세 자녀를 두었다. 이들은 1990년 이혼했으며, 그 배경에는 트럼프와 두 번째 아내인 마를라 메이플스(1963~)와의 불륜이 있었다. 메이플스와의 사이에 딸 티파니가 태어나고 두 달 후인 1993년 결혼했다가, 1999년 이혼했다. 이후 트럼프는 2005년 슬로베니아 출신 모델 멜라니아 크나우스(1970~)와 결혼해 아들 바론을 두었다.

그는 술 · 담배 · 약물을 멀리하고 평균 4~5시간만 자며 운동은 신체 에너지를 소모한다고 꺼리는 것으로 알려져 있다. 그는 장로교 신자였으며, 2020년 이후에는 비교파 개신교도로 정체성을 바꾸며 복음주의 유권자들과의 연계를 강화했다.

1985년, 트럼프가 추진했다 '무산된'
맨해튼 개발 프로젝트 모형과 트럼프

2. 도산도 전략인 파산 전문가

트럼프는 부동산 개발을 시작으로 미디어, 브랜드 라이선싱, 암호화폐까지 사업영역을 확장하였으며, 파산과 논란, 수익 창출을 반복하는 극단적 궤적을 보여주었다. 그는 1968년 부친의 회사를 인수해 트럼프 오거니제이션을 설립하고 고층 빌딩, 호텔, 카지노 등에 투자했으며, 트럼프 타워는 대표적 성공 사례이다. 그러나 1990년대부터 플라자 호텔과 트럼프 타지마할 등 부동산 투자를 추진하면서 과도한 부채로 수차례 파산보호를 신청했다.

부동산 외에도 미인대회, 항공, 스포츠, 교육 등 다양한 분야에 진출했으나 논란이나 실패로 이어졌고, 특히 트럼프 대학교는 허위 광고로 2,500만 달러를 배상하며 마무리됐다. 이후 그는 브랜드 라이선싱에 집중했지만, 2018년 이후 브랜드가치 하락으로 사업은 축소됐다. 1988년 설립한 트럼프 재단은 감시 부재 속에 기부금을 운용하다가 2018년 해산됐고, 1991~2009년까지 6

건의 파산, 4,000건 이상의 소송에 연루되며 주요 금융기관과의 거래도 단절됐다. 그는 “100만 달러로 시작했다.”고 주장했지만 실제로는 부친 자금 최소 4억 달러 이상을 활용한 것으로 알려졌다.

『거래의 기술(The Art of the Deal)』 출간과 NBC 리얼리티 쇼 ‘어프렌티스’는 그에게 약 4억 달러의 수익과 대중적 인지도를 안겨 정치 진출의 발판이 됐다. 2025년 두 번째 대통령 임기 이후 그는 암호화폐 산업에 본격 진출해 솔라나 기반 밈코인 $TRUMP로 3억 5,000만 달러를 모았고, 디파이 플랫폼과 스테이블코인 USD1을 통해 아부다비 국부펀드 투자를 유치했다. 전략적 비트코인 비축과 SEC 규제 완화도 병행했지만, 대통령직을 사익 추구에 이용했다는 비판도 커지고 있다.

3. 정치 행보의 시작

도널드 트럼프는 1987년 공화당에 등록하며 정치에 대한 관심을 공식화했다. 그해 주요 일간지에 전면 광고를 실어 외교 정책과 연방 예산 적자 해소에 대한 견해를 밝히며 주목을 받았다. 1988년에는 조지 H. W. 부시의 러닝메이트가 되기를 희망했지만 거절당했다. 이후 그는 개혁당(1999), 민주당(2001), 공화당(2009), 무소속(2011), 그리고 다시 공화당(2012)으로 당적을 여러 차례 변경했다. 2000년 개혁당 대선 후보로 출마했으나 3개월 만에 중도 사퇴했다.

2011년 트럼프는 오바마 대통령에 맞서 2012년 대선 출마를 고려하며 정치 무대에 다시 등장했다. 보수정치행동회의(CPAC)에서 연설하고 예비선거 주를 방문하는 등 활발히 움직였지만, 결국 5월에 출마를 포기했다. 이후 정치적 발언과 언론 활동을 이어가며 영향력을 쌓았다.

2015년 6월 트럼프는 트럼프 타워에서 2016년 대선 출마를 공식적으로 선언했다. 그는 "미국을 다시 위대하게(Make America Great Again)."라는 구호를 앞세우며 반이민, 보호무역, 미국 우선주의 등 강경한 공약을 내세웠다. 대표적으로는 멕시코 국경 장벽 건설, 무슬림 입국 금지, 불법 이민자 추방 등을 주장하며 기존 정치인들과는 다른 접근법으로 대중의 이목을 끌었다.

트럼프는 막말과 논란으로 비판받았지만, 정치 경험이 없다는 점으로 오히려 반정치 정서에 호소하며 공화당 내 지지층을 확대했다. 2016년 5월 그는 공화당의 사실상 대선 후보로 확정되었고, 러닝메이트로 인디애나 주지사 마이크 펜스를 지명했다. 캠페인 과정에서는 언론 불신, 세금 보고서 미공개, 인종차별적 발언 등으로 논쟁이 이어졌다.

힐러리 클린턴은 대중투표에서 우세했지만, 트럼프는 선거인단 투표에서 304 대 227로 승리했다.

당시 대부분의 여론조사 기관과 언론은 힐러리 클린턴의 승리를 예상했지만, 트럼프는 '러스트 벨트(Rust Belt)'로 불리는 중서부 공업 지대의 백인 블루칼라 유권자들의 지지를 얻으며 승리했다.

트럼프 1기 당선에 영향을 미친 주요 요인은 반기득권 정서, 경제적 불만, 이민정책, 클린턴의 약점 등을 들 수 있다. 기존 워싱턴 정치에 대한 유권자들의 불만이 컸는데 정치 경험이 없는 사업가 출신인 트럼프는 자신을 '정치적 아웃사이더'로 내세우며 기성 정치에 염증을 느낀 유권자들의 지지를 이끌어 냈다. 세계화로 인해 제조업이 쇠퇴하고 일자리를 잃은 중산층 및 저소득 백인 유권자들의 상실감을 파고들어 "미국을 다시 위대하게(MAGA)"라는 슬로건을 내세우며 보호무역주의와 해외 이전 기업의 귀환을 주장했다. 또한 불법 이민자들이 일자리를 빼앗고 있다는 인식이 퍼져 있었고, 트럼프는 '국경 장벽 건설'과 '강경한 이민정책'을 공약으로 내세워 이민 문제에 민감한 유권자들의 표심을 얻었다. 이에 더하여 트위터(현 X) 등 소셜 미디어를 적극적으로 활용하여 유권자들과 직접 소통하고 지지층을 결집시키는 데 성공했다. 한편, 힐러

▌ 2018년 6월 텍사스 매캘란에 있는 우르술라 구금 시설의 철망 칸막이 안에 수감된 아이들

리 클린턴은 '이메일 스캔들'과 월스트리트 연설 등으로 인해 신뢰성에 타격을 입었고, 이것이 트럼프에게 반사이익으로 작용했다.

그는 군복무나 공직 경험이 없는 최초의 미국 대통령이 되었으며, 공화당이 백악관과 상하원을 모두 장악하는 단일 정당 정부가 출범했다.

4. 거친 권위주의 대통령

도널드 트럼프는 2017년 제45대 대통령 취임 직후 오바마케어 폐지, 환태평양경제동반자협정(TPP) 탈퇴, 국경 장벽 추진 등 극우적 정책을 빠르게 추진했다. 그러나 여성 행진을 비롯해 국내외에서 강한 반발을 불러일으켰고, 자신의 사업과의 이해충돌 문제로 윤리적 논란에도 휘말렸다.

그는 '세금 감면 및 일자리 법'으로 법인세를 인하했지만, 재정적자 심화와 인프라 공약 미이행이라는 결과를 낳았다. 규제 완화 역시 환경 · 보건 · 노동 분야에서 규제가 100개 이상 철폐되었으나, 다수는 법원에서 무효화됐다. 사회 정책 면에서는 오바마케어 약화, 낙태지원 중단, LGBTQ 권리 축소 등이

▌ 트럼프는 2018년 6월 싱가포르 정상회담에서 김정은을 만났다

추진됐고, 13건의 연방 사형이 집행되며 보수 성향이 강화되었다.

이민정책은 '무관용' 기조 아래 장벽 설치, 여행 금지령 시행, 부모와 자녀 분리 등 강경하게 진행되었고, 국내외 비판이 이어졌다. 그는 200건 넘는 사면을 단행하고, 언론 · 사법부와 잦은 충돌을 빚으며 대통령직 운영에서도 전례 없는 방식을 보였다.

외교에서는 '미국 우선주의'를 앞세워 동맹국에 방위비 분담을 요구하고, TPP 탈퇴와 NAFTA 개정을 단행하며 보호무역주의를 강화했다. 중국과의 무역전쟁은 세계 경제에 불확실성을 키웠고, 러시아와는 푸틴에 우호적인 태도를 보이며 국내 비판을 자초했다. 2018년 헬싱키 정상회담에서는 푸틴 발언을 미국 정보기관의 판단보다 신뢰하는 듯한 태도로 논란이 컸으며, 그럼에도 러시아의 G7 복귀를 지지하는 등 관계 개선을 시도했다.

그는 초기에는 북한을 향해 '화염과 분노(Fire and Fury)' 등 강경 발언을 내놓았으나, 이후 돌연 대화로 전환하여 김정은 북한 국무위원장과 정상회담을 열었다. 2018년 싱가포르에서 첫 북미 정상회담을 개최했고, 2019년에는 하노이와 비무장지대에서 두 차례 더 김정은을 만났지만, '완전한 비핵화'라는 목표는 합의에 이르지 못했다. 결국 협상은 결렬되었고, 북한은 제재에 반발하며 핵무기와 미사일 개발을 계속 이어갔고 핵무기의 실전배치에 이르렀다.

중동 정책에서는 이스라엘을 강하게 지지하며 예루살렘을 수도로 인정하고 골란고원에 대한 주권을 승인했으며, 아브라함 협정을 중재했다. 동시에 사우디와 밀접한 관계를 유지하고 대규모 무기 판매 계약을 체결했으며, 예멘 내전에서도 사우디를 지지했다.

한편, 해외 개입 축소를 내세워 아프가니스탄, 시리아, 이라크에서의 철군을 추진했다. 특히 시리아 철군은 동맹인 쿠르드를 버렸다는 비판을 받았다. 아프가니스탄에서는 탈레반과 평화협정을 체결해 철군의 발판을 마련했다. 이란에 대해서는 핵합의(JCPOA)에서 탈퇴하고 제재를 재개했으며, 혁명수비대 간부 솔레이마니를 제거해 긴장을 고조시켰다.

트럼프의 외교는 실리를 중시하고 기존 동맹보다는 미국의 이익을 앞세우는 방식으로 전개되었으나, 이는 예측 불가능성과 불안정을 초래했다.

행정부에서는 극심한 인사 교체로 혼란이 컸다. 트럼프는 강한 충성심을 요구했고, 이로 인해 백악관과 내각에서 고위 인사들의 잦은 이직이 이어졌다. 비서실장은 4명이 교체되었고, 여러 장관들도 윤리 논란으로 사임했다. 그는 수많은 고위직을 공석 상태로 두며 행정 공백을 유발했다.

사법부에서는 3명의 대법관과 다수의 연방 판사를 임명해 법원을 보수적으로 재편했다. 이는 낙태권 판례인 로 대 웨이드 판결 뒤집기에도 결정적 영향을 끼쳤다. 로 대 웨이드 판결(Roe v. Wade)은 1973년 미국 연방대법원이 여성의 낙태권을 헌법상 권리로 인정한 역사적인 판결이다. 동시에 그는 자신에게 불리한 판결을 내린 판사들을 공개적으로 비난하며 사법부 독립성 논란을 일으켰다.

5. 코로나19에 대한 무식한 대응

도널드 트럼프 행정부는 코로나19 팬데믹에 대한 초기 대응에서부터 전반에 걸쳐 혼란과 논란을 초래했다. 2020년 1월 미국 내 첫 확진자가 보고된 이후, 트럼프는 빠르게 공중보건 비상사태를 선포했지만, 질병의 심각성에 대한 인식은 부족했다. 그는 코로나19를 독감보다 덜 위험하다고 평가하며 곧 사라질 것이라 낙관했다. 말라리아 치료제인 하이드록시 클로로퀸이 코로나19를 치료하는 '게임 체인저'가 될 것이라고 여러 차례 주장하는 등 과학적 근거 없는 치료법을 언급하고 마스크 착용을 거부하는 등 혼란을 가중시켰다.

그는 코로나19를 '중국 바이러스'로 지칭하며 WHO 탈퇴를 선언했고, 질병통제예방센터와 식품의약국(FDA)에 정치적 압력을 가했다. 본인 감염 이후에도 위기 대응보다는 이미지 유지에 집중했다. 결과적으로 팬데믹은 미국 내 확산과 사망자 수를 키우며, 트럼프의 리더십에 심각한 타격을 주었고 2020년 대선 패배의 주요 원인으로 지목되었다.

6. 법적 조사와 탄핵

도널드 트럼프는 대통령 초선 재임 전후로 선거, 재정, 자선재단, 취임식 자금, 재임 중 조치 등과 관련해 총 30건에 달하는 법적 · 정치적 조사 대상이 되었다. 하원은 그의 금융 정보를 확보하기 위해 은행과 회계법인에 소환장을 발부했으며, 트럼프는 이를 막기 위한 소송에서 패소했다.

2016년 대선 중에는 성인 배우 스토미 대니얼스에게 비밀 자금을 지급한 사건으로 개인 변호사 마이클 코헨이 유죄를 인정했고, 검찰은 트럼프 측의 책임을 추적했다.

또한 2016년 러시아의 선거 개입을 둘러싼 뮬러 특검 수사에서 명확한 공모는 입증되지 않았지만, 트럼프의 수사 방해 가능성이 지적되었다.

2019년에는 우크라이나 대통령에게 바이든 조사를 요구한 혐의로 직권 남용과 의회 방해 혐의로 탄핵됐으나, 상원에서는 무죄 판결을 받았다. 그는 미국 현대 정치사에서 가장 많은 수사와 탄핵을 경험한 대통령으로 기록되었다.

7. 2020년 대선 캠페인과 퇴임 후

도널드 트럼프는 2017년 취임 직후부터 재선 준비에 돌입했으나 2020년 대선에서는 조 바이든에게 패배했다. 그는 선거 전부터 우편투표 확대를 부정선거로 규정하였고, 패배 후에는 수많은 소송과 정치적 압박을 통해 결과를 뒤집으려 시도했다. 특히 조지아주 선거 당국에 재검표를 요구한 행동은 심각한 비판을 받았고, 2021년 1월 6일에는 국회의사당 습격 사건으로 이어졌다. 그는 시위대를 '위대한 애국자'로 칭했고, 결국 반란 선동 혐의로 두 번째 탄핵되었으나 상원에서 무죄 판결을 받았다.

퇴임 후 트럼프는 마라라고에서 정치활동을 이어가며 2020년 대선을 '도둑맞은 선거'라고 주장했고, 이른바 '빅 라이(Big Lie)' 담론으로 공화당 내 영향력을 유지했다. 2022년 중간선거에서도 선거 음모론에 동조한 다수 후보를 지원했고, 자신의 소셜 미디어인 '트루스 소셜(TRUTH Social)'을 출범했다. 하지만 해당 플랫폼은 러시아 자금과 관련된 수사에 휘말렸다.

기밀 문서 반출, 비즈니스 기록 위조, 선거 개입 등으로 여러 주에서 형사 기소되었고, 성폭행 및 명예훼손 소송에서도 유죄 판결을 받았다.

8. 2024년 대선과 2기 취임

도널드 트럼프는 2022년 11월, 2024년 대선 출마를 공식 선언하며 세 번째 대권 도전에 나섰다. 그는 거액의 후원금을 모아 법률 비용에 사용했고, 선거 조작 주장을 반복하며 강경한 정책을 내세웠다. 2024년 7월 암살 시도 후 공화당 후보로 지명되었고, JD 밴스를 부통령 후보로 지명한 뒤 카멀라 해리스를 꺾고 승리했다.

트럼프가 많은 논란에도 불구하고 당선될 수 있었던 이유는 크게 네 가지로 요약할 수 있다.

첫째, 유권자들은 지속적인 인플레이션과 높은 생활비에 대한 불만이 컸다. 많은 유권자들은 체감 경기가 좋지 않다고 느꼈고, 트럼프가 경제적 어려움을 해결해 줄 적임자로 인식했다.

둘째, 트럼프의 강력한 이민정책 공약은 지지층 결집에 중요한 역할을 했다. 불법 이민 차단과 국경 장벽 강화를 약속하며 이민 문제에 대한 불안감을 가진 유권자들의 지지를 얻었다.

셋째, 2020년에는 투표하지 않았던 새로운 유권자들이 대거 참여했는데, 이들 중 트럼프 지지자가 많았다.

넷째, 트럼프는 기성 정치권과 주류 언론에 대한 불신을 표출하며 반(反) 엘리트주의 정서를 활용했다. 그의 직설적인 화법은 정치적 올바름에 지친 유권자들에게 공감을 얻었으며, 보수적 가치를 강조해 핵심 지지층을 결집시키는데 성공했다.

2025년 취임한 트럼프는 유죄 판결을 받은 최초의 대통령이자 78세의 최고령 대통령으로 기록되었고, 취임 즉시 대규모 사면과 공무원 해고, 다양성 정책 폐지 등을 단행했다. 그는 WTO 탈퇴, 관세 강화와 과학 예산 삭감으로 논란을 빚었다. 전 세계에 소위 상호관세와 품목관세를 일방적으로 부과하여 공급망 불안과 물가 상승을 유발했다. 근거 없는 수치를 억지로 주장하며 심지어 동맹이 적국보다 더 나쁘다는 주장을 서슴지 않고 맹방을 무시하였고 미국 중심의 세계 질서가 시험대에 오르게 되었다. 특히 전통적으로 형제국과 같이 살아왔던 캐나다를 51번째 미국의 주로 편입하라는 등 극도로 무례한 언사로 세계를 놀라게 했다.

독립기관인 연방준비제도의 파월 의장에 대해 기준금리를 무조건 내리라는 겁박은 미국사에서 유례를 찾을 수 없는 행태이며 미국제도의 안정성을 심각하게 훼손하고 있다.

중동에서는 이란의 도발에 대응해 2025년 6월 22일 이란 혁명수비대 기지와 나탄즈(Natanz)와 포르도(Fordo) 등 핵시설을 B-2 폭격기와 벙커버스터 등으로 정밀 공습하며 군사적 긴장을 고조시켰다. 국제 사회는 일방적 행동과 지역 불안정에 대한 우려를 표명했다.

일론 머스크를 기용한 정부효율부(DOGE) 등을 통한 행정 개편은 일부 법적 제동에 직면했다. 사법부 공격과 반대 세력 탄압 의지는 민주주의 훼손 우려를 불러일으켰다.

그는 극우 포퓰리즘을 강화하고, 인종 · 성차별 발언과 음모론으로 사회 분열을 조장했다. 트위터와 트루스 소셜을 통해 여론을 주도하며 전통 언론을 공격했다.

9. 평가

도널드 트럼프의 대중 이미지는 극단적으로 양극화되어 있다. 공화당 지지자들 사이에서는 절대적인 지지를 받았으나, 민주당과 독립 유권자 사이에서는 매우 낮은 호감을 기록했다. 2016~2017년 갤럽 여론조사에 따르면, 전통적 미국 동맹국에서는 미국 지도력에 대한 신뢰가 급감했다. 2020년 퓨 리서치 조사에서는 국제적 신뢰도가 16%로, 시진핑과 푸틴보다도 낮았다.

국내에서는 공화당원 88%가 트럼프를 지지한 반면, 민주당원 중 지지율은 한 자릿수에 불과했다. 그의 대통령 재임 중 평균 지지율은 약 41%로, 근대 대통령 중 가장 낮은 수준이었다. 한편 갤럽이 선정한 가장 존경받는 인물 조사에서는 2017~2020년 오바마와 나란히 상위권에 오르기도 했으나, 동시에 '가장 존경받지 않은 대통령'으로도 언급되었다.

학계에서는 트럼프에 대해 대체로 부정적인 평가가 주를 이룬다. 2021년 C-SPAN 대통령 역사가 평가에서 그는 도덕성과 행정 능력 부문에서 최하위를 기록하며 역대 최악의 대통령 중 네 번째로 평가되었고, 2022년 시에나 칼리지 조사에서도 거의 모든 항목에서 하위권에 머물렀다. 미국 정치학회 소속 학자들은 2018년과 2024년 조사에서 트럼프를 역사상 최악의 대통령으로 평가하였다.

2025년 11월 현재, 도널드 트럼프 대통령의 국정 지지율은 주요 여론조사 기관에 따라 30% 후반에서 40% 중반대를 기록하고 있다. 2기 임기 초반인 2025년 1월에 47%였던 지지율은 점진적으로 하락하고 있다. 지지율 하락의 가장 큰 원인은 무당파 유권자들의 지지율 감소인데 2기 임기 초반에 40%대 중반이었던 무당파 유권자 지지율은 8월 현재 30% 아래로 떨어졌다. 이민 문제에 대한 지지율은 다른 이슈에 비해 상대적으로 높지만, 경제와 인플레이션 관련 국정 운영에 대한 지지율은 낮은데 일부 조사에서는 경제 분야 지지율이 30%대 중반까지 하락했다.

도널드 트럼프는 거친 반체제적 언행과 포퓰리즘으로 논란을 일으켰고 민주주의 훼손 등으로 미국 사회의 극단적 분열을 심화시켰다.

기존의 지도자상과 품격을 완전히 무시한 이단아이다.

대통령 일화 16: 도널드 트럼프

2021년 1월 6일 의사당 난입 사건

2021년 1월 6일, 미국 의회는 조 바이든 대통령 당선인의 선거인단 승리를 공식 인증하는 절차를 밟고 있었다. 그러나 그날 도널드 트럼프 대통령은 백악관 인근에서 "선거가 도둑맞았다."고 주장하며 지지자들에게 "지옥처럼 싸우라."고 촉구했다. 그 연설 직후, 수천 명의 군중은 국회의사당으로 행진했고, 오후 1시경 외곽 바리케이드를 넘어 경찰과 충돌하며 건물 내부로 난입했다.

시위대는 창문을 깨고 문을 부수며 진입했고, 일부는 상원 회의장에까지 들어갔다. 당시 마이크 펜스 부통령과 낸시 펠로시 하원의장 등 주요 인사들은 긴급히 대피했다. 난입자 중 일부는 "펜스를 교수형에 처하라."고 외치며 의사당 외부에 실제 교수대를 세웠고, 의회 사무실을 파손하거나 비밀문서를 탈취하려 시도했다. 경찰병력이 부족했던 탓에 사태는 몇 시간 등안 통제되지 않았고, 다수의 경찰과 시위대가 부상을 입었으며, 경찰관 1명은 사후 외상으로 자살했다. 이 사건으로 직접적인 사망자는 5명에 달했다.

트럼프는 사건 이후 시위대를 향해 "집에 돌아가라."는 메시지를 전했지만, 동시에 "우리는 여러분을 사랑한다. 당신들은 특별한 사람들이다."라는 발언으로 거센 비판을 받았다. 이후 그는 트위터와 페이스북 등 주요 플랫폼에서 퇴출당했고, 의회는 그를 '내란 선동' 혐의로 두 번째 탄핵에 부쳤다. 상원은 결국 무죄를 선고했지만, 당시 공화당 소속 미트 롬니와 리사 머카우스키 등 일부는 유죄 의견을 내기도 했다.

2024년 대선에서 트럼프는 재출마했고, 재선에 성공하며 2025년 1월 대통령으로 복귀했다. 취임 직후 트럼프는 가장 먼저 1 · 6 사건 관련 피의자들과 유죄 판결자들 수십 명을 대거 사면했다. 그는 이들을 '애국자'로 칭하며 미국의 적법한 주권을 지키려 한 이들이라 주장했다.

이 사면은 국내외에서 엄청난 논란을 불렀으며, 트럼프가 법치주의보다는 정치적 충성을 중시한다는 비판을 다시 불러일으켰다. 1 · 6 사태는 단순한 일탈적 폭동을 넘어서, 미국 민주주의의 제도와 규범, 그리고 지도자의 책임이 어떻게 시험받고 있는지를 상징적으로 보여주는 사건이다.

46대 조 바이든(Joe Biden)
1942~
치유의 중재자

조 바이든 대통령, 2021년

조셉 로비넷 바이든 주니어(1942~)는 미국의 제46대 대통령(2021~2025)이다. 펜실베이니아주 스크랜턴에서 태어나 델라웨어로 이주한 후 법학을 공부하고 정계에 입문했다. 1972년, 29세의 나이로 연방 상원에 당선되며 최연소 상원의원 중 하나가 되었고, 이후 「폭력범죄통제법」, 「여성폭력방지법」 등 주요 입법에 관여했다.

1988년과 2008년 민주당 대선 후보 경선에 도전했지만 실패했고, 2008년 오바마의 러닝메이트로 발탁되어 8년간 부통령을 지냈다. 2020년 대선에서 카멀라 해리스와 함께 도널드 트럼프를 꺾고 대통령에 당선되었다.

바이든 대통령은 취임 후 코로나19 대응과 경제 회복을 위해 '미국 구조 계획법'을 추진했고, 인플레이션 감축법을 통해 '빌드 백 베터'의 일부를 실현했다. 파리기후협약에 복귀하고, 아프가니스탄 철군, 우크라이나 지원, 이스라엘-하마스 전쟁 중 균형 잡힌 접근을 시도했다.

닐리아 헌터, 조, 헌터, 나오미 크리스티나 및 보 바이든,
1972년경

1. 가난과 시련의 극복

조셉 로비넷 바이든 주니어(Joseph Robinette Biden Jr.)는 1942년 펜실베이니아주 스크랜턴(Scranton, Pennsylvania)에서 아버지 조지프 로빈렛 바이든 시니어(1915~2002), 어머니 캐서린 유제니아 피네건 바이든(1917~2010)의 4남매 중 장남으로 태어났다. 아버지의 사업 실패로 가족은 경제적 어려움을 겪었고, 1953년 델라웨어로 이주하여 새로운 삶을 시작했다. 클레이몬트의 아치미어 아카데미에서 학창 시절을 보낸 그는 스포츠에 열정적이었고, 말더듬증 언어 장애를 시를 외우는 연습으로 극복했다. 델라웨어대학교에서 역사와 정치학을 전공한 후 1965년 졸업했다.

1966년, 조 바이든은 시러큐스대학교 학생 닐리아 헌터(1942~1972)와 결혼해 세 자녀를 두었고, 1968년 시러큐스대학교 로스쿨을 졸업했다. 졸업 당시 성적은 낮고 표절 논란도 있었지만, 1969년 변호사 자격을 취득한 뒤 다양한 법률 활동에 참여했다. 초기에는 공화당에 호감을 보였으나, 닉슨에 대한 반감과 민주당 내 진보 세력과의 연대를 통해 민주당에 입당했다.

1970년 뉴캐슬 카운티 의회에 출마해 당선된 그는 공공주택과 지역 개발 정책에 목소리를 내며 자유주의적 입장을 강화했다. 병역은 학창 시절의 천식 이력으로 면제받았으며, 닉슨의 베트남 정책에는 비판적이었지만 공개적 반대는 삼갔다. 바이든은 젊은 시절부터 공공 문제에 관심을 보이며 정치적 기반을 쌓아나갔다.

1972년 연방 상원의원에 당선된 직후, 아내 닐리아와 딸 나오미가 교통사고로 사망했고, 두 아들 보와 헌터도 크게 다쳤다. 바이든은 정치활동을 포기하려 했으나 상원 지도부의 설득으로 의원직을 이어갔으며, 이 시기를 두고 "신이 나를 배신한 것 같았다."라고 회상할 정도로 깊은 상실과 고통을 겪었다.

이후 1975년, 그는 고등학교 영어 교사였던 질 제이콥스(1951~)를 친구의 소개로 만나 1977년 결혼해 새로운 가족을 꾸렸다. 두 사람은 딸 애슐리를 낳았고, 애슐리는 사회복지사로 성장해 결혼했다. 바이든은 질이 자신에게 다시 삶과 정치를 향한 열정을 되찾게 해주었다고 말했다. 두 사람은 독실한 가톨릭 신앙을 공유하며 함께 신앙생활을 이어갔다.

장남 보 바이든은 델라웨어 법무장관으로 활동했지만, 2015년 뇌암으로 세상을 떠났다. 차남 헌터는 로비스트 및 투자 자문가로 활동했으며, 그의 사생활과 사업은 바이든 대통령의 재임기간 동안 여러 논란을 일으켰다.

2. 36년간의 상원의원

1972년, 29세의 조 바이든은 델라웨어 연방 상원의원 선거에 출마해 현직 공화당 의원 칼렙 보그스를 꺾고 당선되었다. 자금과 인지도가 부족했지만 가

바이든이 2008년 8월 23일 일리노이주 스프링필드의 구 주 의사당에서 열린 선거 유세에서 연설하고 있다.

족 중심의 유세 전략, 진보적 공약, 젊은 에너지로 유권자들의 지지를 얻었다. 이후 36년간 상원에 재선되며 장기적인 의정 활동을 이어갔다.

상원 초기에는 소비자 보호, 환경, 노인 복지 등 진보적 의제에 주력했지만, 일부 사안에서는 중도 또는 보수적 입장을 함께 취하기도 했다. 법사위원회에서는 「범죄 통제법」과 「여성폭력방지법」을 주도했으나 대규모 수감으로 이어졌다는 비판을 받았다. 외교위원장으로도 활약하며 유고슬라비아 내전, 중동 전쟁, SALT II 논의 등에 관여했고, 개입주의적 국제주의 노선을 유지했다.

1987년부터 1995년까지 미국 상원 법사위원회 위원장으로 재직시 대법관 인준 청문회에서 1987년 로버트 보크의 인준을 저지했으며, 1991년 클라렌스 토머스 청문회에서는 진실을 규명하기보다, 힐의 증언을 정치적 음해로 몰아가는 공격의 장으로 변질되는 등 아니타 힐의 증언 기회 부족으로 비판받았다. 델라웨어의 신용카드 산업과 관련해 파산법 개정을 지지해 논란이 일기도 했다.

바이든은 두 차례 뇌동맥류 수술을 받았으나 회복 후 정계에 복귀했고, 1991년부터는 와이드너대학교 법대에서 겸임교수로 활동했다.

1988년 대선 경선은 표절 논란으로 중도 하차했으며, 2007년 재도전도 조기 사퇴했지만 오바마와 신뢰를 쌓으며 2008년 부통령 후보로 지명되었다. 그는 외교 · 안보 경험과 대중 소통 능력으로 오바마 당선에 기여했고, 2012년에는 폴 라이언과의 부통령 토론에서 강한 인상을 남겼다.

3. 부통령과 대선 도전

조 바이든은 2009년 버락 오바마 대통령과 함께 제47대 부통령으로 취임해 조용한 조언자이자 조정자의 역할을 맡았다. 1기에는 글로벌 금융위기 대응을 위한 '미국 재투자 및 회복법' 집행을 총괄하며 경기 부양과 이라크 철군 조율, START 조약 비준, 예산 협상 등에 핵심적으로 관여했다. 실언도 있었지만 대중에겐 인간적인 인물로 비쳤다.

2기에는 총기 폭력 대응, 성폭력 예방, 「여성폭력방지법(VAWA)」 재승인 등을 주도하고, 외교적으로는 중남미 · 동유럽에서 치안, 반부패, 에너지 협력에 집중했다. 시리아 내전과 ISIL 대응에선 현실주의적 노선을 유지했으며, 오랜 의회 경력과 관계를 활용해 2011년 국가부도 위기를 넘기는 예산 협상을 이끌었다. 말년엔 당내 일각의 비판으로 협상에서 배제되기도 했지만, 오바마와의 파트너십은 흔들리지 않았다.

2016년 대선 출마 요구가 컸지만, 장남 보 바이든의 사망으로 인해 출마를 포기했다. 퇴임 후에는 펜실베이니아대학교 명예교수와 '펜 바이든 외교센터' 설립, 회고록 출간과 북 투어 등을 통해 활발한 활동을 이어갔으며, 성소수자 권리 옹호, 암 연구 지원 등 초당적 가치 실현에도 힘썼다.

조 바이든은 2019년 4월 25일 2020년 대선 출마를 공식 선언했다. 트럼프 대통령의 국정 운영에 대한 우려와 민주주의 수호 의지가 그 배경이었다. 출

바이든과 그의 내각, 2021년 7월

마 초기엔 부진했지만, 사우스캐롤라이나 경선에서 흑인 유권자들의 지지를 얻어 반전을 이뤘고, 중도파 후보들의 지지와 슈퍼 화요일 승리를 통해 선두에 올랐다. 버니 샌더스의 사퇴와 오바마의 지지 선언으로 민주당 후보로 확정되었고, 카멀라 해리스를 러닝메이트로 지명했다.

선거 과정에서 우크라이나 관련 논란과 과거 여성 접촉 논란이 있었지만 이를 극복했다. 2020년 11월 대선에서 바이든은 8,100만 표와 306명의 선거인단을 확보해 승리했으며, 트럼프는 결과에 불복하고 지지자들을 선동하다가 1월 6일 의회 폭동 사태로 이어졌다. 바이든은 이를 민주주의에 대한 공격으로 규탄했고, 의회는 그날 밤 선거 결과를 인증했다. 이 대선은 단순한 정권 교체를 넘어 미국 민주주의의 시험대였으며, 바이든은 이를 넘어서며 제46대 대통령으로 취임했다.

4. 복원, 확장, 그리고 진보적 전환의 시도

조 바이든 대통령은 2021년 1월 취임 직후, 미국의 정책 방향을 전면 전환했다. 그는 파리기후협약과 WHO에 재가입하고, 마스크 착용 등 연방 차원의

방역 지침을 복원해 과학 중심의 공공보건 체계를 강조했다. 초기 100일 내 통과된 1조 9,000억 달러 규모의 '미국 구조 계획법'은 현금 지원, 백신 확대, 실업수당 연장 등 코로나19 대응을 중심으로 한 대규모 경기 부양책이었다. 그러나 이와 더불어 시행된 5조 달러 규모의 양적완화(Quantitative Easing)와 6조 달러 이상의 재정지출은 물가 상승을 초래했고, 코로나19 이후 미국의 물가는 약 25% 가까이 올랐다. 이는 휘발유, 식료품, 주거비 등의 생활비 급등으로 이어지며 서민과 중산층의 부담을 가중시켰다.

이에 바이든은 인플레이션 감축법을 통해 청정에너지 투자, 의료비 절감, 처방약 가격 규제 등을 추진했다. 산업정책에서도 반도체법(CHIPS Act), 인프라 투자법 등을 통해 과학기술과 제조업 재건을 꾀했으나 이는 지속적인 인플레이션으로 이어졌다. 그는 온실가스 감축 목표 설정, 청정에너지 확대, 국유지 보호 등을 통해 역사상 최대의 생태계 보호 예산을 집행했다.

그는 인도주의적 접근과 국경 통제를 병행했으며, 초당적 개혁안 실패 후에는 행정명령을 통해 대응했다. 형사사법분야에선 대마초 단순 소지와 비폭력 범죄에 대한 사면 · 감형 조치를 취했으며, 아들 헌터 바이든에 대한 전면 사면은 정치적 논란을 일으켰다.

유밸디 참사 이후 30년 만의 총기 규제 입법을 이끌었고, '결혼 존중법'을 통해 동성 · 인종 간 결혼을 연방법으로 인정했다. 흑인 · 소수계 유권자의 권리 보장과 공정한 선거 절차 유지를 위한 투표권 보호 입법은 필리버스터에 가로막혔지만, 민주주의 방어에 대한 강한 의지를 보였다. 이 외에도 우체국 개혁, 참전 군인 복지 확대, 기후 정상회담 주최 등 다양한 개혁을 추진했다.

바이든의 정책은 코로나19 이후의 회복과 민주주의 복원, 기후 대응을 핵심으로 하며, 진보성과 실용주의의 절충을 지향했다. 일부는 정치적 제약 속에 제한되었으나, 전반적으로 트럼프 시대의 격변 이후 미국을 제도적 정상 궤도로 되돌리려는 시도로 평가된다.

5. 2025년 대선 캠페인

2023년 4월 25일, 조 바이든은 카멀라 해리스를 다시 러닝메이트로 지명하며 2024년 대선 출마를 공식 선언했다. 당시 지지율은 37%로 낮았고, 유권자들의 최대 관심사는 경제였다. 그는 "우리가 시작한 일을 끝내겠다(Finish the Job)."는 슬로건 아래 코로나19 이후의 경제 회복을 강조하며 재선을 노렸다.

민주당 예비선거에서는 이겼으나 6월 27일 도널드 트럼프와의 첫 토론에서 바이든은 말더듬증과 논리 혼선으로 큰 실망을 안겼고, 언론과 민주당 내에서 사퇴 압박이 거세졌다. 그는 결국 7월 21일 후보직을 사퇴했고, 해리스를 후임으로 지지해 해리스는 8월 6일 공식 후보로 확정되었다.

11월 대선에서 트럼프는 해리스를 꺾고 대통령에 당선되었고, 공화당은 상원 다수당을 차지했다. 바이든은 선거 직후 트럼프에게 축하를 전하고 질서 있는 권력 이양을 약속했다. 이후 그는 "끝까지 나갔더라면 이겼을 수도 있었다."고 밝혔으나, 여론조사에서는 오히려 트럼프가 더 큰 차이로 승리했을 것으로 예측되었다.

6. 퇴임 이후와 평가

조 바이든은 2025년 1월 20일 퇴임 이후 대통령 도서관 건립을 위한 기금 모금에 나섰고, CAA와 계약하며 대중 활동을 시작했다. 4월에는 시카고의 장애인 권리 행사에서 퇴임 후 첫 공식 연설을 통해 트럼프 행정부의 사회보장 축소를 비판했다. 이에 트럼프는 같은 해 2월, 바이든의 기밀정보 접근권을 박탈하는 조치를 취했다.

정치적으로 그는 중도 성향의 민주당원으로, 복지 확대, 기후 대응, 다자주의 외교, 성소수자 권리 보호에 힘썼다. 코로나19 이후 대규모 재정지출과 경기 부양책은 단기 회복을 이끌었으나, 인플레이션 급등과 생활비 상승으로 서민 경제에 큰 부담을 주었다. 대규모 국가 부채 증가는 미국의 장기적인 부담으로 남았다.

바이든은 가족사와 소탈한 이미지로 '서민적 정치인'으로 불렸지만, 실언과 과장된 표현으로 '실수 기계'라는 별명도 얻었다. 2024년 미국 정치학회 조사에서는 14위로 평가받았지만, 대중 지지율은 인플레이션, 건강 문제, 대선 불출마 등으로 하락해 평균 42.2%로 역대 최하위권이었다.

그럼에도 그는 퇴임 후에도 민주주의와 사회적 연대의 가치를 옹호하며 조용한 영향력을 이어가고 있으며, 일부 역사학자들은 그의 통치 철학에 주목해 재평가를 시도하고 있다.

조 바이든은 팬데믹 이후 미국의 회복과 민주주의 수호에 중점을 두었다.

과도한 재정지출과 인플레이션으로 서민 경제에 부담을 남기고 국가 채무를 크게 증가시켰다.

색인

인명

가

나

다

라

마

바

사

아

자

차

카

타

파

하

용어

가

나

다

라

마

바

사

아

자

차

카

타

파

하

미국
대통령

초판 1쇄 발행 2025. 12. 19.

지은이 신 진
펴낸이 김병호
펴낸곳 주식회사 바른북스

편집진행 황금주
디자인 최다빈
마케팅 송송이 박수진 박하연

등록 2019년 4월 3일 제2019-000040호
주소 서울시 성동구 연무장5길 9-16, 606호 (성수동2가, 블루스톤타워)
대표전화 070-7857-9719 | **경영지원** 02-3409-9719 | **팩스** 070-7610-9820

•바른북스는 여러분의 다양한 아이디어와 원고 투고를 설레는 마음으로 기다리고 있습니다.

이메일 barunbooks21@naver.com | **원고투고** barunbooks21@naver.com
홈페이지 www.barunbooks.com | **공식 블로그** blog.naver.com/barunbooks7
공식 포스트 post.naver.com/barunbooks7 | **페이스북** facebook.com/barunbooks7

ISBN 979-11-7263-726-2 93340